制裁

国家による外交戦略の謎

SANCTIONS

What Everyone Needs to Know

ブルース・W・ジェントルスン
Bruce W. Jentleson
本多美樹 訳

白水社

制　裁

――国家による外交戦略の謎

SANCTIONS:
WHAT EVERYONE NEEDS TO KNOW
by Bruce W. Jentleson

装幀＝藤井紗和

「ブリッジング・ザ・ギャップ」の同僚たちへ

目次

第Ⅱ部　主なケース、理論、政策　69

謝辞

私が一九八〇年代前半にコーネル大学で書いた経済制裁に関する博士論文は、冷戦下でのソ連による西ヨーロッパへのエネルギー・パイプライン制裁についてだった。本書を書き終えようとしている現在、二〇二二年にウクライナに侵攻したロシアに対して、ノルドストリーム2の天然ガス・パイプラインを含む一連の制裁がおこなわれており、皮肉と対称性と省察が入り混じった状況にある。

それ以来、私は経済制裁のさまざまな側面について、数多くの学術論文、書籍、委託研究などを執筆してきた。最近では二つのプロジェクトを通じて、制裁や制裁に関連する研究をおこなう同僚たちと再会することができた。ひとつは私たちの「ブリッジング・ザ・ギャップ　国家安全保障の新たな切り口(Bridging the Gap New Voices in National Security)」プログラムで、ワシントンDCにある新アメリカ安全保障センター（CNAS）と共同で二〇一九年初頭におこなった制裁ワークショップである。このワークショップによって、私は最近の制裁研究により集中し、制裁の政策担当のコミュニティとより直接的に関わるようになった。もうひとつは、ダン・ドレズナー、ヘンリー・ファレル、アベ・ニューマンがタフツ・フレッチャースクールで開催した「相互依存の武器化（weaponizing interdependence）に関する会議」と、彼らが会議のフォローアップとして後に出版した本に私が論文を寄稿したことである。

私はまた、天安門事件後の対中国制裁をおこなったクリントン政権やイラン制裁をおこなったオバマ政権など、制裁問題について政府の政策に関与する機会も得た。その他の諸問題として、私は理論と政策の実践から非常に大きな恩恵を受けた。自身の考えを確認したケース、さらに疑問を持ったケース、いずれにせよこれらの経験は私を研究者として、教員として、実務家として成長させてくれた。

オックスフォードの「みなが知る必要のあること（What Everyone Needs to Know）」シリーズに本を執筆することは、私のこれまでの経験と知識を生かす良い機会であった。デヴィッド・マクブライドは初期の段階からアイデアを受け入れてくれ、優れた編集能力で導いてくれた。オックスフォード大学出版局の同僚であるホーリー・ミッチェルとエミリー・ベニテスとニュージェン・ナレッジ・ワークスのチームのおかげで、本にすることができた。何よりもデューク大学のリサーチアシスタントで主要な方法論と概念的な部分、歴史的なケースの担当をしてくれたアンドリュー・トレクスラー、リサーチアシスタントで関連するプロジェクトを担当してくれたモーチェン（フィル）・マー、そしてとくに最後の三年以上にわたってさまざまな視点から本書に関わってくれたエリーゼ・ブースケットに感謝する。ブライアン・アーリー、エリカ・モレ、ジョーダン・タマからのドラフトのフィードバックはたいへんありがたかった。私が「二〇二〇年デズモンド・ボール客員教授」を務めたオーストラリア国立大学アジア太平洋学部の同僚たち、また私が二〇二二年に特別研究員だったウッドロー・ウィルソン国際学術センターのロバート・リトワックをはじめとする同僚たちも、快く受け入れてくれた。デューク大学とスタンフォード公共政策大学院は、私にとって大切な母校であり続けている。

前作以来、アダム＝ブリット＝ダニー・ファミリーにはフェリックスが、ケイティ＝マット＝メーベル・ファミリーにはローレライが加わった。誰よりもバーバラは博士論文のころから見守ってくれている。家族に感謝と愛を捧げたい。

これまでの著書は家族に捧げてきた。本書は「ブリッジング・ザ・ギャップ（Bridging the Gap）」の同僚、私たちのプログラムに参加した方々、またアカデミックな政策に従事するすべての方々に上梓する。そして何よりも、共通の目標を掲げて共同研究を続けてきたブリッジング・ザ・ギャップのチームに心より感謝する。

制裁

凡例

一、本書は、Bruce W. Jentleson, *Sanctions: What Everyone Needs to Know*（Oxford: Oxford University Press, 2022）の全訳である。
一、訳文中の（ ）、——は原著者によるものである。ただし、これらについては、一部、原文から取り外して訳出した箇所がある。
一、原文中の引用符（クォーテーション）は「 」で括り、大文字で記された文字についても「 」で括った箇所がある。
一、原文中で強調のためイタリック体で記された箇所には、原則として傍点を付した。
一、訳者による補足は、〔 〕で括って挿入した。また、説明注が必要と思われる箇所には＊〔1〕という形で章ごとに通し番号を付し、原注のあとに続けて掲載した。
一、原著で引用されている文献のうち既訳のあるものは、わかる範囲で書誌情報を併記した。また、訳出にあたっては可能なかぎり既訳を参照したが、訳文については必ずしもそれに拠らない。
一、原著の明らかな間違いや体裁の不統一については、訳者の判断で整理した箇所がある。
一、索引は原著に則って作成したが、訳者のほうで整理した箇所がある。

序章　国際関係理論と外交戦略の謎

私がこの本を書き終えようとしている二〇二二年初頭に、ロシアがウクライナに侵攻した。制裁といえばアメリカがもっとも用いてきた対抗戦略だが、本書の第5章と附録で解説するように、このたびはロシアに対してさまざまな措置を用いた、かつてないほどきわめて大規模な制裁が科されている。そして、その制裁は国際社会から広い支持を受けている。通常は制裁に反対する多国籍企業も自ら制裁を発動した。国際サッカー連盟（ＦＩＦＡ）やパラリンピックなどの国際的なスポーツ団体も制裁に加わった。文化団体も同様だった。米バイデン政権は制裁にあまり「圧倒的」なインパクトを期待していなかったが、ロシアの経済は制裁によって大きなダメージを受けている。[1] 制裁措置が戦争終結に有効であったか否かは、（私がこの文章を書いている二〇二二年五月時点では）まだわからない。

ロシア－ウクライナのケースは現在進行中であり、同時に、いまやタリバーンの支配下にあるアフガニスタンへの制裁をめぐっても激しい議論がなされている。アフガニスタンの人びとを救済するためには制裁を解除すべきなのか、それとも少し緩和すべきなのか？　しかし、そのような対応は、残酷な支配をこのまま続けても国際社会から支援を得られるという間違ったメッセージを、タリバーンに送ることになりかねないのではないか？　ビルマ／ミャンマーはどうだろう？　残虐な軍事クーデタになんとかして制裁を科すことはできなかったのか？　軍部と政権の黒幕は生き延び、ビルマの人びとは苦しんでいる。

ほかのたくさんのケースからも難しい問題が提起されている。ニュースをさっとみただけでは、なおも科され続ける数々の制裁を理解することは難しくなってきている。

・アメリカは近年、イラン、ベネズエラ、ロシア、北朝鮮、中国、シリア、リビア、イエメン、マリ、中央アフリカ共和国、ビルマ、スーダン、ニカラグア、キューバに加えて、ほかの多くの国に対して制裁を発動してきた。また、他国の好ましくない人物に制裁を科すことができる人権法を素早く成立させた。アメリカはその人権法にもとづいて、麻薬密売人、テロ集団、経済的・政治的に力を持つ個人を含む何千もの「独自に指定した」個人と企業に制裁を科している。(2)

・欧州連合（ＥＵ）の制裁リストはそれほど長くはないが、アメリカが制裁リストにあげている国家と個人に加えて、その他の対象にも制裁を科している。イギリスのものも同様である。カナダのものもそうだ。(3)

・国際連合（国連）はその設立から二〇年間（一九四五年から一九六五年）に四回しか制裁を科して

いないが、それ以降は四〇回以上発動してきた。(4)
・ロシアはこれまで旧ソ連諸国に対して繰り返し制裁を科してきたし、アメリカとＥＵへは報復措置として制裁を科してきた。
・中国は特定の国家を狙い撃ちにした制裁を独自のアプローチで展開している。たとえば、ノルウェーに対しては反体制活動家の劉暁波にノーベル平和賞を授与したことを理由に、韓国に対してはＴＨＡＡＤ（終末高高度地域防衛）ミサイル防衛システムを配備したことを理由に、制裁を科してきた。また、中国のソーシャルメディアを「動かして」制裁を科してきた。たとえば、スウェーデンのアパレル大手Ｈ＆Ｍに対してはウイグル人への抑圧を理由に新疆地区産の綿の購入を拒否したとして制裁を科し、ＮＢＡなどの団体に対しては二〇一九年夏の香港でのデモを支持するツイートをおこなったとして制裁を加えている。

さらに、大国だけでなく、

・日本と韓国は、植民地主義と第二次世界大戦下の占領時代の歴史的遺産をめぐって互いに制裁を科した。
・パキスタンとインドは、カシミール地域をめぐって互いに制裁手段を使っている。
・サウジアラビアとその他の湾岸協力会議（ＧＣＣ）加盟国は、イランについての見解の相違とムスリム同胞団を支持したとして、カタールに制裁を科した。

・アフリカ連合（AU）はマリ、南スーダン、その他のアフリカ諸国に対して制裁を科している。
・ほかにもたくさんの制裁ケースがある。

経済制裁は、たとえば、貿易、金融、または支援などさまざまな方法をとり、その対象は国家全体、主要な経済セクター、あるいは特定の個人などであり、すべては外交政策やその他の政治的な目的のために経済関係を利用する。経済制裁の使用は歴史的に古く、紀元前四三二年のアテネによるスパルタ、ナポレオンによる大陸支配体制（一八〇六〜一八一四年）がある。しかし、国家がこれほど頻繁に経済制裁を用いるようになったのは二〇世紀後半になってからである。一九一五年から一九四〇年までの間にはわずか一一ケースであり、年に一ケースあるかないかだ。冷戦期（一九四五〜一九九〇年）には六一〇ケース、年に均すと一三・五ケース、一九九〇〜二〇〇五年には八〇二ケースに増加し、年に均すと五三・五ケースとなる。(5) それ以降のデータはあまり体系化されていないが、引用された例は、引き続き堅調であることを示している。(6)

このように頻繁に用いられることをみると、読者は、制裁は予想した結果が得られる（確実な）武器だと思うかもしれない。しかし制裁の成功率をめぐっては多くの議論がある。成功する確率は二二%とする研究もあれば、三四%とする研究もあり、武力行使と比べると「単独ではほとんど機能しない」強制措置とみなす研究者もいる。(7)「政治的な痛み」を強いたとしても、根本的で倫理的な疑問を引き起こすほど深刻な人道的影響をもたらす「民間人の苦痛」を与えることもある。(8) 一方、制裁の成功は「否定的な面を強調し、肯定的な面を軽視する」という研究によって「体系的に過小評価」されているという見方もある。[9] 私の米国務省での経験から言えば、政策決定者は制裁を選択しうる武器として機能しうるとみている。たとえ概念や方法上の問題がうまく機能して合意的な成功率が上がるとしても、何のための措置なのかという問題が残る。効果的な戦略としてみなすためには何パーセントの成功率が必要なのか? 野球では三割の打率、つまり一〇回トライして三回成功すれば素晴らしいシーズンとなる。アメリカンフットボールでは、良いシーズンにするためには五〇%のパスの正確性が求められる。バスケットボールでは七〇~八〇%のフリースローが必要だろう。

そこで、基本的な疑問をいくつか。

なぜ制裁は使用されるのか?
成功はどう評価するのか?
どのような要素が成否に影響するのか?
政策立案者は、なぜ、どのように、そしていつ制裁を行使すべきかについて、どのような教訓を得ることができるだろうか?

これらと関連する疑問は、オックスフォード大学出版局の「みなが知る必要のあること」ブックシリーズで知ることができる。

本書は二つのパートに分かれている。第I部では、経済制裁の主な定義、理論的な議論、方法論上の問題などを含む、研究者による先行研究と研究者のチャレンジからなる。

第1章では、制裁にはどのような種類があるのか、制裁の主要アクターは誰なのか、なぜ制裁は外交上の目的を追求するために科されるのか、制裁はどのように目的を達成するのか、など主要な考え方について定義づけがなされている。

第2章では、「制裁は効くのか」という疑問と向き合う章である。さまざまな評価についてより詳しく検討し、制裁のケースを分析して成功をどう評価するかについて説明がなされている。そして、制裁の評価をする際に人道的な影響も考慮しながら、倫理的な問題を提起する。

第3章では、いつ、どのように、なぜ制裁は成功するのかしないのか、について説明的な側面に注目する。検討した問いには、経済的インパクトが重要な要素なのか、制裁と誘因を併用する互恵戦略はもっとも効果的なのではないか、単独国家による制裁よりも多国間制裁のほうがより機能するのではないか、民主主義国家のほうが非民主主義国家よりも制裁に対して脆弱なのではないか、標的を絞った「スマート」制裁、とくに金融上の措置は、ほかの制裁措置よりもより効果的なのではないか、重要なのは制裁が使われる目的の種類なのか、などの問いが呈されている。

第Ⅰ部では、ケースは実証的に引用しているが、第Ⅱ部では、主な実施主体によって発動された主な政策ケースについて、第Ⅰ部の「何を、誰が、なぜ、どのように（what-who-why-how）」の枠組みから分析する。

第4章では、歴史的な視点を加える。ここでは、紀元前四三二年のペロポネソス戦争下でのアテネによる対スパルタ制裁にはじまり、一九世紀初頭のナポレオンによる対イギリス大陸支配体制、イタリアによるエチオピア（当時のアビシニア）侵攻の際の国際連盟による対イタリア制裁を含む、七つのケースを扱う。あとの四つは第二次世界大戦後のケース、すなわち、一九五六年のスエズ危機の際のアメリカによる対イギリス制裁、国連による対ローデシア制裁（一九六六〜一九七九年）、一九七三年のアラブ連合とOPECによる対アメリカと欧州制裁、そして国連とアメリカによる対南アフリカ制裁（一九七七〜一九九四年）である。

第5章は、もっとも制裁を実施しているアメリカに注目する。冷戦下でも、それ以降もそうであるし、バイデン政権でも同様である。どのような種類の制裁を、どのような理由でどう科してきたのかについて、アメリカの国際政治と対外政策といったさまざまな側面から検討する。イラン、ソ連／ロシア（二〇二二年のウクライナ関連も含む）、中国、北朝鮮、ベネズエラ、テロリストに対するさまざまな制裁を含む。

第6章では、中国による制裁の行使について分析する。西側の帝国主義と主権侵害の延長だとして、アメリカとその他の制裁に対して厳しく非難してきた中国が、ここ十数年は独自の制裁を発動してきている。本書では、中国の制裁行使の一般的なパターン、政府として公式に実施される制裁と非公式的に実施されるキュー制裁の両方を分析する。選挙やアメリカによる武器売却をめぐる台湾、フランスとチベット、また、ノルウェーと二〇一〇年の劉暁波のノーベル平和賞、THAADミサイル防衛〔システム〕を配備した韓国、「反中国」国内政策をとるオーストラリアへ、そして民主化デモをおこなう香港の事例を含む。

第7章では、ソ連／ロシアによる制裁の行使について分析している。三つのケース、ソ連によるチトー率いるユーゴスラビアへの制裁（一九四八〜一九五五年）、一九九〇年代のロシアによる独立国家共同体（ＣＩＳ）への制裁、二〇一四年以降のウクライナをめぐる対アメリカとＥＵへのロシアの対抗制裁がある。その他の三つのケースには、西ヨーロッパへの原油とガスのパイプラインに関連するケース、すなわち、一九六〇年代初頭のフレンドシップ石油パイプライン、一九八〇年代初頭のシベリアの天然ガス・パイプライン、現在のノルドストリーム２パイプラインが含まれ、ヨーロッパのエネルギーの過度の依存がモスクワに経済的措置を使わせる余地を与えているのかについて議論する。

第８章は、国連の決議による制裁と地域機構が実施する例としてのＥＵによる制裁を扱う。国連制裁は多国間制裁の利点と問題点を併せ持つ。ケースには、湾岸戦争後の戦略として実施されたイラクへの一九九〇年代の包括的制裁と、武力紛争中のターゲット制裁としての対リベリア制裁（一九九二～二〇一六年）と対コートジボワール制裁（二〇〇四～二〇一六年）を含む。ＥＵによる制裁は、制裁の対象、理由、効果と、アメリカのコンセンサスと緊張関係に焦点をあてる。

終章は主に二つの目的を持つ。第Ⅰ部で提示した考察と仮説をもとに第Ⅱ部のケースで検証した結果は、研究者による経済制裁についての議論に貢献するものである。そして今後、戦略的な政策として制裁の効果を高めるために重要な要素について考察し、明らかにする。

第Ⅰ部　学術的な議論と課題

第1章　経済制裁——「何を」「誰が」「なぜ」「どのように」

本章では、キーとなる用語の定義づけと分析枠組みを提示する。

・制裁にはどのような種類があるのか？
・主要アクターは誰なのか？
・なぜ追求されている政策目標のために制裁を科すのか？
・制裁はどのように目的を達成するのか？

概念的に紐解けば、経済制裁とは経済的な力から派生した種のように捉えられる。アルバート・ハーシュマンは彼の古典ともいうべき著書『国力と外国貿易の構造』のなかで、外国との貿易のいかなる形態も国力の経済的な源であると述べている。デヴィッド・ボールドウィンが提示したエコノミック・ステイトクラフトの概念は、厳密には経済的性質ではない目的を追求するために、ある国家がほかの国家や国際機関に影響を与えるための経済的手段のほとんどすべての使用が含まれる。ヘンリー・ファレルとエイブラハム・ニューマンが名づけたように、「武器化された相互依存（weaponized interdependence）」は国家がグローバル化した経済のネットワークを活用して地政学上の目的を達成する能力である。[1]

とくに経済制裁に焦点をあてると、私の基本的な定義は、「外交政策やその他の政治問題に関して、ほかの国家あるいは非国家主体［標的］の行動に影響を与えることを目的とした、一国ないし複数の国家［発動者］による経済関係の実際の、または脅迫的な否定」[2]である。貿易戦争やその他の経済的な目的のための制裁を含める研究者もいるが、私の考えでは政策や政治力学は、中核にある問題が政治的か経済的かによって大きく異なるため別途検討し、戦略を立てる必要がある。[3]

制裁にはどのような種類があるのか？

制裁には、以下を含むさまざまな種類がある。

・貿易：制裁標的国への輸出禁止と標的国からの輸入禁止であり、もっとも一般的に用いられる。

・金融：発動国の金融システム内にある資産の凍結、商業銀行金融取引の制限または禁止、標的国への投資の制限または禁止。

・対外支援：一定の条件が満たされない状況下での経済、軍事およびその他の政府間援助の制限、または停止。

・渡航：標的国の個人による制裁発動国への渡航の禁止および自国民による標的国への渡航の制限。

・スポーツ：オリンピックやＦＩＦＡフットボール（サッカー）、ラグビー・ワールドカップなどの国際的なスポーツ競技からの標的国の選手の追放。

・文化：標的国のアーティストやパフォーマーの追放。

また、異なる射程を持つ制裁もある。

・包括的制裁：経済戦争のように、事実上すべての貿易を阻止しようとするもの。一六世紀にエリザベス一世がスペインのフィリップ一世〔フェリペ二世〕に、「彼の領土のスペインとポルトガルにおいて、彼とのすべての通商と取引を妨害し、弾劾することによって、キリスト教圏の平和と平穏を乱す戦いにただちに終止符を打つ」と伝えたことは知られている(4)。

・部分的制裁：標的国の経済の主要な部分を対象とするもの。たとえば、これまで国連による多国間制裁、アメリカやＥＵその他によって一〇〇以上も科されてきた武器の禁輸があげられる(5)。エネルギー制裁もそのひとつで、石油産出国による輸出禁止（ＯＰＥＣ、一九七三年）やエネルギー消費者によるもの（イラン産石油のボイコット〔不買の対象〕）、ソ連／ロシアの石油・天然ガス・パイプラインの遮断）がある。

・ターゲット制裁：しばしば「スマート制裁」と呼ばれ、精密な誘導弾に相当する経済制裁として設計されている。民間人への副次的な被害を抑えつつ、個人、企業、非国家主体、その他の団体など、特定の対象に負荷をかけることを指す。直接的な負荷とは、対象の行動を止めさせたり、政権に圧力をかけて政策転換を促したりすることが狙いである。アメリカによる「特別指定国民および資格停止者（ＳＤＮ）リスト」は、「標的国のために行動する個人、企業、その他の団体、および国家別ではないプログラムのもとで指定されたテロリストや麻薬密売人を対象としている」。ＥＵによる「統合金融制裁リスト」と国連安全保障理事会（以下、安保理）の「統合リスト」も、それほど広範ではないものの、同様の目的を持つ[6]。

・二次制裁：制裁発動国が自国の管轄外の第三者に対して、制裁への協力を強制する目的で科すもの。アメリカは、アメリカを拠点とする多国籍企業の海外子会社で、アメリカが禁輸しているが相手国は禁輸していない商品を製造している企業、アメリカ製の部品やアメリカがライセンス供与した技術を使用している外国企業、ドル建て取引を通じて制裁国と取引を続けている世界中の銀行や企業などに対して、域外適用を主張する二次制裁を率先して発動してきた。イラン制裁やソ連／ロシアのパイプラインなどでは、域外適用を主張するアメリカと、主権を擁護するヨーロッパとの衝突が緊張の火種になっている。

もうひとつの区別は、公式な制裁と非公式の制裁である。公式な制裁とは、政府や国際機関によって明示的に義務づけられたものである。アメリカでは議会立法や大統領令がこれにあたる。国連の場合は、安保理の決議が必要となる。一方、非公式な制裁とは、政府当局が公式に公布することなく、自国内の企業や個人に対しておこなうものである。非公式制裁を実施している主な国は中国である。たとえば、二〇一六年から二〇一七年にかけて、アメリカのTHAAD（終末高高度地域防衛）迎撃ミサイル・システムの配備をめぐり、韓国企業のロッテに対する消費者ボイコット（不買運動）を促したり、二〇一九年の香港のデモ隊を支持するツイートをしたナショナル・バスケットボール協会に対してSNS上で怒りを扇動した。

主要アクターは誰なのか？

ここでは、〔制裁に関連する主体を〕発動者、標的、第三者の三つに分類して、それぞれ検討する。

発動者

単独制裁はもっぱら主に単一の国家によって実施される。アメリカは長いあいだもっとも頻繁に単独制裁を実施してきており、〔制裁全体の〕六八％あるいは五二％にあたるとする研究がある。(7)

多国間制裁はいろいろな意味で「多数」である。共同制裁は同盟や特定の国家が共同しておこなう制裁である。たとえば、冷戦時代にCOCOM（対共産圏輸出統制委員会——北大西洋条約機構［NATO］に日本とオーストラリアを加えた協議グループ・調整委員会）がソ連とその同盟国への軍事関連輸出に科した制裁がある。[8] また、欧州連合（EU）、アフリカ連合（AU）、米州機構（OAS）などの地域機構による制裁もある。完全な多国間制裁といえば、国連安保理によるものであり、四〇以上のケースがある。国際連盟時には四つのケースがある。

標　的

制裁は通常、特定の国家あるいは国家群が標的になる。くわえて、アメリカのSDNリストやヨーロッパ、国連のリストにはすでに述べたようにテロリスト集団（たとえば、ISISやアルカーイダ）や犯罪組織（たとえば、メキシコの麻薬組織セタス、東ヨーロッパの犯罪組織ブラザーズ・サークル）だけでなく、標的国内の個人、企業、その他の団体を特定した制裁も含まれる。

第三者

「ある国との貿易の中断を迫られた国家は第三国に貿易を迂回させるという代替手段をもつ」というのが、ハーシュマンが指摘した第三者の役割である。[9] これは、〔制裁の〕発動者にとっては問題であり、標的にはチャンスである。第三者には四つのタイプがある。すなわち、標的との貿易に経済的な動機づけを受ける者、発動国をライバルとして政治的な動議づけを受ける者、国境があいまいな近隣国家、そして制裁の妨害によって利益を得る非国家主体である。

なぜ政策目標のために制裁を科すのか？

ほかの研究を統合し、集計した結果、私は一次的な目的と二次的な目的を区別して、それぞれに三つのサブタイプがあることを明らかにした[10]。

一次的な目的とは、制裁を使って標的の望ましくない政策を変えようとするもので、次の三つの方法がある。

・軍事的能力の制限：相手の軍事力を否定したり少なくとも制限することによって攻撃を回避することを指す。たとえば、武器禁輸、イランと北朝鮮への核不拡散制裁、二〇二二年のウクライナとの戦争の際のロシアに対する技術輸出規制である。

・外交の制限：攻撃的な外交政策の抑止や変更を強いたり、あるいは威嚇的な外交制裁をとることで、たとえば、クウェート侵攻の際の対イラク国連制裁（一九九〇～一九九一年）、アフガニスタン侵攻の際の対ソ連へのアメリカによる制裁（一九八〇年）、THAADミサイル配備を理由とした中国による対韓国制裁（二〇一六～二〇一七年）、ウクライナに侵攻したロシアへの制裁（二〇二二年）がある。

・国内政策の変更：民主的な選挙の推進や人権の保護など、さまざまな権威主義政権に対してEUやアメリカが進めている民主的な選挙や人権保護、また、キューバやベネズエラにもっとも広範な形で政権交代を促すことがある。

二次的な目的とは、政策の変更という当面の問題を超えて、次の一つ以上の方法で解決策を示す努力のことである。

・標的の抑止：ただちに政策変更を強いなくとも、標的にこれ以上の好ましくない行動を抑止すること。
・第三者の抑止：第三者が、制裁の標的と同じような行動をとることを抑止すること。[11]
・象徴的行動：残虐行為がおこなわれ、人権が侵害され、民主主義が抑圧されているときに、中核となる国際規範と国家としての価値を確認すること。

ほとんどすべてのケースで、こうした二次的な目的がさまざまな形で組み合わされている。

制裁はどのように目的を達成するのか?

貿易の優劣や相対的な軍事力といった基本的なパワーバランス要素は、有用な出発点である。しかし、制裁が目的を達成できるかどうかは、制裁の発動者、標的、第三者のそれぞれの戦略と戦略の相互作用に拠る。

発動者の戦略

制裁がその一部であるならば全体的な戦略は何なのか？　制裁が、発動者が目的を達成しようとする際に用いる唯一の手段であることは稀である。発動者は大使を召還したり、交渉を申し入れたり、その他の外交手段をとることもある。軍事力で脅したり、行使したりすることもある。秘密工作が展開される場合もある。アメリカ、中国、ロシア、その他の発動国がとった行動は、いずれも制裁だけではなかった。国連の場合も同様で、制裁には外交や調停、そしてしばしば平和維持活動がともなうことがほとんどだった。

制裁発動国の国内政治はどうなっているのか？　国内での制裁支持と反対の割合は？　一次的、二次的な目的が達成される見込みがほとんどないとしても、「ただそこに立っているだけでいいのか」という批判を避けることで、国内政治的には利益が得られるかもしれない。イギリスの野党指導者だったデヴィッド・ロイド・ジョージは、ムッソリーニによる一九三五年のアビシニア（エチオピア）侵攻をめぐる保守党政府の不作為を次期選挙の争点にしようと考え、国際連盟による制裁は「イタリアによる征服からアビシニアを救うには遅すぎたが、英国政府を救うにはまさにチャンスだ」と語った。[12] アメリカの大統領支持率のデータを用いた研究によれば、制裁が成功するとは予想されなかった場合でも、「自国民を味方につける」ことが政治的利益につながることが示されている。[13] 場合によっては、特別な利害関係者（たとえば、キューバ系アメリカ人）に向けた政治がおこなわれることもある。一方、制裁が政治的に裏目に出ることもある。典型的なケースは、一九八〇年のソ連による穀物輸出で、ジミー・カーター大統領がロナルド・レーガンに再選を奪われる一因となった。また非民主主義国でも、制裁の発動が政権の中枢にいるエリートの権益を著しく損なう場合、その国内政治を管理する必要が生じる。この点について詳しくは第3章で述べる。(14)

標的の対抗戦略　発動者にとって大きな経済的な利点があるとしても、標的国は制裁から生じる損失を軽減するために、主に五つの対抗措置をとりうる。ひとつは輸入代替と供給不足の管理である。ローデシアは、国連経済制裁が初めて科された一九六五年に六〇二品目だった国内製造業を五年後には三八三七品目にまで増加した。(15) イランの通貨（リアル）を弱め、輸入品を非常に高価なものにすることで、『エコノミスト』誌が評したように、「八三〇〇万人の自国市場にサービスを提供する［イランの］製造業者にとって恩恵」を与えた。(16)

もうひとつは、影響力のあるエリート層を「トランスミッションベルト」〔状況に適合しながら体力に応じて動く装置〕ではなく、「サーキットブレーカー」〔過負荷などによる損傷から保護する装置〕として機能させることである。(17) 強制する側の国家が求める政策変更に抵抗することで自分たちの利益が得られる範囲で、エリートは外圧の回路を遮断する。たとえば、当時のユニセフ職員が語るように、ハイチでは次のようなことが起こった。「ハイチ軍は、禁輸品、とくに燃料の闇市場を掌握することで、莫大な利益を得ることもできた、［そして］……軍は準軍事組織を創設し、維持し、……住民に対する大規模なテロ、レイプ、殺人を展開するために必要な資源を生み出すことができた」。(18) 他方で、要求された政策的譲歩をおこなうことによって、エリートの利益が著しく損なわれたり、あるいは恩恵を受けたりする場合、エリートは、体制に従うよう圧力をかけ、さらに強化するトランスミッションベルトの役割を果たす。エリートの利害におけるサーキットブレーカーからトランスミッションベルトへのシフトの時間的な変化は、アメリカとイギリスによるリビアとムアンマル・カダフィに対する制裁の重要な要因であり、最終的には、いくつかの主要なテロリズム事件を解決し、制裁の一部解除と引き換えに大量破壊兵器プログラムを解体するという二〇〇三年の合意につながった[19]。このことは、南アフリカの反アパルトヘイト制裁のケースにもみられる。経済的損失と国際的なスポーツからの追放によって、「アパルトヘイトを放棄し、民主主義への交渉による移行を選択する」圧力を内部に伝えるアフリカーナーが増えていった[20]。

ナショナリストの抵抗意志に拍車をかけることも対抗戦略になりうる。古い格言にあるように、「国家を維持し、反乱を未然に防ぎ、……臣民の善意を維持するための最良の手段は、敵を持つことである」[21]。これは独裁国家のみならず、民主主義国家にも当てはまる。独裁国家は、当然のことながらより政治的抑圧に走りやすい。

標的に対する対抗戦略も用いられる。ロシアは、ウクライナに関する二つのケース、すなわち、二〇一四年のクリミアへの限定的介入と併合、二〇二二年の大規模な侵攻の際に、アメリカとEUに対して対抗制裁をかけた。二〇二〇年から二〇二一年にかけての米中間の一触即発もこれにあたる。イランが二〇一九年九月にトランプ政権の制裁強化に報復として、サウジの石油加工施設二カ所を攻撃したように、報復措置がほかの領域に及ぶこともある。

何よりも、標的は代替貿易相手となりうる第三者を探している。

第三者　第三者は、制裁が自国の利益にもつながる場合、発動国に協力する可能性がもっとも高い。利益が一致しなければ、協力する可能性は低くなる。この場合の利益とは、制裁に参加することで生じる貿易の損失を避けるためであり、また、発動国が撤退する市場に参入することで貿易上の利益を得る可能性があるといった経済的な動機である。冷戦時代、ソ連の制裁下で西側諸国がチトーのユーゴスラビアを、アメリカの制裁下でソ連がカストロのキューバを保護したように、政治的な擁護者としての役割を果たすこともある。ハイチ制裁の際にドミニカ共和国が果たしたように、またリベリア、シエラレオネ、コートジボワールが互いにおこなったように、近隣諸国が役割を果たすこともある。

制裁協力の正式な合意があったとしても、制裁破りに対する執行は難しい[22]。シリアは、バージン諸島やレバノンなどいたるところにペーパーカンパニーを設立することで、バシャール・アサド政権に対する制裁を切り抜けた。ミャンマー軍は自国の贅沢品のために輸入品を入手し続け、「木材の王様」と呼ばれるチーク材をヨーロッパで販売し続ける業者を見つけた。イランは深夜に海上で秘密裏に石油を運び出す策を練った[23]。二〇二二年に制裁を受けたロシアのオリガルヒ〔新興財閥〕は、多くの国で大型クルーザーやその他の資産の安全な隠し場所を見つけた[24]。これらはほんの一例にすぎない。闇市場は依然として豊富に魅惑的に存在し、現在、暗号通貨によってさらに操作しやすくなっている。

＊＊＊

これが、経済制裁の「何を」「誰が」「なぜ」「どのように」おこなうかである。重要な用語が定義され、分析の枠組みが明確になったところで、次の章では、制裁の成功をどのように測るかという問題に目を向ける。

第2章　制裁は効くのか？——成功を測る

ノー、制裁は機能しないと多くの人が主張している。いく度となく、「国際システムにおいて影響力を行使する手段としては失敗している[1]」ことが証明されている。軍事力や諜報活動など、古典的なハードパワーの手段に比べれば、制裁は「独立した有用性はほとんどない[2]」。しかし一方で、イエス、「否定的な面を強調し、肯定的な面を軽視する」という研究によって、制裁の有用性は「体系的に過小評価[3]」されているとの主張がある。実際、二人の経験豊富な政策立案者は、アメリカにとって経済制裁は「強固で、改善可能な、地経学的手段[4]」だと書いている。

第3章では、制裁がなぜ、そしてどのように機能するのか、あるいは機能しないのかを説明するさまざまな理論について論じる。しかしその前に、成功の可否を測るための三つの主要な問題を取り上げる必要がある。

・何が制裁を構成するのか？
・成功を測るもっともよい指標は何か？
・制裁は倫理的か？

ケースの数え方――何が制裁を構成するのか？

制裁ケースを構成するものについての合意された定義はない。主な制裁データベースのケース数は異なっている。[5]さまざまな要素が絡んでいる。

目的の範囲　主に貿易戦争やその他の経済的な目的のための制裁を含む研究もあるが、第1章で述べたように政治的・政策的な力学はさまざまなため、私は主に外交政策や政治的な目的のための制裁に焦点をあてる。[6]

制裁の脅し　制裁が実際に発動されることなく、脅しによって目的を達成したケースを含めるかどうかについても、研究は異なっている。威嚇を含めることで、成功スコアの負の偏りを補正することができ、発動者も標的も多くの場合、それ以上〔事態が〕エスカレートする前に誘因を得ることができる。しかし、このような威嚇を〔制裁を構成する〕変数にするのかには疑問が残る。ドレズナーはこれを「明確な要求（articulated demand）」と表現している。[7]しかし、明確な要求とは誰によるものなのか、国家元首なのか、外交政策者のトップなのか、上院議員あるいは国会議員なのか。その場しのぎのツイート（あるいはツイッター〔現X〕以前のそのようなもの）、あるいは外交手段やその他の正式な外交メカニズムに具体化されなければならないのか。[8] 多くの戦略的駆け引きの分野と同様、もっとも効果的な脅しは、静かな外交を通じたものであり、そのためあまり目立たないかもしれない。

一つのケースかエピソードか　同じ標的に対して長期にわたって科されたさまざまな制裁措置を一つのケースとして数えるべきか、それとも、科された制裁措置の組み合わせの変化や、より広範な戦略的背景によって「エピソード」として分析的に切り離すべきか。[9] 一方で、特定のエピソードに分解し、特定の目的を追求する時間枠のなかで評価することに価値はある。たとえば、第8章で議論する予定だが、国連によるリベリアとコートジボワールへの制裁にみられるような、異なるさまざまな影響がある。他方で、一つのケースを分析することによって累積効果がよりよく測定される可能性もある。たとえば、アメリカ、国連、イギリスによる対リビア制裁は、何年にもわたっておこなわれ、最終的に二〇〇三年の大量破壊兵器（WMD）プログラムの廃棄とテロ削減の合意にいたった。[10]

個別のターゲット制裁　特定の個人、企業、その他の団体を特定したターゲット制裁はとくにその利用が増加していることから、どう数えるのか問題とされている。米国財務省の外国資産管理局（OFAC）の特別指定国民および資格停止者（SDNs）リストには、一万五〇〇〇以上の対象が含まれている。イラン、ベネズエラ、北朝鮮、ロシア、中国のようなケースは、麻薬取引やテロリズムのような非国家の特殊な主体と同様に、次から次へとSDNに指定されている。同様のジレンマは、EUの統合金融制裁リストや国連の安保理統合リストにも生じている。ひとつひとつのターゲット制裁を個別のケースとして扱うことは意味をなさないだろうが、どのように集約し、分離するのがいちばん良いのかについては解釈の余地がある。

第三者による抑止効果　アメリカによる核不拡散のための制裁は、制裁の対象となる国に進行中の核兵器開発計画を中止させることには失敗することが多いが、その「ひそかな成功」は、ほかの国が核兵器の開発に着手することを抑止するという二次的な目的にある。[11] しかし、こうした第三者への間接的な制裁の影響は制裁ケースとしてカウントされない傾向がある。

非公式のキュー制裁　中国が頻繁におこなう非公式の制裁、宣告せずに実施するキュー制裁もカウントすべきだろうか。どの程度含んでどうカウントするのか。正式な制裁と同時におこなわれる場合、それらを別個にするか、それともまとめてカウントするのか、あるいは、対象となる企業ごとにカウントするのか、異なる影響が示されるだろうが結局は長いリストになるのではないか。

市民社会主導の制裁　一九三〇年にガンディーがおこなった塩のボイコットのように、「イギリス帝国の根幹を揺るがす[12]」ことを目的としたケースはどうだろうか。ブラジルの政策やウェアハウザーなどの製材会社を標的にした熱帯雨林木材の世界的な消費者ボイコットはどうだろうか。ニューヨークのメトロポリタン歌劇場がロシア人ソプラノ歌手との関係を断ち、ユーロビジョンがウクライナ問題でロシア人出場者を禁止したことはどうだろうか？　ワールド・ラグビーとワールド・クリケットが、アパルトヘイト問題で南アフリカを追放したことはどうだろうか？

要約

山ほどあるケースを一律に定義することは不可能なので、三点の注意が必要である。第一に、研究者はその定義とどのケースを〔研究対象として〕組み入れるのかの基準を明確にする必要がある。第二に、経験的知見の妥当性、とくに分析結論の一般化に及ぼすケース／データ選択の影響の可能性を意識することである。第三に、制裁がいつ、どのように効果を発揮するかという政策的教訓を得ることである。

成功を測るのにもっとも適した指標は何か？

二〇一九年の米国会計検査院（GAO）報告書は、アメリカのように制裁を多用する政府において、成功の定義がいかにあいまいであるかについて、珍しく率直に述べている。一般的に、制裁の効果は経済的な観点で測定され、「より広範なアメリカの政策目標を達成するための制裁の有効性の評価[13]」はほとんどおこなわれていない。たしかに、ある種の成功はコストの賦課そのものに内在している。政権が負うべき負担は大きい。ターゲット制裁は支持者の銀行口座を直撃する。同様に発動者の敵でもある同盟政権は、より多くの支援を提供しなければならず、窮地に立たされる[14]。しかし、実質的な経済への影響でさえ、政策遵守につながらないことが多い。パキスタンのナワズ・シャリフ首相は、核兵器を放棄するくらいなら、自国民は「草を食べてでも」制裁を受け入れると恐れ気もなく宣言した。北朝鮮に対する制裁は多くの負荷をかけてきたが、その核兵器計画はますます拡大している。トランプ大統領の「最大限の圧力」によって、イランの原油輸出は日量二〇〇万バレル以上から三〇万バレル以下にまで減少し、ＧＤＰはマイナス一〇％に落ち込み、リアルの切り下げを余儀なくされ、政権はリアルをトマンと改名し、単位を一万分の一に切り上げたが、イランはこれに応じず、実際に多くの面でエスカレートした。キューバは半世紀以上にわたってアメリカの制裁に耐えてきた。標的に多大な負荷をかけたにもかかわらず、発動者が譲歩したことさえある[15]。
制裁の成否を測るには、成功の度合い、ネットアセスメント〔総合戦略評価〕、ほかの政策オプションとの相対性、評価の時間枠、偽陽性／偽陰性という五つの要因も考慮しなければならない[16]。

成功の度合い　標的に「参りました」と言わせるような政策の十分な遵守というのは稀である。無条件降伏に相当する制裁は存在しない。そのため、さまざまな研究が成功の度合いを示す基準を開発している。たとえば、ＴＩＥＳの「標的による完全な受け入れ」、「部分的な受け入れ」、「交渉による解決」、「膠着状態」、「発動者による降伏」などである[17]。また、一次的な目的が達成されなくても、二次的なシグナリング〔「シグナル・メッセージの伝達」の意〕の目的が達成されるかどうかも考慮する必要がある。制裁は、当面の問題が解決されなくても、標的にこれ以上好ましくない行動を思いとどまらせることができるのか？第三者に対する抑止効果はあるのか、政策が変更されようがされまいが、原則を主張することによって、標的に効果的に汚名を着せ、国際規範が確認され、国のソフトパワーが強化されるのだろうか？

これらは〔成功を測るうえで〕有効な変化となりうるが、さらに二つのことを考慮しなければならない。一つめは、目的の優先順位とそれぞれの相対的な重みである。当初の目的が達成されなかったからといって、制裁が大失敗とみなされるべきではないが、大失敗でなかったからといって成功を主張することもできない。それは政治的な演説では当たり前のことかもしれないが、分析的な帰属は、どの目的が相対的にどの程度重要であったかを考慮しなければならない。

二つめは、宣言的な主張を額面どおりに受け入れず、送ったシグナルが受けとられたかどうかを評価することである。宣伝されているよりもインパクトが弱い制裁は、標的と第三者の双方に向けられた抑止力を弱める可能性がある。象徴的な行動は、より自己実現的であり、正しいことのために立ち上がることで即座に信用を得ることができる。しかし、発動者が、自国に対して明白な違反を犯した同盟国に対しても制裁を科さないのであれば、そうとは言えない。

ネットアセスメント　目的が達成されたとしても、発生する可能性のある四種類のコスト、すなわち、バックファイア〔裏目〕、ミスファイア〔誤射〕、クロスファイア〔相互発砲〕、そしてシューティング・イン・ザ・フット〔足元を撃つ〕を考慮して、ネットアセスメントをおこなう必要がある。裏目に出るとは、意図した目的である政策変更とは逆効果になることを意味する。一九八一年から二〇〇〇年までの九五カ国を対象とした研究によれば、制裁を受けた政権が、拷問や政治的殺害を含む人権侵害をさらに強化することがいかに多かったかが示されている[18]。アメリカの制裁をさらなる弾圧の根拠として繰り返し操作してきたキューバや、一九八九年の天安門事件に対する制裁に対して、人民武装警察を強化し、インターネットの取り締まりを強めた中国がその例である[19]。

ミスファイア〔誤射〕は、たとえ「政治的利益」があったとしても、政権だけでなく一般市民にとっても人的な影響、つまり、「民間人の苦痛」を悪化させる。多くの場合、制裁は平均寿命、乳幼児死亡率、子どもの栄養失調、女性の健康、公衆衛生全般、貧困、清潔な水と衛生環境、難民や国内避難民の状況を悪化させてきた[20]。「政権エリートたちは繁栄を続け、高級品を手に入れ、買い物旅行を続けている」と、元米国制裁当局トップはみている。「たいていの場合、政府によって引き起こされた貧困から究極の罰を受けるのはその国の人びとである」[21]。人道的な影響については、単に機械的な評価ではなく根本的な倫理的問題としてこのあとに取り上げる。

クロスファイア〔相互発砲〕とは、発動者の同盟国やパートナーである第三国への悪影響をともなう。イランやソ連／ロシアのエネルギー・パイプラインのようなケースでは、制裁が米欧関係の係争事項となっている。[22]アメリカの盟友コロンビアはベネズエラの制裁から、また、ヨルダンとトルコはイラクとシリアの制裁から大きな負担を強いられてきた。

シューティング・イン・ザ・フット〔足元を撃つ〕とは、貿易やその他の経済的利益を失うという自業自得を意味する。トーマス・シェリングの表現によれば、コストを負担する意思を持つことは、「自分の決意の強さを示す標準的な指標」であり、特定の状況においては「望ましい属性」となりうる。[23]そうでない場合もある。ナポレオンによる大陸封鎖（一八〇六〜一八一〇年）は、その戦争戦略の一環としてイギリス経済の弱体化を図ったものだが、フランス経済にとって大きな損失となった。[24]トランプ政権で始まったアメリカと中国の対抗制裁の応酬はバイデン政権でも続き、ある元米国通商当局者は「自分の足を撃つことなく、法を犯した者にダメージを与える制裁を見つけたい。難しいだろうが[25]」と語った。

このような結果を考慮に入れると、負荷をともなうばかりでなく、意図した目的そのものを損なうといった負の評価になりそうだ。

ほかの政策オプションとの相対性　制裁によって何が達成され、何が達成されなかったのか、またどのようなコストがかかったかについても、ほかの可能な政策オプションに照らした評価が必要である。[26]政策担当者はこの点を強調する。制裁でなければ、次は何なのか。いつもどおりの業務には、戦略的にも、政治的にも、また規範的にも、軽率な響きがある。しかし、制裁は、制裁の有効性の可能性についての説得力のある分析ではなく、ほかの選択肢の否定的な要素にもとづいて、既定の選択肢として頼る

べきものではない。[*] ほかのものほど悪くはないが、それ自体の実現可能性や有用性の評価を妨げてはならない。(27)

＊私は政府での経験から、制裁という選択肢を、その場しのぎで厳しいことをやっているという体裁を満足させるような形で組み立てることで、潜在的により効果的な政策オプションを締め出してしまうことを知っている。これは自分自身のメモのようなもので、経験則にもとづく指摘であり、ここで「愚かな官僚」と中傷するつもりはない。

評価の時間枠

一九九〇年にネルソン・マンデラが政治犯として釈放される以前の南アフリカに対する反アパルトヘイト制裁は、多くの研究で失敗だったとみなされている。それ以降の分析では、ほとんどすべての研究が南アフリカは成功例であり、多くの人にとって象徴的なケースである。(28) その一方で、半世紀近くにわたるアメリカの対キューバ制裁を擁護する人びとが繰り返し口にするように、制裁の目的を達成するためにますます多くの時間を与え続けるような開放的な時間枠はありえない。

情報の入手可能性もまた、時間枠評価の問題となりうる。目的は達成されつつあるにもかかわらず、標的の体制が情報の確認を妨げている場合もある。あるいは、より遠大な目的を持つ発動国の政策立案者が、独自の難読化や否定をおこなうこともある。一九九〇年代の国連安保理によるクウェート侵攻に対するイラクへの制裁と、それにともなう大量破壊兵器開発計画の廃棄を確実にするための国際的な査察は、その両方のケースを表している。サダムが大量破壊兵器をまだ保持していると信じ込ませることは、サダム内部の威信と彼なりの抑止の両方の目的に役立った。九・一一の後に、ブッシュ政権が二〇〇三年にイラク侵攻をおこなうのに役立つ序章となった。サダムが大量破壊兵器を開発していなければ、一九九八年に国連査察団を追い出すはずがないのでは？　米軍の侵攻が始まると、制裁はサダムの大量破壊兵器開発を阻止する重要な要素だったことが明らかになった[29]。

偽陽性／偽陰性

制裁がより広い戦略の一部の場合もある。たとえば、大使の召還や追放などの外交行動、秘密行動、軍事力の威嚇や行使など、特定の効果あるいは非効果をどう測るのか[30]？　偽陽性も偽陰性も回避しなければならないことが課題である。偽陽性とは、全体的な戦略のほかの部分が原因として正当化されるにもかかわらず、制裁が成功の要因とされるケースである。偽陰性とは、制裁はその役割を果たしたが、戦略全体のほかの部分に欠陥があった場合、あるいは、制裁が成功する可能性があったにもかかわらず、政策設計および（あるいは）政策実施の誤りによって、制裁が成功しなかった場合のことである。政策立案者は、制裁の効果を過大評価する偽陽性への警戒と、制裁が有効であったか、あるいは有効であった可能性のある最終的な戦略の失敗の評価における識別の両方が必要である。

制裁は倫理的か？

たとえ制裁が政策的な尺度で成功したとしても、標的国の国民に大きな人道的な影響をもたらすのであれば、制裁は倫理的なのだろうか？　政治的利得にともなう民間人の苦痛はどうなのか。一九九〇年代のイラク制裁は、サダムの大量破壊兵器計画の武装解除には成功したものの、栄養失調、必要な医薬品の不足、不十分な飲料水、劣悪な衛生環境から何千人もの死者を出し、「大量破壊の制裁」として民衆を直撃した[31]。セルビアでは、制裁がスロボダン・ミロシェヴィッチを交渉のテーブルに着かせるのに役立ったものの、国民の八〇％近くを貧困ライン以下に追いやった[32]。

さらに、政治的な利益はほとんどなかったが、民間人にかなりの痛手を負わせたミスファイア〔誤射〕もある。イランでは、イランの人びとにとって必要不可欠な医薬品へのアクセスと健康への権利が否定的な影響を受け、それによって何百万人ものイラン人の健康が脅かされている。北朝鮮では、制裁は、国や国際的な援助団体が、もっとも弱い立場にある人びととの緊急かつ長年の人道的ニーズに応えることを妨げ、救命援助は、遅延、煩雑な手続き、金融制裁の過剰遵守によって致命的な妨害を受けている[33]。ハイチでは、元米国大使が、制裁はすでに貧しくなっていたハイチ経済をさらに一五年後退させ、貧困層が負担の大部分を負い、政権と支持者は最小限の影響しか受けなかったと評価した。このため、クレオール語のアンバゴ（anbago：禁輸）は、「金持ちや権力者のかかとの下」〔金持ちと権力者に対象を絞った措置〕という意味のアンバ・ゴ（anba gwo）と呼ばれるようになった[34]。シリアのジャーナリストは、「#シリアの経済状況は限界に達している」とツイートした。「医薬品は非常に不足しており、飢餓は常態化し、貧困は過去最悪の状態にあり、人びとは生きのびるために臓器を売ることさえある[35]」と。国連世界食糧計画（WFP）は、反タリバーンの対外制裁が主な原因となり、二〇二一年から二〇二二年にかけての冬を迎えるアフガニスタンの状況を「飢餓と貧困の雪崩」と表現した[36]。

ターゲット制裁は、国民ではなく政権に打撃を与えるという表向きの精密誘導能力*〔1〕によって、この問題を解決するために考案された。しかし、その効果はしばしば、明確に標的とされた人びとだけに限定することが困難なことがわかっている[37]。国連人権理事会の特別報告者としての経験から、イドリス・ジャザイリーは、制裁の対象が当初は絞られていたものが、時間の経過とともにつぎつぎと積み重ねられ、

「社会全体に波及することが避けられない一連の措置」となっていく様子を観察している。[38]コンプライアンスを確保するための法外なデューデリジェンス・コストに直面し、偶発的な違反の結果を恐れる企業が、人道的活動に従事するNGOを排除するような形で「リスクを回避」することで、冷え込みが経済全体に波及している。[39]制裁の行使を検討している政策立案者に、標的の国内政治への影響を考慮させ、制裁の可否に関する手続きと権限を確立させ、人道的な免除を切り分け、制裁後の復興と開発にコミットさせることによって、バランスを取ることが提案されている。[40]スイス国際問題研究ネットワークは、リスク回避をより適切に管理し、人道的影響を軽減するためのプロジェクトをおこなっている。私自身がNGOと議論するなかで、人道的免除を機能させ、なおかつ人びとに支援を届けるための戦略を伝えてきたNGOもある。

たとえそのようなメカニズムが考案できたとしても、制裁がもたらす悪影響は避けられないものであり、民間人に与える苦痛は不釣り合いであることから、本質的に「道徳的に許されない」と考える人もいる。[41]また、フィデル、サダム、ミロシェヴィッチ、中央アフリカ共和国の独裁者ボカッサ一世、ミャンマー軍部、タリバーンなどのような残虐な支配者の権力を排除または制限するという目的には、それなりの倫理的価値があると反論する人もいる。それぞれがそれぞれのやり方で、結果主義的な倫理よりも意図主義的な倫理を優遇している。制裁擁護（賛成）派は、自国民や国際社会にとって危険な指導者や政権の傍観者であってはならないという責任を強調するが、そうすることで生じる人道的結果を放置することになる。反制裁派は、民間人を傷つけないことを強調するが、抑圧的で残忍な支配が続くという結果に直面する。

制裁の成功を測定するには、概念的・方法論的な課題がある。これらを単独で解決することはできないが、管理することはできる。研究者は、使用されている構成要素や尺度を明確にし、分析結果や実証結果の限界だけでなく、その根拠についても明示する必要がある。政策立案者は、制裁を科すかどうかの判断や、成功と失敗の評価において、こうした基準や差別化、倫理的問題も考慮に入れる必要がある。

＊＊＊

それに続く問題は、制裁がいつ、どのように、そしてなぜ成功するのか、あるいは成功しないのかをどう説明するかである。それは第3章に譲る。

第3章　制裁の成否を説明する

第2章で制裁の成否を測定することに焦点をあてたことを踏まえ、つぎにその結果を説明する重要な要因について考察する。学術研究にとっては、これは独立変数の問題であり、制裁の成否を決定する可能性の高い要因を特定し、因果関係のパターンを理論化することである。政策立案者にとっては、実行可能な戦略を立てるために、もっとも重要な要因を目の前の特定のケースと照らし合わせることである。

七つの主要な質問がこの章を構成している。

・重要なのは経済的インパクトか？
・威嚇や武力行使をともなう制裁のほうがより効果的なのか？
・制裁と誘因を組み合わせた互恵戦略は制裁単独よりも有効か？

・政権のタイプはどうか？　非民主主義国と比較した場合の民主主義国は？
・多国間制裁は単独制裁より有効か？
・スマート制裁、とくに金融制裁はどの程度有効か？
・追求する目的によって成功の度合いは異なるのか？

重要なのは経済的インパクトか？

必要だが十分ではない

経済への影響が少ない制裁は、政策遵守を強要したり、シグナリングの信頼性がほとんどないことは明らかである。ある種の成功はまさに負荷をかけることにある。標的国の経済には負担がかかり、指導者や支持者は罰を受ける。しかし、経済への影響が大きければ大きいほど政策遵守の可能性が高まるという一対一の相関関係はない[1]。これは、標的が発動者への経済的依存度が高い場合でも同様である[2]。初期コストは高くつくかもしれないが、標的国は経済的（輸入代替、代替貿易相手、制裁破り）にも政治的（エリート層の緩和、ナショナリストの抵抗意志の動員、明白な弾圧）にも対抗策を講じることができる。以下に述べるローデシア、イラン、北朝鮮、イラク、コートジボワールを含むケースでは、経済への影響と政策遵守の矛盾のさまざまなパターンがみられる。

威嚇や武力行使をともなう制裁のほうがより効果的なのか？

案外そうでもない

「武器なき外交」は、フレデリック大王〔フリードリヒ二世〕に由来する古い格言が基本的な論理を伝えているように、「楽器なき音楽のようなものである」[3]。しかし、制裁に関する文献には、一貫した因果関係のパターンはない。ローデシアの場合、少数民族である白人の支配を終わらせたのは、一九六六年から一九七九年の国連制裁もあるが、ほとんどはゲリラ戦争である。ロシアが二〇二二年のウクライナ侵攻を中止せざるをえなくなったとすれば、それは制裁と、アメリカやNATOの武器やその他の支援によるウクライナ軍の抵抗が組み合わさったからであろう。しかし、ある複数の事例研究では、制裁に成功した二四ケースのうち一五ケースが軍事力をともなうものであった一方で、効果がなかった三九ケースのうち一七ケースも軍事力をともなうものであった[4]。軍事力の有利なバランスは制裁の発動国に有利のようにみえるが、それはしばしば、抵抗しようとする標的国の決意の強さによって相殺されてきた。さらに、相対的な軍事力の優位は、実際には戦略的に逆効果になることもある。標的国が同意しそうもない要求を突きつけることになりかねないからだ[5]。この点で、軍事的に弱い国々（キューバ、ベネズエラ、イラン）の政権交代を強要するために制裁を用いるというアメリカのやり方は、その目的を達成できなかっただけでなく、より限定的な目的を達成する機会も逃した（たとえば、スペインがキューバの反体制派を解放したように）。

制裁と誘因を組み合わせた互恵戦略は制裁単独よりも有効か？

イエス、ただし注意付きで

二〇一五年の核不拡散協定（JCPOA、包括的共同行動計画）で重要な役割を果たしたアメリカとイランの交渉担当者のインタビューは、この点について言及している。アメリカ側は、イランが譲歩する鍵として、制裁によって課されたコストを強調した。イランの外交官は、「制裁が経済的、技術的、政治的な報酬と結びついたとき」しか、イランはテーブルにつくことを望まないと述べた(6)。二〇〇三年のリビアのケースも同様のパターンを示しており、テロと大量破壊兵器に関して譲歩すれば制裁を解除するという信頼できる外交的確約が合意の鍵となった。

制裁は、ほかの強制外交と同様に、標的の選択を否定するのではなく、影響を与えるための戦略であることを考えると、何らかの交換条件が必要である。交渉戦略は、少なすぎて遅すぎる誘因や多すぎる見返りによるアンダーシュートと、多すぎて早すぎる誘因や少なすぎる見返りによるオーバーシュートの両方を避けなければならない。一方では、誘因との結びつきが十分に明確で強固なものでなければならず、標的が見返りを求めずとも利益を得られると考えるようなものであってはならない。たとえば、一九九〇年代初頭のハイチの例では、軍事政権が十分に応じる前に、制裁の軽減というニンジン〔「アメ」「誘因」の意〕が差し出された(7)。逆に、標的が、次に互恵的措置がともなうかどうか確信が持てない場合、要求されている譲歩が見返りに見合うかどうか疑問に思うかもしれない。これは、議会の同意なしに制裁を解除できないように大統領の裁量を制限しているアメリカの制裁に関する問題である。国連やEUの制裁措置のなかにも、同様の政策設計上の問題を抱えているものがある。[8] したがって、交渉戦略においては、少なすぎて遅すぎる誘因や見返りが大きすぎる誘因によるアンダーシュートと、多すぎて早すぎる誘因や見返りが小さすぎる誘因によるオーバーシュートの両方を避けなければならない。

ステファン・ハガードとマーカス・ノーランドが北朝鮮を評するように、制裁と誘因の連携がうまく構築されていたとしても、一部の体制は「ハード・ターゲット」〔手ごわい標的〕のままである。[9] 過去二五年以上にわたるさまざまな時点における北朝鮮の経済状況の厳しさを考えれば、一九九〇年代の飢饉による人口の三~五%という驚異的な死者数を含め、経済的誘因がとくにうまく機能していると考えられる。北朝鮮が「隠者の王国」と呼ばれているのには理由がある。ハガードとノーランドは、おそらくうまくいった唯一の誘因は、体制に直接行き渡る利益であり、かなり大規模なものであっただろうという逆説を提起している。同様の議論は今日も続いている。

政権のタイプはどうか？　非民主主義国と比較した場合の民主主義国は？

いくつかの傾向はあるが、決まったパターンはない

民主主義国は、政治的な論争や世論の圧力に対してよりオープンであるため、非民主主義国よりも制裁を受けやすいと思われる。民主主義国が制裁を受けやすいことを示す研究は数多くある。[10] 独裁国の抵抗を示す研究もある。[11]

しかし、三つの点で、これらは決まったパターンというより傾向である。
第一に、一般的な傾向が保たれている場合であっても、政権のタイプの因果関係をほかの要因から切り離して分析することは難しい。発動国と標的国の関係はそのような要因のひとつである。さまざまな研究が、同盟国や友好国に対する制裁のほうが、敵対国に対する制裁よりも効果的であることを示している。第4章で扱うスエズ危機（一九五六年）の事例研究では、アメリカの制裁は、同じ民主主義国でありながら安全保障面でアメリカに依存していたイギリスに対して、スエズ運河への軍事介入から撤退するよう迫る重要な要因となった。アメリカの不拡散制裁に関する研究によれば、民主主義国でありながら安全保障で依存する同盟国からの制裁遵守率が高いことが示されている。[12] これらのケースは、制裁の効能を、ほかの関係性の側面ではなく体制のタイプに帰結させるという誤検出の可能性を提起する。
第二に、経済的コストが相当なものであったとしても、民主主義国が常にそれに従うとは限らない。一九七三年のＯＰＥＣによる石油禁輸は、民主主義国が制裁を受けやすいことを示す主な例としてよく引き合いに出される。アメリカ経済が大きな打撃を受けたのは間違いない。ガソリン価格は四〇〇％以上も高騰した。自動車のナンバープレートと給油日の奇数日、偶数日を照合して、ガソリンが配給された。インフレと失業が同時に進行した（スタグフレーション）。しかし、アメリカの中東政策は部分的にしか変化せず、それもヘンリー・キッシンジャー国務長官はアメリカの地政学的戦略の転換と矛盾しないと判断した方法でしか変更しなかった。「イスラエルに占領地を放棄させる」というＯＰＥＣの目的達成に、アメリカを近づけることはできなかった。[13]
第三に、非民主主義国は「身を縮めて制裁の影響に耐える」だけでよいという考え方は、非民主主義国独自の利益集団政治のあり方を無視している。[14]第1章で述べたサーキットブレーカーとトランスミッションベルトの違いは、主要なエリートが、制裁の影響を遮断することが自分たちの利益にもっともつながると考えるか、政策変更を迫ることが自分たちの利益につながると考えるか、ということであり、民主主義国にも非民主主義国にも当てはまる。二〇〇三年のリビアのケースでも、主要なエリートが制裁によって自分たちの利益がますます損なわれるにつれて、サーキットブレーカーからトランスミッションベルトへとシフトしていった。一九六〇年から一九六二年のアメリカによる対ドミニカ共和国制裁は、トルヒーヨ一家の独裁政権を支援するエリートたちの経済基盤だった砂糖の輸出であり、一九七七年のアルゼンチンとブラジルの軍事政権に対する軍事援助制裁は、同様の力学を示している。[15]

多国間制裁は単独制裁より有効か？

イエス（有効である）、しかし、問題がないわけではない

多くの研究が、多国間制裁のほうが、成功率が高いことを示している。というのは、三つの利点があるる。[16]一つめは経済的なもので、代替貿易相手の可能性を排除しないまでも減少させ、潜在的に経済的影響を増大させる。二つめは政治的なもので、多国間行動によって規範的な正統性が高まることである。三つめは地政学的なもので、発動国の敵対国から「安全な避難所」となりうる保護を奪うことである。[17]

しかし、多国間主義が〔制裁の〕成功を保証するわけではない。目的の性質が重要であることに変わりはない。たとえば、国連の制裁は、一次的な政策遵守の目的よりも、二次的なシグナリングの目的の

ほうが成功率は高い。安保理の政治も同様である。制裁が最初に採択されても、継続的なコミットメントは米・露・中の緊張関係に左右されやすい。とくに、制裁破りが静かにできるならば、多くの国が離反の誘因に屈する可能性がある。国連の執行メカニズムは、多少は役立っているものの、機能不全に陥っている[18]。

第8章では、多国間制裁の利点と限界について詳しく述べ、いくつかの事例研究を紹介する。

スマート制裁、とくに金融制裁はどの程度有効か?

多少はあるが、推進派の主張ほどはない

スマート制裁への移行は、イラク、セルビア、ハイチのような包括的制裁による人道上の影響が悪化していることへの対応でもあった。その論理は、標的国の経済の重要な部分に焦点をあて、価値の高い標的(違反した政権、その支持者、共謀している団体)に狙いを定め、さらなる禁止行為の能力を直接的に制限し、より広範な一般の人びとを保護しながら、重い負荷を負担する人びとによるトランスミッションベルトの圧力を動機づけるというものである。アメリカはその制裁の多くを「賢く」おこない、EUと国連もおこなった。

しかし、その記録はまちまちである。一九九〇年代の国連によるターゲット制裁に関する研究では、リビアとカンボジアに対する制裁は成功したが、リベリア、ルワンダ、スーダン、アンゴラ、シエラレオネに対する制裁は成功しなかったと評価されている。別の国連制裁研究では、エピソードの九四%が

予期せぬ結果を招き、そのうち五八％が汚職や犯罪を引き起こし、三五％が対象政権の権威主義化を招いていることが指摘されている。[19]二〇一六年のジョセフ・カビラ大統領とコンゴ民主共和国（ＤＲＣ）幹部に対するアメリカとＥＵの制裁は、彼らの退陣を促したが、政治体制は非民主的なままだった。[20]多くのケースにおいて、人道的な免除は、制裁を弱めるために悪用された過剰なものであり、また、基本的な医療やその他の人道的ニーズが満たされるには不十分なものであることが証明されている。事実上、それほど賢くなく、それほど標的を絞っておらず、意図は倫理的でも、その結果は倫理的ではない。[21]全体として言えることは、人権保護に成功することは多くないが、少なくともスマート制裁はより大規模な制裁よりも「有害性が低い」傾向があるということだ。[22]

しかし、金融制裁はどうだろうか？　とくに金融資産や金融取引を標的にした金融制裁は「賢い」のではないか？　とくに国際金融におけるドルの優位性を考えると、アメリカの制裁はかなりインパクトがあるのでは？　多くの物品ベースの制裁の場合、第三者のインセンティブは標的国との貿易と闇市場価格から利益を得ることであるのに対し、二次制裁を行使してグローバル金融システムへのアクセスを遮断するというアメリカの脅威は、標的国とのあいだで得られる短期的利益を矮小化する。初代のテロ資金・金融犯罪担当財務次官補に就いたファン・サラテは、自身の本に『財務省の戦争――金融新時代の幕開け』（二〇〇四年）とタイトルを付けた。それ以降、金融制裁を「戦力拡大装置」、「経済戦争の新たな手段」、「主要な武器となりうる相互依存関係のひとつ」と位置づける者もいる。[23]

しかし、ここでも結果はまちまちである。アルカーイダやＩＳＩＳなどへのテロ資金供与を減らしたことで彼らの能力を制限することはできたが、彼らを排除することはできなかった。[24]金融制裁と互恵外交を組み合わせたオバマのイラン戦略はうまくいったが、トランプのさらに厳しい金融制裁はうまくいかなかった。ミャンマー軍は、制裁で凍結される前に金融資産の多くを隠した。北朝鮮の政権は、代替資金調達のためにビットコインやその他の暗号通貨に目を向けている。調査報道ジャーナリストによってリークされたパナマ文書には、さまざまな国の麻薬密売人、犯罪組織のボス、オリガルヒなどが制裁の対象から逃れているケースが数多く記録されている[25]。また、銀行、石油会社、荷主など、さらには標的国の人びとを支援しようとする人道的ＮＧＯでさえも「制裁標的国との取引から完全に撤退したほうが安全」と判断したように、多くの金融制裁は失敗に終わっている[26]。

二〇二二年のロシアへの金融制裁は、その範囲と限界を示している。その影響は、ロシアによる二〇一四年のウクライナ介入とクリミア併合後の制裁では日常的に回避されてきたものの、過去のどの金融制裁よりも大規模だった。「オリガルヒは制裁にもかかわらず金持ちになった」というのが、二〇一四年の制裁に関する『ニューヨーク・タイムズ』紙の記事のタイトルだった。あるオリガルヒは依然として、アメリカ経済におけるさまざまな株で九〇〇〇万ドル以上を保有していた。別のオリガルヒは、ヨーロッパのタックスヘイブンにある少なくとも七つの会社の株を増やした。「地球上でピンボールをするように」資産を転がす者もいた[27]。しかし、二〇二二年には、オリガルヒはより厳しい制裁の対象となった。ある者はイギリスのサッカークラブ、チェルシーの所有権を売却させられた。またある者は、ドイツで所有するレジャー用ヨットやプライベートジェットを押収された。プーチンとセルゲイ・ラブロフ外相はともに直接的な制裁を受けた。その他の措置もロシア経済を広く直撃した。ロシアの主要銀行は、国際的なドル建て取引のほとんどが経由するＳＷＩＦＴシステム（国際銀行間通信協会）から追放された。プーチン政権は六四〇〇億ドルを超えるハード・カレンシー〔「国際通貨」「決算通過」の意〕の軍資金を築いていたが、そのアクセスが遮断された。ルーブルは当初、一ペニーの価値もないほど切り下げられた。ロシア人はATMの長蛇の列に並ばされ、一人あたりの口座引き出しの上限を制限された。長いあいだ、秘密の銀行口座と外交政策の中立性で知られていたスイスでさえ、金融制裁に加わった。シティバンクやドイツのコメルツ銀行などの大手銀行、ゴールドマン・サックスやJPモルガン・チェースなどの金融サービス会社も同様だ。イギリスはロンドン在住のロシア人オリガルヒの資産を差し押さえた。

しかし、このような大規模で広範な協働作業を実施するために何が必要だったかを考えてみよう。これは大国による小国への残忍で露骨な侵略であり、単なる「小さな戦争」ではなかった。地政学的に重要な地域であり、第二次世界大戦の余韻が残るヨーロッパの中心部で起きた。そして、人道的犠牲を強いられた人びとのほとんどは白人でキリスト教徒であり、有色人種や非西洋的な宗教を信仰する人びとではなかった[28]。私はこれらの点を、正当化ではなく説明として、なぜこれらの制裁が世界のほかの地域での残虐行為に対する制裁よりもはるかに広く支持されたのか、またそれを一般化するには限界がある理由として述べている。

しかし、こうした支援はともかくとして、このような制裁にも限界がある。ロシアにはまだ対抗戦略がある。ロシア中央銀行は資本規制やその他の措置を講じ、ルーブルの価値を回復させた。一部の資産は隠された。また、抜け穴によって保護されている者もいる。たとえば、アメリカやヨーロッパの美術商やオークションハウスは、高級美術品が免除されるよう働きかけた[29]。もし、こうした制裁やその他の制裁がやがて戦争終結の一助となるのであれば（この原稿を書いている現時点［二〇二二年五月］ではまだ続いているが）、教訓を慎重に引き出す必要があるだろう。

追求する目的によって成功の度合いは異なるのか？

イエス、限定的な目的のほうが、広範囲な目的よりも達成する可能性が高い

限定的な目的のほうが広範な目的よりも達成可能性が高いというのが、制裁に関する文献でもっとも一致しているパターンである[30]。これは目的と手段の比例性の問題であり、あらゆる強制的戦略と同様に、追求される目的の範囲が使用される手段の厳しさに比例して保たれるとき、成功の可能性がもっとも高くなる。大胆なレトリックはともかく、制裁は経済を麻痺させるものではない。制裁の対象が参りましたと言ったことはない。対抗戦略は、経済的影響をすべて相殺することはできないが、一般的には、限定的な政策目的に合致するよう、十分に限定的なものにとどめることができる。標的にとっての利害が〔制裁の〕発動者にとっての利害よりも大きい場合、強制的な努力は不利な利害のバランスに反して働くことになる[31]。

限定的な目的のほうが広範な目的よりも達成可能性が高いというこのパターンは、政策目標の種類を問わず当てはまる。中央アフリカ共和国のようなケースでは、内戦を終結させることはできなかったものの、武器禁輸は軍事力に対して十分な限定的影響を及ぼし、これらの戦争をより短く、あまり激しくないものにするのに役立った[32]。核拡散制裁は、すでに保有されている核兵器を拡散させるよりも（たとえば、北朝鮮やインド、パキスタン）、核保有を阻止することに成功している（たとえば、イラン）。通

常兵器とデュアルユース技術に関するワッセナー協定や核兵器関連物資・技術に関する核供給国グループなどの軍備管理体制は完全ではないが、いずれも指定された武器が指定された国によって取得されるよう制限するという点では実質的な成功を収めている[33]。

外交の制限に関しては、限定的な政策、たとえば、二〇〇三年に米英の制裁によってカダフィ政権下のリビアがテロを終結させることはできなかったものの、その減少を実現した例や、二〇一六年から二〇一七年にかけての中国の制裁は、韓国にTHAADミサイル防衛システムを追加配備しないことに同意させたが、既存のシステムは解体しなかった例などがある。より広範な目的、たとえば、国際連盟による一九三五〜一九三六年のムッソリーニにエチオピア／アビシニアからの撤退を迫った制裁や、アフガニスタン侵攻をおこなったソ連に対するアメリカの一九八〇年の制裁は達成されなかった。一九五六年のイギリスによるスエズ侵攻のように、侵攻が撤回された場合は、制裁と外交と安全保障措置が組み合わされた。

国内の政治変更には、制裁が政権交代に相当するものをもたらしたローデシアと南アフリカの二つのケースがある。しかし、第4章の事例研究が示すように、これらのそれぞれのケースで組み合わされたさまざまな要因はきわめて例外的なものであった。キューバ、ベネズエラ、イランのような体制転換の失敗は、むしろおきまりである。民主化の促進や人権の保護といった限定的な目的に関しては、その根拠はまちまちである。制裁を受けた権威主義政権の民主化の度合いが高まったことを示す集計データを引用し、かなりの程度成功したとみる研究もある（ただし、それも程度があり、民主主義国になるまでにいたったわけではない[34]）。また、制裁を受けた政権は、さらに弾圧を強めて取り締まりを強化するという別の研究結果もある[35]。

まだ実行されていない行動を防ぐという性質と原則を象徴的に肯定することは、すでに取られた行動を強制的に変更することよりも本質的に限定的な目的であるため、二次的なシグナリングの目的は、一次的な政策変更の目的よりも成功する傾向にある[36]。それでも、このようなシグナリングは額面どおりに受け取るだけではいけない。標的抑止と第三者抑止は、単に宣言的な政策の問題ではない。発信したシグナルが受信されたシグナルであるかどうかを考慮し、戦略的相互作用として評価されなければならない。宣言よりも弱い制裁は、標的からすれば、強さではなく弱さの表れとして映りかねない。敵対する第三国は、自国をあまり傷つけないような標的を攻撃するという脅しによって、それほど抑止されないだろうし、同盟国も安心したりすることはないだろう。そして、人権やその他の国際規範を肯定することで、ある種の成功がもたらされる一方で、現地の人権状況を悪化させるという裏目に出たり、バックファイアすることで生じる倫理的問題もまた、きちんと評価されなければならない。

＊＊＊

制裁の成否を説明する要因はひとつではない。しかし、理論的な枠組みや政策パラメーターを提供するパターンや傾向を確立することはできる。次のようにまとめられる。

・制裁を成功させるためには、経済的影響、あるいはその信頼できる脅威が必要だが、多くの場合、高い経済効果と低い政策遵守のギャップを残すことになり、それだけでは不十分である。

・軍事的優位や軍事力が一貫して制裁の成功につながるわけではない。
・制裁と誘因を結びつけた互恵的な外交は、制裁単独よりも効果的である。
・民主主義国と非民主主義国とのあいだの政権タイプの違いは、いくつかの傾向を示しているが、制裁標的国としての相対的脆弱性、あるいは制裁発動国としての相対的有効性のいずれについても一定のパターンはみられない。
・多国間制裁は単独制裁に比べていくつかの利点があるが、それぞれ制約がある。
・金融制裁を含めたスマート制裁にはさまざまな実績がある。
・目的と手段の比例関係や利害のバランスという理由から、限定的な目的のほうが広範な目的よりも達成可能性が高い。

第Ⅱ部　主なケース、理論、政策

第4章　歴史的視点──過去の制裁ケースからの教訓

本章では、第1章「なぜ、何を、誰が、どのように」の制裁分析の枠組みを七つのケースに適用する。この七つのケースは、数世紀前のものから最近のものまで、三つの主要な基準を念頭に置いて選んだものである。三つの基準とは、制裁の行使に複雑性を有していること、主な発動国が変化していること、そして、第2章と第3章で述べた主な措置と考え方に沿って成功と失敗の議論を反映していること、である。[1] 七つのケースとは以下である。

- アテネ－スパルタ、メガラ布令（紀元前四三二年）
- ナポレオンによる大陸支配体制（一八〇六～一八一四年）
- 国際連盟による制裁、イタリアのエチオピア侵攻（一九三五年）

・スエズ危機、アメリカの対イギリス制裁（一九五六年）
・イギリスと国連による対ローデシア制裁（一九六五～一九七九年）
・ＯＰＥＣによるアメリカとグローバル市場への制裁（一九七三年）
・南アフリカへの反アパルトヘイト制裁（一九六二～一九九四年）

結論として、第2章と第3章で提起された分析的・方法論的な課題に沿って、ケースを横断するパターンを導き出している。

アテネ－スパルタ、メガラ布令（紀元前四三二年）

これは、経済制裁に関する文献で引用されているもっとも古いケースである。紀元前四三二年、民主主義の黄金時代を築いたアテネと、三〇〇以上の都市国家と島々からなるデリアン同盟の帝国を率いた伝説的指導者ペリクレスが、ペロポネソス同盟でスパルタと同盟を結んでいた小さな都市国家メガラに対して科した経済制裁である。

なぜアテネはメガラに制裁を科したのか？

歴史的記録では、メガラ布令の直接のきっかけとなった出来事については定かでない。トゥキュディデスは『ペロポネソス戦争史』のなかでそれについて論じていない。イエール大学の歴史家ドナルド・

ケーガンは、アテネの同盟国コルキュラに対するコリントの攻撃をメガラが支援したことを指摘している。オックスフォード大学の歴史家アルフレッド・ジマーン卿は、スパルタとその同盟国のさらなる攻撃を抑止するための決意の表れとみている。(2)古代ギリシャの劇作家アリストファネスは、最初はアテナイの「若い酔っぱらい」たちによるメガラ人の宮廷女官の誘拐、つぎにペリクレスの恋人アスパシアにまつわる「二人の娼婦」のメガラ人による誘拐と、娼婦の誘拐を実に巧妙に対比している。(3)

どのような制裁が科されたのか?

メガラは、アテネとデリアン同盟の全帝国との交易を禁止された。制裁は包括的なもので、個々の商品に例外はなかった。

主要アクターは誰だったのか?

発動(都市)国家:アテネ、アテネが支配するデリアン同盟
標的(都市)国家:メガラ
第三者:メガラのパトロンであるスパルタとその他のペロポネソスの同盟国。

制裁はどうなったか?

ケーガンは、この布令が経済的に大きな影響を与えたとしている。メガラはコリントス地峡の北に位置していたため、その貿易の流れの多くはアテネの支配下にあり、ペロポネソス同盟のなかで別の貿易

相手国に頼ることの有用性は限られていた。とはいえ、制裁は戦争の抑止にはならなかった。翌年、ペロポネソス戦争が勃発した。戦争は六年間の休戦を挟んで二六年間続いた。スパルタが勝利し、アテネは降伏、アテネ民主主義の黄金時代はスパルタによる寡頭政治へと移行した。ヘンリー・ビエネンとロバート・ギルピンは、この制裁がブーメランとなり、戦争を引き起こし、「ギリシャ文明の弱体化とマケドニア帝国主義による最終的な征服につながった」と厳しく評価している。[4] しかしトゥキディデスは、戦争の原因は既成の大国と新興の大国との対立というもっと深いところにあり、ペリクレスはメガラを攻撃することと何もしないことの中間を模索し、抑止を試みたが挑発はしなかったとみている。[5]

ケース評価

トゥキュディデスに倣ってペロポネソス戦争の主因を究明することはしないが、それでもメガラ布令の制裁は失敗の評価に値する。デヴィッド・ボールドウィンが主張するように、「もともと戦争が起こる可能性はかなり高かったのであり、おそらく彼［ペリクレス］が何をやっても戦争を回避することはできなかっただろう」[6]。しかし、ボールドウィンが強調する抑止の目的そのものが達成されることはなかった。メガラ布令は戦争の主要な原因ではなかったかもしれないが、戦争を回避することには成功しなかった。そして、アテネへの影響は甚大だった。

ナポレオンによる大陸支配体制（一八〇六～一八一四年）

一八〇六年、フランス皇帝ナポレオン・ボナパルトは、ヨーロッパを征服するためのさらなる措置として、主要なライバルであるイギリスに対して徹底的な経済制裁を科した。ナポレオンが征服したヨーロッパ大陸の大部分（ベルギー、オランダ、イタリアの大部分、オーストリア、ドイツの大部分、ポーランド、スペイン）へのイギリスの輸出はボイコットされ、大陸からのイギリスへの輸出は禁止された――いわゆる「大陸支配体制」と呼ばれるものである。さらに、イギリスやその植民地から直接やってくる中立国の船は、まずヨーロッパの港から入港を禁止され、次いで差し押さえの危機にさらされた。イギリスには多大なコストが課せられたが、自ら招いた経済的コスト、イギリスの報復措置、ナポレオンの軍事的立場全体への対抗措置が組み合わさり、大陸支配体制は一八一四年のナポレオンの最終的な敗北の重要な要因となった。

なぜナポレオンはイギリスに経済制裁を科したのか？

ナポレオンは、もし彼が「ヨーロッパでイギリスの工業製品を禁止することができれば、貿易を破壊することは彼らの心臓に一撃を与えることになり、イギリスは敗北する」と信じていた[7]。彼の大陸軍、約一〇〇万の軍隊は侵攻の準備ができていた。そうでなくとも、ナポレオンはイギリスを、フランスの大陸帝国を受け入れざるをえないような弱い立場で交渉のテーブルにつかせようとした。いずれにせよ、目的はイギリスに外交政策の抑制を迫ることだった。

どのような制裁が科されたのか？

主に貿易制裁だった。イギリスの植民地からの再輸入品を含め、イギリスのヨーロッパ大陸への輸出はボイコットされた。ヨーロッパ大陸からイギリスへの輸出は禁止された。イギリスが自国製品の代金の支払いに金を流入させることができなくなったため、金融面にも影響が及んだ。もっとも、イギリスの購入がなければ、ナポレオンの財産や被征服国の財源に流入する金も少なかった。

主要アクターは誰だったのか？

発動国：フランス。その属国と同盟国は意欲の程度に差はあれ、波状的に大陸支配体制に参加した。一八〇六年の開始時にはスペイン、イタリア、オランダが、一八〇七年にはロシア、デンマーク、ポルトガル、プロイセンが、一八一〇年にはスウェーデンが参加した。

標的国：イギリス

第三者：ロシアとアメリカ

制裁はどうなったか？

多大なコストがイギリスに課せられた。イギリスの輸出は一八〇六年の四〇八〇万ポンドから一八〇八年には三五二〇万ポンドに減少し、その後もさらに減少した。食糧供給はとくに大きな打撃を受け、凶作のなかで穀物の輸入が激減した。イギリスの輸出製品に対する需要の低下は、賃金の低下と失業の増加を引き起こし、一八一一年には労働争議の波が押し寄せた。

しかし、フランスは独自にかなりの費用を負担した。たとえば、ハンブルクのナポレオン特使は、フランス軍に供給するために、輸入規制を回避してかなり安価なイギリスの衣料品を調達せざるをえないと考えた。フランス国内では、海外貿易への依存度が高い産業が苦境に立たされる一方、競争上の優位性を欠く効率性の低い産業は保護主義体制下で利益を得た。こうした利害の対立により、ナポレオンは国内の産業界の要請に応えて大陸支配体制を弱めたり、回避したりせざるをえなくなった。イギリスとの貿易許可制度は、フランスの商業利益を大陸のほかの地域よりも優遇するものであったため、イギリスの植民地からコーヒー、砂糖、タバコ、ココアなどの贅沢品を手に入れられなかったエリートたちを含め、帝国全体の恨みを買うことになった。ナポレオンの同盟国が最終的にナポレオンを見捨てた理由として、このような恨みがしばしばあげられている。そして、イギリス海軍の支配が続いていたことも手伝って、密輸はずっと盛んにおこなわれていた。経済史家のイーライ・ヘクシャーに言わせれば、「艦隊を持たずに封鎖によってイギリスを大陸から遠ざけることは、鳥がわが国に巣を作るのを禁じるのと同じくらい不可能なことだ(8)」。

中立国の船舶に対する制裁で大打撃を受けたアメリカは、一八〇七年の禁輸法で報復し、アメリカの船舶がイギリスとフランスのいずれとも取引することを禁止した。これにより、イギリスは製粉用の綿花と食糧供給のための穀物を、フランスは経済と戦争兵器の原材料を失ったが、発展途上のアメリカ経済にも多大な犠牲が生じた。

一八一〇年までには、イギリス貿易への依存と、ナポレオンが国境に近づきすぎて力を持ちすぎることへの地政学的な懸念から、ロシアは大陸支配体制への協力をふたたび模索しはじめた。一八一二年六月に、ナポレオンはモスクワ攻略作戦を開始するという運命的な決断を下したが、それは悲惨な結果を招いた。半年もたたないうちに、ロシアの抵抗と厳しい冬の到来により、ナポレオンの七〇万の兵士の五〇％以上が死亡した。さらに一〇万人が捕虜となった。ナポレオンは撤退を余儀なくされた。カール・フォン・クラウゼヴィッツが初期の著作のひとつに書いたように、ナポレオンは「自軍の全滅」を覚悟で撤退した。「……ナポレオン自身と主要な将軍たち、そして数千人の将校のほかに、彼は全軍から特質すべきものを何ひとつ持ち去らなかった[9]」。

一方、イギリスは、スペイン王位に就いたナポレオンの弟ジョゼフ・ボナパルトとの戦いにおいて、スペインへの支援を強化した。アーサー・ウェルズリー中将（後に第一代ウェリントン公爵となる）の指揮のもと、イギリス軍は重要な戦闘に勝利し、マドリードを奪還した。一八一三年から一八一四年の冬、フランス軍はピレネー山脈を越えて撤退を余儀なくされた。

ケース評価

「私は、北の野蛮人どもを一網打尽にするために来たのだ」と、ナポレオンは一八一二年のロシア侵攻の始まりに軍事顧問にこう宣言した。「剣は今、抜かれた。彼らは氷の中に押し戻されなければならない。そうすれば、今後二五年間は、文明化したヨーロッパの問題に首を突っ込むことはなくなるだろう[10]」と。しかし、一八一四年四月に亡命を余儀なくされたのはナポレオンだった。ナポレオンの没落には多くの要因があったが、大陸支配体制による制裁の逆効果がそのひとつとであることは明らかだ。

国際連盟による制裁、イタリアのエチオピア侵攻（一九三五年）

一九三五年一〇月三日、「イル・ドゥーチェ」ことベニート・ムッソリーニ率いるイタリアは、拡大するイタリア帝国を拡大してこのアフリカの国を加えようと、エチオピア（かつてのアビシニア）に侵攻した。国際連盟規約第一六条によれば、連盟加盟国に対して侵略行為をおこなった国は、「事実上……連盟のほかのすべての加盟国に対して戦争行為をおこなったものとみなされる」。したがって、加盟国は、「ただちにその国に対し、すべての通商または金融関係の断絶、自国民と規約違反国の国民とのあいだのすべての交際の禁止、およびすべての金融、商業または個人的交流の防止を義務づける」ことになった。イギリスとフランスが重要な役割を果たし、同盟はイタリアに対して制裁を科したが、すべての貿易の断絶にはほど遠いものだった。石油、石炭、鉄鋼は戦略物資として除外された。外交メッセージは複雑で、ムッソリーニがヒトラー率いるドイツとより緊密に連携して反発することを懸念して、宥和的な要素を含みながらもイタリアを懲罰した。経済的な負荷をかけたが、第三国の代替貿易相手（とくにヒトラーのドイツと同盟非加盟国であるアメリカ）とその他の対抗戦略の組み合わせにより、ムッソリーニはこれに従わず、むしろエチオピアの抵抗勢力に対して化学兵器を使用するなど、戦火を激化させた。

なぜ国際連盟はムッソリーニのイタリアに経済制裁を科したのか？

外交政策の抑制が主な目的であり、ムッソリーニに戦争を終わらせるよう説得したが、必ずしもエチオピアから完全に撤退する必要はなかった。ホーア＝ラヴァル案は、英仏の外相が秘密裏に策定したもので、エチオピアの領土の三分の二をイタリアに提供し、エチオピアの皇帝ハイレ・セラシエに海への通路を残すというものだった。この計画がリークされた途端、世論の反発によって計画は撤回されたが、信頼はすでに失墜していた。[11]

どのような制裁が科されたのか？

制裁の貿易関連要素には、イタリアからの輸入のボイコット、武器売買の禁輸、イタリアの戦争継続に不可欠とされる馬、ゴム、一部の鉱石や金属（石油、石炭、鉄鋼は除く）などの輸出の禁止が含まれていた。金融面では、連盟制裁は、イタリアへの融資と信用供与を禁止した。[12]

主要アクターは誰だったのか？

発動国：イギリスとフランスを主とする国際連盟。

標的国：イタリア

第三者：ドイツとアメリカ（いずれも非加盟国）

制裁はどうなったか？

制裁は当初、かなりの経済的な影響をもたらした。イタリアの輸出は六一％、輸入は四四％、金準備高は二三％減少した。通貨リラは二五％価値が下がった[13]。ハフバウアー、ショット、エリオットは、イタリアの国民総生産（ＧＮＰ）の一・七％にあたる八六〇〇万ドルの経済的損失が生じたと推定している[14]。

しかし、エチオピア侵攻を事前に計画する一方で、それに対する連盟制裁を予想して、ムッソリーニは重要な資源を備蓄していた。彼は軍事行動を起こすのに十分な石油を保有していた。連盟の制裁から石油が除外され、アメリカからの供給が増加したことで、経済の残りの部分を賄うことができた。男性を兵役に就かせ、自国の戦争関連産業での雇用を増やすことで失業率を引き下げたため、多くのイタリア国民にとって、家計収入は実際には増加した[15]。ムッソリーニは、制裁を「国家主義を強化し、個人支配を強化するため」に政治的に操作し、「……（制裁は）イタリア政府によって、ナショナリズム……を急速に強化するためのものに変えられた[16]」。戦争は、イタリアの名誉と栄光にほかならなかった。たとえば、「結婚指輪の日」に女性たちが金の結婚指輪を国家の大義に捧げたように、戦争を支持することは愛国者であることだった（これらの指輪は実際には溶解されなかった[17]）。

ムッソリーニはまた、英仏の不安を巧みに利用した。ムッソリーニは親ドイツ的な対外政策を発表することはなかったが、その可能性を頻繁に示唆していた。アドルフ・ヒトラーとムッソリーニは完全に同盟を組んでいたわけではなかった。ムッソリーニが一九三七年九月にベルリンを訪問し、ヒトラーが一九三八年五月にローマを訪問することによって、彼らの「枢軸」は封印されることになる。しかし、彼らはその方向に進んでいた。ドイツからイタリアへの輸出は一一・七％増加し、とくに石炭輸出は同盟の制裁を相殺するのに役立った。

一九三〇年代半ばに米国議会で可決された中立法は、その両方の側面を持ち合わせていた。武器輸出の全面禁止は連盟の武器禁輸に合致していた。しかし、中立とはほかの制裁をおこなわないことも意味した。アメリカの対イタリア輸出は一〇・八％増加し、石油もイタリアの石油輸入の六・五％から一七％に増加した。アメリカの石油会社が世界市場シェアを拡大する好機と考えたからだ[18]。オーストリア、ハンガリー、その他いくつかの連盟加盟国は制裁の遵守を拒否し、経済的にも戦略的にも限定的ではあるが、第三国の代替貿易相手としての役割を果たした。ルーマニアとソ連は、ほかのすべての連盟加盟産油国がこれを遵守することを条件としたが、ベネズエラはこれを拒否した[19]。

イギリスとフランスには、スエズ運河の閉鎖やエチオピアへの武器供与といった軍事的な選択肢もあったが、ムッソリーニが勝利を急ぐために毒ガスに頼ったときでさえ、そのような行動に出るという脅しすらかけなかった。一九三六年五月五日には、ムッソリーニ軍はエチオピアの首都アディスアベバを占領した。六月七日、ハイレ・セラシエ皇帝は「わが民族のための正義」を連盟に訴えた。七月四日、四四対一の賛成多数で、戦争は終結し、事実上イタリアによるエチオピアの植民地支配が認められたとして、連盟は制裁を解除した。

ケース評価

数年後、当時の英外相アンソニー・イーデンは日記にこう記している。「振り返ってみると、一九三五年に制裁を断行する決意をもっと示すべきではなかったか、もしそうしていれば、ムッソリーニのハッタリに対抗し、少なくともこの［第二次世界］戦争を先延ばしにすることができたのではないか、という思いがよぎる。その答えは、イエスだと私は確信する[20]」と。ムッソリーニはヒトラーに、もし石油の供給が禁輸されていたら、「私は一週間以内にアビシニアからの撤退を命じなければならなかっただろう。……それは私にとって紛れもない大惨事だっただろう[21]」と言った、といわれている。第3章で強調した、制裁が軍事的反転を余儀なくさせるのにほとんど成功しなかったという手段と結果の比例性を考えると、イーデンの考察もムッソリーニのつぶやきも、いささか誇張が過ぎるように思われる。それでも制裁は失敗した。実際、一九三一年の日本の満州侵略のような、連盟が経済制裁に同意することさえできなかった危機に加え、ムッソリーニ－エチオピアのケースは、連盟にもとづく集団安全保障の棺に打ち込まれた最後の釘のひとつであった。

スエズ危機、アメリカの対イギリス制裁（一九五六年）

一九五六年七月二六日、エジプトのガマル・アブデル・ナセル大統領はスエズ運河をイギリスの支配から国営化した。一九五二年のエジプト王政に対する軍事クーデタで政権を握ったナセルは、アラブ世界全体、さらには第三世界において影響力のある指導者として台頭していた。ナセルは、植民地からの搾取に対する報復として、また、欧米が援助を拒否していた巨大プロジェクト、アスワン・ダムを建設するための資金調達として、この動きを正当化した。両陣営とも外交的な動きしかしないなか、イギリス、フランス、イスラエルは協調して軍事行動を計画した。イスラエルは一〇月二九日に侵攻し、英仏はその二日後に侵攻した。冷戦、第三世界の脱植民地化、アラブ－イスラエル紛争のなかで、〔戦争が〕エスカレートするリスクは高かった。エスカレーションを回避し、危機を解決に導いた主な要因は二つある。ひとつは、ダグ・ハマーショルド国連事務総長が主導した巧みな外交だった[22]。もうひとつは、アイゼンハワー政権がイギリスに対して発動したアメリカの制裁措置で、石油の禁輸と資金援助の遮断だった[23]。

なぜアメリカはもっとも親密な同盟国のひとつであるイギリスに制裁を科したのか？

主な目的は、軍事侵攻をやめさせるという外交政策の抑制であった。アイゼンハワー大統領は、運河の国有化やその他のナセルの行動に対する懸念を共有していたが、英・仏・イスラエルの侵攻は、四つの点でアメリカの戦略的利益を脅かした。第一に、ヨーロッパの植民地主義との結びつきが強すぎたため、脱植民地化しつつあるほかの独立国のあいだでアメリカの地位が傷つけられた。第二に、ソビエトはスエズ危機を利用して、アラブ世界と第三世界における冷戦競争を有利に進めようとしていた。第三に、同時期に起きたソ連のハンガリー侵攻に対するアメリカの批判は、自国が侵攻されているさなかの緊密な同盟国にとっては、あまり信用できるものではなかった。第四に、アメリカ人が国連をおおむね肯定的にとらえていた当時、国連が平和的に紛争を解決できることを示すことが重要だった。アメリカの懇願にもかかわらず、何の前触れもなく侵攻が始まったとき、アイゼンハワーのチームは「アメリカのもっとも親しい同盟国から何週間も嘘をつかれていた」という感覚を抱いた[24]。

どのような制裁が科されたのか?

ナセルが運河を閉鎖して石油タンカーの通過を遮断し、シリア―イラク間の石油パイプラインが爆破されたことで、イギリスは石油輸入の約三分の二を失った。アイゼンハワーは、アメリカ産の石油の増産でこの不足を補いたいという要求をはねつけ、事実上、危機前にアメリカが供給していた限られた石油以上のものを禁輸した。

さまざまな金融制裁も科された。アメリカへの融資要請は拒否された。アメリカは国際通貨基金(IMF)内で多国間融資を妨害した。同時に、軍隊を撤退させれば二〇億ドルを融資するというインセンティブを提示した。

主要アクターは誰だったのか?

発動国:アメリカ

標的国:イギリス、そしてフランスとイスラエルも同様である

第三者:多くはない。アメリカが支配していた世界の金融市場。サウジアラビアとその他のアラブの産油国も石油を禁輸した。

制裁はどうなったか?

スエズ運河はイギリス帝国の至宝のひとつであり、一八五八年から一八六九年にかけて建設された偉業であり、それ以降の商業にとってきわめて重要なものだった。象徴的にも、実質的にも、ナセルによ

る国有化は「イギリス帝国の頸静脈を直撃した」。アンソニー・イーデン首相は、「ナセルを孤立させ、『無力化』させるという戯言は、いったい何事だ」と吐露した。「私はナセルを壊滅させたい。わからないのか？　私は彼を排除したいのだ」[25]。

先に述べたアメリカの懸念に加え、国連は、安保理の常任理事国二カ国がほかの国連加盟国に侵攻したことで、自らの信頼性を疑われることになった。ハマーショルド事務総長は、それまでの四年間、安保理常任理事国はおろか、加盟国を公に批判したこともなかったが、総会は六四対五の賛成多数で、即時停戦とすべての外国軍の撤退を求め、彼にさらなる行動をとる権限を与える決議を採択した。アイゼンハワー大統領は、ハマーショルド事務総長の重要な役割を認識し、アメリカが「ハマーショルド事務総長の活動を遅らせたり、妨げたり、損害を与えるようなことは一切しない」ことを確約した[26]。

制裁はイギリスに打撃を与えた。ハフバウアー、ショット、エリオットの推計によると、総福祉損失は五％（年率）だった。石油不足は配給制を余儀なくさせた。金融制裁によって、金とドルの準備高は危険なほど減少した。英国財務省とイングランド銀行は、「現在のペースで準備金を失い続け、同時にポンドを現在の価値で保有し続けることはできない」と警告し、通貨切り下げと通貨兌換停止の見通しを示した[27]。

外交圧力と経済的な圧力の組み合わせは非常に大きく、軍事作戦を開始してからわずか数日後、イギリスは国連の停戦提案を受け入れた。しかし、イギリスは軍隊を撤退させることについてはまだためらっていた。そこでアメリカは経済的圧力をかけ続けた。歴史家のダイアン・クンツは、アイゼンハワーが「平和と安定の目的を達成するためには、特別な援助を提供することをあまり急がないほうがよい」

と戦略的に考えていたことを引用している。[28] カナダ外相で国連大使でもあったレスター・ピアソンと協力して、ハマーショルドは停戦を監督する国連平和維持軍の計画を策定した。一カ月以内に、イギリスは撤退に同意した。アイゼンハワーの首席補佐官だったロバート・ボウイは、ハロルド・マクミラン財務相が、「経済が耐えられる以上の負担がかかっていた……。ポンドと石油へのアメリカの援助の必要性は抗えないほどあまりにも大きかった」と述べた、[29]と引用する。

撤退が約束されたことで、アメリカは制裁を解除しはじめた。七二時間以内に、アメリカの石油はイギリスに輸出され、クリスマスまでには、ほぼ二〇億ドルのアメリカを後ろ盾とする融資がおこなわれた。

ケース評価

国連外交もまた重要だったが、制裁と政策変更の因果関係は強かった。石油と金融の制裁は、イギリスの経済的脆弱性に大きな打撃を与えた。代替貿易相手はほとんどなかった。政策遵守に同意すれば、実質的な経済的インセンティブが提供された。安全保障とパートナーシップにおいて、イギリスがアメリカに依存しているという背景もあった。

イギリスと国連による対ローデシア制裁（一九六五～一九七九年）

一九六五年一一月一一日、イアン・スミス首相率いる南ローデシア植民地（アフリカ南部、現在のジンバブエ）の少数派白人はイギリスによる多民族国家樹立計画を予期し、一方的独立宣言（ＵＤＩ）をおこなった。イギリスは経済制裁を発動した。制裁は翌年、国連安保理によって強化・拡大され、包括的な制裁となった。当初の経済的影響は非常に破壊的だったが、国内での政治的・経済的な対抗策や、アパルトヘイト下の南アフリカや近隣のポルトガル植民地アンゴラ、モザンビーク、そして一九七一年～一九七七年にかけてはアメリカからの代替貿易によって、その影響は軽減された。しかし、一九七〇年代後半になると、代替貿易はピンチに陥った。反体制ゲリラ運動が主導する内戦が激化していた。一九七九年、イギリスが仲介する「ランカスター・ハウス」協定が成立し、黒人が多数派を占める国として正式に独立し、国名をジンバブエと改めた。制裁はすべて解除された[30]。

なぜイギリスと国連はローデシアに経済制裁を科したのか？

国内政治の変革、すなわち白人少数派によるＵＤＩを無効にし、民主的多数決を確立することが主な目的だった。ローデシアだけでなく、広く脱植民地化への影響も懸念された。一九五七年から一九六五年の間にアフリカの二九カ国が独立した。一一カ国がイギリスの旧植民地、一五カ国がフランス、三カ国がベルギーの植民地だった。すべての新政府は、国連憲章にもとづく正式な手続きを経て、黒人の多数決で樹立された。スミス首相によるＵＤＩは違法であると同時に、現在パートナーとして扱われていた旧植民地連邦内でのイギリスの地位に対する大きな外交的挑戦だった。実際、ハロルド・ウィルソン英国首相はローデシアを訪問し、「多数決への確実で妨げのない前進を挫けてはいけないという私たちの主張」を強調したばかりだった[31]。

国連にとって、脱植民地化は冷戦に次ぐ重要課題だった。ローデシアは、国連の権威と信頼に対する明らかな挑戦だった。

どのような制裁が科されたのか?

ローデシアのUDI後、数日のうちに、イギリスは対外援助を打ち切り、ロンドンの銀行にあるローデシアの金融資産を凍結し、英連邦加盟国に与えられていた貿易と通貨の優遇措置を停止した。翌月には石油を含む主要輸出品を禁輸し、ローデシアからの輸入品のほとんどをボイコットした。

一九六五年に国連が発動した最初の制裁は加盟国に対して〔履行を〕促すものであったが、それに従うことを義務づけるものではなかった。国連が制裁を義務化したのは、それから一年以上たった一九六六年一二月のことだったが、まだ特定の輸出品(武器や石油など)と輸入品に限られ、新たな契約を結ばないという制限付きだった。その二年後、制裁は包括的なものとなった。

主要アクターは誰だったのか?

発動国:イギリス、国連

標的国:ローデシア

第三者:南アフリカ、隣接するポルトガルの植民地アンゴラ、モザンビーク、そしてアメリカ

制裁はどうなったか？

当初の経済的影響は相当なものだった。一九六六年と一九六七年のローデシアの輸出は二〇%、輸入は三〇%減少した。とくにタバコ産業は大きな打撃を受け、推定輸入額は三三八〇万ポンド（一九六五年）から一三七〇万ポンド（一九六九年）に減少した。一九六六年の製造業生産指数は七%低下した。前年から上昇傾向にあった国内総生産は五%減少した。

しかし、スミス政権は「数カ月ではなく、数週間以内に倒れる」というウィルソン首相の予測が、あまりにも楽観的であることが判明した[32]。ローデシアは、ヨハン・ガルトゥングが制裁の政治的統合効果に関する理論の根拠としたケースである。ガルトゥングは「ホモ・ローデシエンシス」と見ている。つまり、白人による少数民族支配は、アフリカの黒人に対する超越的な文明の大義へと変容した。国内の代替も経済効果を和らげた。国内資本形成率のほぼ倍増に後押しされ、製造業生産指数は八八%上昇し、輸入品による代替は一九六三年の六〇二品目から一九七〇年には三八三七品目にまで拡大した。一九七五年までに、GDPは当初の落ち込みから八七%増加した[33]。

代替貿易相手国も大いに役立っている。一九六四年の輸入量を一〇〇とした場合、一九七〇年までは一〇〇を下回ったが、一九七一年には一〇二・七に達し、一九七四年には一一四・六になった。このなかには、スミス政権が一九七一年にガソリンの配給を解除するのに十分な石油も含まれていた。自動車登録台数が三三%増加したことは、この統計が物語っている。南アフリカはまた、軍事援助と訓練も提供していた[34]。

一九七一年、アメリカ議会はバード修正条項を制定し、戦略的資源、とくにクロムの輸入に対する国連制裁の違反を認めた。次の三つの要因があった。反共産主義、ローデシア制裁によってソ連からのクロム輸入への依存度が高まったこと、反UDIゲリラグループの一部がマルクス主義に傾倒したこと、修正案の主唱者であるハリー・F・バード・ジュニア上院議員が長年の分離独立論者であったことに代表される白人政権との連帯、そして、家電製品から自動車まで幅広いステンレス製品にクロムが使用されていることから、企業のロビー活動もあった。バード修正案は、貿易の代替措置に加えられただけでなく、アメリカのもっとも親密な同盟国のひとつが最初に義務づけた制裁への反発として、また国連安全保障理事会の行動からの離脱として、強力な地政学的効果をもたらした。『ローデシアン・ヘラルド』紙は社説で、「ローデシアの士気を高める素晴らしいものであり、いまだに国の崩壊を求める人びとにとっては痛恨の挫折である……アメリカの動きは少なくとも、制裁は深刻な犠牲を正当化するほど重要ではない、という世界へのシグナルである[35]」。

一九七七年に議会はバード修正条項を撤廃し、アンドリュー・ヤング国連大使を筆頭とするカーター政権の高官たちはスミス政権を率直に批判するようになった。たとえば、一九七九年には輸入指数が六六・九まで落ち込むなど、ローデシアの経済状況は悪化した。アンゴラとモザンビークが黒人支配の国として独立し、ローデシア・ゲリラに根拠地やその他の支援を提供したため、軍事力の均衡はゲリラに傾いた。

イギリスは新たな交渉を開始した。一九七九年一二月に、（それが締結されたロンドンの歴史的建造物の名前にちなんで）ランカスター・ハウス協定が成立した。一九八〇年四月にその国は、アフリカの伝統的な国名であるジンバブエとして独立した。選挙が実施され、元ゲリラ指導者ロバート・ムガベが率いる黒人多数政権が誕生した。

ケース評価

多くの研究がローデシア制裁を失敗とみなしている。[36] ロバート・ペイプは、制裁ではなく軍事力がUDIを終わらせたと分析する。ハフバウアー、ショット、エリオットは肯定的な成功の評価を与えている。ボールドウィンは、それぞれの目的を分解し、成功の度合いを論じている。

私は、部分的な成功に対する部分的な功績を支持する。

部分的な功績：一〇年の間、ローデシアの標的国対策は負荷を削減、管理し、限定的な政策遵守にさえ抵抗した。第三者の戦略が変わったとき、制裁による犠牲は吸収できなくなった。それでも、軍事バランスの変化やゲリラ勢力の利益がなければ、制裁が政権交代のために十分であったかどうかは不明である。しかし、ここでも制裁は自らの弱体化をもたらすとともに、マルクス主義に忠誠を誓ったゲリラ部隊の正統性を高める効果もあった。

部分的成功：UDIと白人支配維持の意図は打ち砕かれた。ジンバブエは脱植民地化し、民主的な政治体制が誕生した。しかし、ムガベは四〇年近く権力の座にとどまり、ますます抑圧的な支配を強め、経済を破壊し、社会にさらに深い亀裂を与えた。このような長期的な展開が制裁のせいとは言い切れないが、完全に成功したとみなすのは難しい。

ＯＰＥＣによるアメリカとグローバル市場への制裁（一九七三年）

一九七三年一〇月六日、エジプトとシリアがイスラエルを攻撃し、またアラブ－イスラエル戦争が勃発した。石油輸出国機構（ＯＰＥＣ）はアラブの大義を支持して経済制裁をおこなった。ＯＰＥＣは世界の石油供給を削減し、アメリカやイスラエルの主要支援国に全面禁輸措置をとり、世界の石油価格を四〇〇％近く引き上げた。アメリカをはじめとする国際社会は、イスラエルに以前の戦争で占領した領土からの撤退を強制することはなかったが、一九七三年の戦争の停戦と撤退の鍵となる問題に関して、イスラエルに対して圧力を強めた。このような成功の度合いと、それ以前の一九六七年の石油禁輸やほかの一九七〇年代の商品カルテルが失敗に終わった理由は、代替貿易相手の利用可能性が限られていたことや、石油の経済戦略的性質などの要因に起因している[37]。

なぜアラブ連盟とOPECはアメリカと西ヨーロッパに経済制裁をおこなったのか？

外交政策の抑制が当面の目的であり、ＯＰＥＣは「国際社会がイスラエルに占領地を放棄させるまで[38]」石油という武器を振り回していた。より長期的な理由は、一九六〇年のＯＰＥＣ創設にさかのぼるが、カルテル的な力を行使して価格を引き上げ、そうでなければ世界の石油市場を生産国にとってより有利な貿易条件に再構築するためだった。

どのような制裁が科されたのか？

石油の供給は削減され、価格は世界的に高騰した。すべての国が石油不足と四〇〇％を超える価格ショックの影響を受けた。アメリカへの輸出は全面的に禁止された。オランダはほかの欧州諸国よりも親イスラエルであり、またロッテルダム港が西ヨーロッパ全体の石油流通網のハブであったことから、全面禁輸の対象となった。

主要アクターは誰だったのか？

発動国：アラブ諸国（アルジェリア、イラク、クウェート、リビア、サウジアラビア、アラブ首長国連邦）、その他のイスラーム諸国（インドネシア、イラン）、イスラーム教徒の多いナイジェリアとベネズエラを含むＯＰＥＣ加盟国

標的国：アメリカ、オランダ、世界の石油市場

第三者：ごく少数

制裁はどうなったか？

石油制裁は、以前、一九六七年六月のアラブ－イスラエル戦争の際にも、アメリカをはじめとするイスラエル支持国を標的に試みられたことがある。しかし、その制裁はＯＰＥＣのアラブ加盟国（ＯＡＰＥＣ：アラブ石油輸出国機構）によってのみおこなわれた。イスラーム教国家でありながらペルシャ人の国であるイランは、一九六七年後半に石油生産を二三％増加させた。ベネズエラも石油生産量を増や

した。当時はまだ世界最大の産油国だったアメリカは、自国の生産量を日量一〇〇万バレル増加させるだけの余剰生産力を持っていた。イスラエルは六日間戦争として知られているように、アラブ軍を破った。石油禁輸措置は解除され、サウジアラビアの石油相は「誰よりもアラブを苦しめた」[39]と嘆いた。

しかし一九七三年に、OPEC加盟国はほぼ結束した。一九七〇年以降、アメリカの石油生産量は減少を続けており、日量一〇万バレルの増加しか見込めなかった。この二つの要因が相まって、一九六七年にはアメリカの石油消費量に占めるOAPEC産油の割合はわずか一・六%であったのに対し、OPEC産油の割合は二六・七%に達した。西ヨーロッパでは、その割合は六四%から八七・三%に、日本では五六・三%から九三・八%になった。アメリカではガソリンの配給制が敷かれ、ガソリンスタンドには長蛇の列ができた。ガロンあたりの価格は四〇〇%以上も高騰した。

一部のOPEC加盟国は、合意された量の供給を完全には削減しなかった。大手石油会社は、世界的なネットワークのなかで供給の再配分を画策した。また、興味深いことに、一九七〇年代初頭の米ソのデタントの一環として、ソ連はアメリカに若干の石油を静かに追加供給し、その額は一九七二年の七五〇万ドルから一九七三年には七六三〇万ドル、一九七四年の最初の二カ月で三七三〇万ドルに増加した(年率二億ドル)[40]。しかし、これらは経済への影響をわずかに和らげただけだった。莫大な石油輸入代金のために各国の財政収支は大幅な赤字となり、数年前の金本位制の終焉に適応しようとしていた国際通貨システムをさらに揺るがした。世界的な不況が始まった。

当初のアラブ連盟の決議条件がすべて満たされたわけではなかったが、対イスラエル政策は変化した。イギリスは戦争に参加するすべての交戦国に対して武器と予備部品を禁輸し、これは主にイスラエルを苦しめる政策だった。西ドイツは、イスラエル向けの軍事貨物を積み込むためにアメリカがドイツの港を使用することに抗議した。ポルトガル以外の欧州諸国は、アメリカが自国の基地を空輸に使用することを認めなかった。一一月六日に、欧州経済共同体（EUの前身）の外相らはコミュニケを発表し、一九六七年の国連安保理決議二四二号で「土地と平和の交換方式」についてアラブ寄りの解釈を採用した。OPECはこれを理由に、一二月に予定されていた追加減産を中止した。一九七三年一一月から一二月にかけて、日本の代表団がアラブ八カ国を訪問し、さまざまな援助を提供した。アフリカの約三〇カ国がイスラエルとの国交を断絶した。アラブ－イスラエル紛争にとどまらず、多くの発展途上国はOPECの行動を、「原材料を消費する西側諸国が原材料を生産する東側諸国に対して一〇〇年以上にわたって与えてきた経済的不公正を是正するもの[41]」とみていた。

イスラエルとの緊密な同盟関係を維持する一方で、アメリカは、アラブ世界との友好的な関係を以前よりも優先するようになった。ヘンリー・キッシンジャー国務長官が一九七三年から一九七六年にかけておこなった「シャトル外交」は戦争を終結させ、和平の基盤を築こうとするもので、アラブ諸国と同様にイスラエルにも圧力をかけた。ある有名な学者は、イスラエル指導部に対するキッシンジャーの評価を「近視眼的で、無能で、弱い」と評している。ジェラルド・フォード大統領は、新たな軍事・経済協定の停止を含め、アメリカ－イスラエル関係の抜本的な「見直し」に着手した[42]。ほかの要因もあるが、OPECの石油という武器は、それがふたたび振り回されるのではないかという懸念も含めて、大きなものだった。

ケース評価

アラブ連盟の最大の目的であった「[イスラエルにアラブの]占領地を放棄させる」ことは達成されなかったが、イスラエルはOPECの石油制裁なしにはありえないほどの国家間の圧力を受けることになった。キッシンジャーに始まり、その後のすべての政権で、アメリカはアラブ諸国と協力すると同時にイスラエルへの支援を維持し、実際に増加させながら、和平仲介の役割を担うようになった。軍事的に優位に立ち、経済的にも豊かな国々を強制的に動かして、ハイレベルの政策変更をさせることは並大抵のことではなかった。世界の石油市場も中東の地政学も、半世紀近く続く形で劇的に変化した。OPECの成功は、ボーキサイトやコーヒーなど、ほかの発展途上国の天然資源や一次産品生産者によるカルテルの波を引き起こした。しかし、石油ほど経済的に戦略的なものはなかった。

南アフリカへの反アパルトヘイト制裁（一九六二〜一九九四年）

南アフリカは、一六五二年にオランダ東インド会社によって設立された最初の植民地までさかのぼる、白人入植者支配の長い歴史を持っていた。一九四八年に、白人アフリカーナ政権によって「アパルトヘイト」制度が正式に導入され、アフリカ系黒人の多数派に対する分離と抑圧が極限まで強化された。南アフリカ国内では長年にわたって反アパルトヘイト運動が展開されていたが、一九六〇年に南アフリカ警察の手によって六九人のデモ参加者が死亡し、二〇〇人以上が負傷したシャープビル虐殺事件（事件が起きた町の名にちなんで命名された）によって、さらに拍車がかかった。アパルトヘイト体制はさらに弾圧を強め、一九六二年八月には、反アパルトヘイトのアフリカ民族会議（ＡＮＣ）の指導者として台頭してきた若きアフリカ人弁護士、ネルソン・マンデラを政治犯にした。同年末に国連は部分的な貿易制裁を科した。一九七六年六月、ソウェトで一〇〇〇人以上の学生デモ参加者が警官に殺害され、翌年には学生指導者スティーヴ・ビコが殺害されたことで、国連安保理は武器禁輸を部分的かつ自発的なものから全面的かつ義務的なものへと引き上げた。その後一〇年以上にわたって、反アパルトヘイト運動が国際的な支持を得るにつれ、アメリカを含む各国がつぎつぎと厳しい制裁を科した。また、「銀行家の制裁」、つまり金融リスクの高まりを理由に国際銀行が南アフリカへの追加融資を拒否したことも圧力となった。こうした圧力やその他の圧力を受け、Ｆ・Ｗ・デクラーク大統領はアパルトヘイトの解体に着手することに同意した。一九九〇年二月一一日には、政治犯として二七年間服役していたマンデラが釈放された。その後四年間、マンデラはデクラークとの交渉を主導し、マンデラを大統領に据え、真実和解委員会を設置し、新憲法を制定することで、多民族民主主義への移行の道をほぼ平和的に切り開いた。ほとんどの制裁は解除された[43]。

なぜ南アフリカに制裁が科されたのか？

アパルトヘイトを終わらせることが主な目的であり、政権交代といえるほど大規模な国内の政治的変化に分類できる。

ナミビアをはじめとするこの地域の少数派白人政権を支援する南アフリカの軍事介入を止めることも、もうひとつの目的だった（外交政策の抑制）。

どのような制裁が科されたのか?

このケースにはさまざまな制裁があった。代表的なものは次のとおりである。

武器禁輸:一九六二年には国連による自発的なものだったが、一九七七年には義務づけられた。

石油制裁:ノルウェーとイギリスが北海産出の石油を禁輸した。OPECは南アフリカを標的としたが、イランは一九七九年の革命まで、南アフリカの輸入量の九五%以上を供給し続けた。その後、サウジアラビアをはじめとするOPEC加盟国は、闇市場を通じて石油の一部を供給し、独自の制裁を回避した。

その他、多数の貿易制裁がなされた。

投資制裁:アフリカ系アメリカ人のレオン・サリヴァン牧師が率いる民間部門と市民社会の連合によって一九七七年に策定された「サリヴァン原則」は、南アフリカに投資する国際企業に対し、厳格なアパルトヘイトに反する職場慣行などを求める自主的な行動規範を定めた。地域レベルの投資活動によって、アメリカの州政府や地方政府は、年金基金や大学の寄付金を利用して、企業に南アフリカからの投資売却を迫るようになった。スウェーデンなどの国々では、企業の投資を禁止する法律が可決された。

金融制裁:政府による公的融資と企業間信用〔貿易信用〕の禁止と、一九八〇年代半ばの銀行家による制裁の両方がなされた。

国際的なスポーツボイコット:一九六四年から南アフリカはオリンピックから追放された。一九七六年にはFIFA(ワールドフットボール/サッカー)から、一九八七年には史上初のラグビー・ワールドカップから、一九七〇年代と一九八〇年代にはクリケットの遠征から追放された。

文化的ボイコット：ボーノ、ティナ・ターナー、エルトン・ジョン、ブルース・スプリングスティーンなどの有名人が南アフリカでの公演を拒否した。一方、反アパルトヘイト運動を支援するコンサートやその他の大規模なイベントは世界中で開催された。たとえば、一九八八年七月にネルソン・マンデラの七〇歳の誕生日を記念してロンドンで開催された「七〇歳のフリーダム」コンサートには七万人以上が参加し、ＢＢＣ放送を通じて六〇カ国で二億人が視聴した。

主要アクターは誰だったのか？

発動国：実際に最初に制裁をおこなったのはインドだった（一九四六年）。その他の発動者は、国連、アメリカ（とくに一九八六年以降）、イギリスおよびイギリス連邦、ＥＵなどである。この場合、私たちは「国家」という言葉を、アメリカの各州やその他の地方政府が自国からの分離独立やその他の制裁を科した場合も含めて使っている（第5章参照）。社会運動は、政府、国連、大学などの団体に反アパルトヘイトの圧力をかけたことから特筆に値する。

標的国：南アフリカ

第三者：南アフリカがローデシアに代替貿易を提供したように、ローデシアも、少なくとも一九七九年と一九八〇年に黒人が大多数を占めるジンバブエになるまでは、南アフリカに代替貿易を提供していた。冷戦時代からレーガン政権時代にかけては、アメリカも同様だった。ほかの国々もさまざまな時期にそうしていたし（たとえば、ＯＰＥＣの例のような離反国）、闇市場を通じて企業もそうしていた。

制裁はどうなったのか？

当初、南アフリカはローデシアと同様に経済的影響を相殺し、世界的な怒りをアフリカーナ白人社会の政治的統合のための連帯に向けることができた。輸出禁止措置は輸入代替工業化のために操作された。石油は備蓄された。代替エネルギー源として原子力発電所が開発された。武器は依然として闇市場で入手されていた。保険料が支払われ、GDPの成長は妨げられたが、一九八〇年代半ばまでは、経済への影響は管理可能なレベルに抑えられていた。

しかし、それまでには、制裁の犠牲が増大し、南アフリカは推定二四〇億ドルの対外債務を抱え、その三分の二は金利が高く、更新が繰り返される短期債務であった。一九八五年七月、チェース・マンハッタン銀行の幹部は、「政治的不安と経済的不安定にともなうリスクは、投資家にとって高すぎると感じた」と述べ、「われわれは撤退を決めた。南アフリカにおける変化を促進する意図はなく、純粋にチェースとその資産にとって何が利益になるかを考えての決断だった」とした。[44] ロンドンを拠点とするバークレイズは、その銀行家制裁について、顧客からの圧力をあげている。売却運動は、南アフリカに直接投資し、南アフリカと主要な貿易をおこなっている企業への圧力を強めるものだった。一九八六年と一九八七年には、一〇〇社以上の米国企業が南アフリカの子会社を売却した。サリヴァン牧師は、自らの名を冠した原則がもたらした変化が広範囲に及び、また急速に進むとはもはや考えなくなり、より厳しい制裁を求めるようになった。

南アフリカの白人にとって、その犠牲は経済的なものだけでなく、世界の多くの地域で亡国の徒とみなされることでもあった。彼らはオリンピック、FIFAフットボール／サッカー、ワールド・ラグビー、ワールド・クリケットから追放された。劇場やその他の文化施設で公演するエンターテイナーはますます少なくなった。南アフリカのパスポートは、個人的な旅行でさえ歓迎しない国が増えていった。

そしていまや、アメリカさえも彼らから離れつつあった。冷戦の間、ANCと南アフリカ共産党、そしてアンゴラやローデシアのマルクス主義グループとのつながりは、アメリカが南アフリカ政府を支持し続けるうえで、アパルトヘイトよりも優先された。カーター政権がこの関係をより人権的な観点から見ていたのに対し、レーガン政権は「古い友人……ふたたび一緒になる」[45]という方向にシフトした。外交政策の拒否権が覆されることはめったにないため、議会が一九八六年の包括的反アパルトヘイト法に対するレーガンの拒否権を、共和党が多数を占める上院で七八対二一の賛成多数で無効としたとき、そのメッセージは強烈なものだった。反アパルトヘイト運動は超党派だった。アメリカのデビスカップ・チームのキャプテンをアフリカ系アメリカ人として初めて務めたテニス界のスター、アーサー・アッシュのような有名人が、ワシントンの南アフリカ大使館で抗議行動をして逮捕されたとき、怒りは党派を超えて広がった。一方、南アフリカの街頭で激化する、警察の蛮行や人種差別的暴力がテレビの電波を駆け巡った。

一九九〇年二月一一日、南アフリカへの圧力が高まるなか、ネルソン・マンデラは「自由への歩み」を開始した。移行期間が始まり、マンデラはアフリカーナ人のデクラーク大統領との交渉を主導した。一九九四年五月一〇日に南アフリカで初めて多民族が参加する真の民主的な選挙がおこなわれ、マンデラ氏が大統領に選出された。

一九九三年一〇月一二日に、国連総会は次のような決議「A/Res/48/1」を採択した。

貿易、投資、金融、旅行および輸送の分野を含む、南アフリカおよびその国民との経済的関係の禁止または制限に関する総会で採択されたすべての条項は、本決議の採択日をもって効力を失うものとし、すべての加盟国に対して、自国が科していた制限および禁止を解除するために、その管轄権の範囲内で適切な措置をとるよう要請する。

一九九一年に部分的に解除されたアメリカの制裁措置は、翌月、完全に撤廃された。

ケース評価

ネタ・クロフォードとオーディ・クロッツが適切に表現しているように、「制裁が対象に与える潜在的影響に関する理論的議論のほぼすべてが、南アフリカに関してなされた[46]」。三〇年以上にわたってたくさんのさまざまな制裁がおこなわれた。意図された効果もあれば、意図されなかった効果もあり、制裁が解除された後も、その影響は長く続いた。ほかにもさまざまな要因が絡んでいる。そうした要因は認めるが、経済制裁なしにはネルソン・マンデラが刑務所から出所し、南アフリカが多民族社会へと平和的に移行することを想像するのは難しい。

結論――いくつかのクロス－ケース・パターン

これらのケースは、第2章と第3章で提起された分析的・方法論的な課題に沿って、ケースを横断するパターンを導き出している。

成功は、泣き寝入りや無条件降伏よりも、程度や評価の問題になりがちだ。

いずれの成功も、マイナス面を伴わずにもたらされたわけではなかった。アイゼンハワー政権は、イギリスをスエズから撤退させることには成功したが、そもそも侵攻を阻止することはできなかった。ムガベは、ローデシアの変革を余儀なくされるまでに時間がかかったことで、代替の黒人指導者たちに対する立場を強化する時間を与えられ、四〇年近くにわたる抑圧的で破壊的な支配をおこなう準備を整えた。ＯＰＥＣはアメリカとヨーロッパの中東政策を転換させたが、イスラエルに大規模な圧力をかけるまでにはいたらなかった。

失敗は成功の不在に終わるだけでなく、悪い状況を悪化させることもある。

メガラ布令がどの程度ペロポネソス戦争につながったのかについては、歴史家のあいだでも意見が分かれるところだが、抑止効果がなく、戦争を防げなかったことは明らかだ。大陸支配体制はイギリスを屈服させられなかっただけではない。ロシアを制裁から離反させ、イギリスとの貿易を再開させた。その結果、ナポレオンはロシアに侵攻し、「北の野蛮人を仕留める」どころか、軍事的に大敗を喫し、最終的には自らの失脚につながった。連盟規約に具体化された制裁の脅威と、実際にイタリアに科された制裁とのあいだにあまりにも大きな隔たりがあったため、ムッソリーニはさらに大胆に攻撃的になり、エチオピアで毒ガスを使用し、ヒトラーとの完全な枢軸同盟に近づいていった。

成功も失敗も、重要な要因は制裁だけではなかった。

一九五六年のスエズのケースでは、アメリカの制裁は、安全保障とパートナーシップをめぐってイギリスがアメリカに依存するという、より広範な文脈のなかでおこなわれた。ローデシアの場合は、ゲリラ戦争による犠牲がなければ政権交代が実現したとは考えにくいが、制裁はそれ自体の強制的な影響だけでなく、ゲリラ勢力のマルクス主義的忠誠心を部分的に相殺する正統化効果としても重要だった。ナポレオンは、反イギリス制裁によるロシアの離反に侵略で対応する必要はなかった。ほかの選択肢があったからだ。制裁はその選択肢を必然的なものにしたわけではなかった。それに関連して、英仏がムッソリーニに対して、スエズ運河の閉鎖やエチオピアへの支援など、利用可能な軍事的選択肢を選んでいれば、同盟の制裁はもっと大きな影響を与えたかもしれない。

石油と金融がもっとも効果的な制裁だった。

スエズのケースでは石油制裁と金融制裁の両方がなされた。一九七三年のＯＰＥＣは、象徴的な石油を武器としたケースだった。南アフリカのケースにおける銀行家による制裁は、主に商業的リスクにもとづくものであったが、アメリカや国連などのより政治的な制裁に加えられたものだった。逆に、国際連盟の制裁から石油が漏れたことは、その強制力の弱さの重要な部分となった。

多国間制裁には利点もあったが、決定的な要因になるほどではなかった。

ローデシアと南アフリカのケースでは、国連のお墨付きが重要な規範的価値をもたらした。しかし、これによって世界的な協力と遵守が促進される一方で、国家や企業は依然として制裁を破る行為をおこなっていた。ローデシアのケースでは一九七一年のバード修正条項やレーガンによる南アフリカへの再関与のように、アメリカが離反した場合には、制度化された多国間の取り組みが影響を及ぼすことはかなり難しくなった。アメリカが復帰したとき、多国間の努力はより強力なものとなった。

すべての成功は民主主義国に対するものだった。

スエズのケースのイギリス、少数派白人社会における民主主義という意味でのローデシアと南アフリカ、OPECのケースにおけるアメリカである。これらのケースは脆弱な民主主義理論に合致しているが、本章でのサンプリングは異なる基準にもとづいており、体制のタイプの議論を代表するものを意図していない。体制のタイプは、それほど厳密には決定要因ではないとする第3章のデータと分析を参照されたい。

標的国には対抗戦略があった。

イタリア（ムッソリーニの「結婚指輪の日」）とローデシア（「白人の集い」）は、政治的に統合的な効果を例証した。ローデシアと南アフリカも、輸入代替工業化によって制裁の経済的影響を相殺した。

第三者が重要な役割を果たした。

スパルタはメガラにとって擁護者であると同時に、貿易相手国としても重要な第三者であった。ロシアとアメリカは、ナポレオンの制裁に対抗するイギリスにとって重要な第三者であった。一九三〇年代の孤立主義のアメリカとヒトラーのドイツは、同盟の制裁に対抗するムッソリーニにとって重要だった。アメリカの役割の変化とともに、アンゴラとモザンビークの植民地から独立への変化もあり、当初はローデシア政権を支援したが、その後のゲリラ運動を幇助した。一九五六年当時のイギリスには、頼るべき重要な第三者はいなかった。一九七三年のアメリカやほかの石油消費国も同様だった。

遵守を強制するのに必要な時間はさまざまだった。

イギリスは数日以内にスエズ停戦に合意し、一カ月以内に軍を撤退させた。ローデシアは一五年、南アフリカは三〇年近くかかった。

アメとムチが要因のケースもあった。

アイゼンハワーは、イギリスがスエズから撤退すれば、二〇億ドル近い融資とその他の経済援助を約束した。南アフリカに対する制裁は、マンデラが刑務所から出所し、移行が信頼できるとみなされた時点で解除されはじめた。

第5章　アメリカ——外交戦略と国内政治

本章ではアメリカの制裁政策に焦点をあてる。主な問いは次のものだ。

・なぜアメリカはほかのどの国よりも頻繁に制裁をおこなうのか？
・アメリカがとくに用いる制裁の種類は何か？
・誰がアメリカの標的か？
・アメリカが制裁を用いる主な目的は何か？
・アメリカの制裁は他国よりも成功しているのか？
・国内政治と政策上の重要なパターンとは？
・連邦制と州・地方政府の役割は制裁にどう影響するのか？

・アメリカが制裁を科した最近の主なケースは?
・要約――アメリカの制裁から導き出される結論と課題とは?

なぜアメリカはほかのどの国よりも頻繁に制裁をおこなうのか?

アメリカによる制裁の頻度には目を見張るものがある。ある研究では、アメリカが発動国のケースが六九%、別の研究では五二%だった。つまり、あるアナリストは、「ほとんどすべての対外政策問題に対する解決策」と批評し、別のアナリストは、「スイス製アーミー・ナイフのように、どんな外交課題にも対応できるような道具が内蔵されている」と鮮やかに表現した。[1]

ブッシュ政権とオバマ政権は、この頻繁な使用傾向を継続した。特別指定国民および資格停止者(SDN)リストの制裁対象はブッシュ政権時代に増加し、オバマ政権ではさらに増加した。トランプ政権にとって、制裁は釘であり、ネジであり、典型的なハンマーのようなものだった。その年間SDN率はオバマの年間率より三〇〇%以上高く、制裁違反者への罰金額も過去最高の一三億ドルを記録した。[2] 北朝鮮、イラン、シリア、ベネズエラ、ベラルーシ、中国、キューバ、リビア、その他多くの国に対する制裁を強化した。ロシアも制裁を受けたが、トランプがプーチンとおおむね親密であることを考えると、議会の発意によるところが大きい。

バイデン政権はすぐに、自らの制裁好きを露呈した。最初の一〇〇日間で、二〇二一年二月の軍事クーデタ後のミャンマー、ロシアには反体制派のリーダーであるアレクセイ・ナヴァリヌイの毒殺と投獄に対しての制裁、サウジアラビアには、サウジアラビアのジャーナリストで米国在住のジャマル・カショギの残忍な殺害に対して（サウジアラビアのムハンマド・ビン・サルマン皇太子が殺害を命じたという十分な証拠があるにもかかわらず、これを除外したが）、中国にはウイグル問題やその他の問題に対して、ウクライナには汚職に対して、メキシコの麻薬王、モザンビークとコンゴ民主共和国のＩＳＩＳ関連組織などを制裁した。二〇二一年から二〇二二年にかけてのウクライナ危機では、対ロシア戦略の主要な部分を制裁としておこなった。

アメリカが制裁を行使する傾向を説明する、主に四つの要因として、利益、権力、イデオロギー、政治がある。

第二次世界大戦前、国際的な利益がそれほど大きくなかった時代、アメリカの制裁率は当時の大国イギリスの半分だった。冷戦時代には、いまや世界的な利害関係が広範に及んでいるため、アメリカの制裁実施率は、いまでは大国でなくなったイギリスの三倍以上となり、実に世界全体の六七・二％を占めた。一九九〇年代はさらに高く、七五・八％となった。ソビエト連邦が崩壊し、アメリカの利益が世界的なものになった「一極集中の瞬間」だった。

世界的な経済的優位は、アメリカに、国益を追求したり、貿易を「国力の道具」としたり、「資金、商品、情報が行き交い……他者にコストを負わせる国際的なネットワーク構造の中心的な存在」としての立場を利用して相互依存を武器化したり、そうするための力を提供してきた。(3) トランプによる対イラン制裁のようなケースでは、武器化された相互依存の力がいかに過大評価されるかがわかるだろう。ここで重要なのは、制裁が成功するかどうかよりも、なぜ制裁が科されるのかということだ。

イデオロギーは、対外政策の目標として民主主義の推進と人権を重視し、制裁をその手段のひとつとして用いる際に重要になる。過去と現在のケースには、共産主義政権（たとえば、ソ連／ロシア、中国、キューバ、北朝鮮）、軍事政権（たとえば、チリ、アルゼンチン、ブラジル、ハイチ、ミャンマー）、その他の独裁政権（たとえば、ジンバブエ、リビア、シリア、ベネズエラ）、その他の人権侵害政権（たとえば、南アフリカ共和国のアパルトヘイト）、そして、イスラーム主義政権（たとえば、イラン）に対する制裁がある。二〇一六年に超党派の支持を得て可決されたグローバル・マグニツキー法は、当初は反体制派のセルゲイ・マグニツキーの死に関与したロシア人を対象としていたが、それ以降、ドミニカ共和国、ニカラグア、トルコ、サウジアラビア、中国、エリトリア、ミャンマーを含む二〇カ国以上の人権侵害者を対象に使用されている。

政治とは、大統領も議会も一緒に、あるいは、ときには別々に制裁を科したり、制裁が効果的でなかったとしてもそれを維持することによって、「自国民を味方につける」選挙や世論の誘導を意味する。

アメリカがとくに用いる制裁の種類は何か？

貿易制裁　世界最大の経済大国であるアメリカは、貿易制裁のために多くの仕事をこなしてきた。世界的な競争力をもつアメリカの製造品、工業製品、技術は、政策決定者にとって輸出禁止を魅力的な手段にしている。強固な国内市場と消費者文化も、輸入ボイコットを後押ししている。

武器禁輸　たとえば、一九七〇年代にラテンアメリカ諸国への軍事援助を民主化・人権改善と結びつけたように、アメリカの主要な武器輸出国としての地位を利用した標的国への単独制裁がある。また、米欧協調の武器禁輸のように、より共同的なものもある。核拡散防止条約（NPT）のように、広く多国間で結ばれているものもある。

対外援助　一九六〇年から二〇一〇年までの一〇三のアメリカ制裁のうち、八三が対外援助に関連している[4]。対外援助制裁の魅力のひとつは、対象がアメリカより弱く、アメリカへの依存度が高いという力の不均衡にある。また、民間セクターの貿易を制裁するよりも、国内の利益団体への負荷が少なくてすむという政治的な側面もある。

金融制裁とその他の「スマート」制裁　世界の通貨準備高の六〇％以上、国際決済取引の四〇％以上が依然としてドル建てであることから、金融制裁は相互依存の武器化理論の主要な部分を占めてきた。軍事用語で言えば、「戦力拡大装置」である[5]。SDNリストには、「標的国の管理下、あるいは国家のために行動する……個人と企業、「そして」テロリストや麻薬密売人など、国別でないプログラムのもとで指定された個人、グループ、団体」が並び、一五〇〇ページを超える[6]。

二次制裁　アメリカもまた、二次制裁の主な利用者である。彼らとの貿易か、われわれとの貿易か、どちらかを選べ。これが二次制裁の論理であり、アメリカの制裁を守らなければ、利益を生むアメリカ経済へのアクセスを失うと脅すものだ。二次制裁は、アメリカは禁輸しているが、その国が禁輸していない商品を製造している米国企業の海外子会社や、アメリカ製の部品や技術を使用している海外企業に適用され、世界のあらゆる場所でのドル建て取引に適用される。本章のイランの事例研究では、第7章と第8章のほかの事例研究と同様に、二次制裁を追求するアメリカの域外的主張と、独自の政策を選択する欧州同盟国の主権との緊張関係を浮き彫りにしている。

誰がアメリカの標的か？

敵対国　アメリカによる制裁のほとんどは敵対する国、たとえば、ソ連／ロシア、中国、キューバ、北朝鮮、イランなどに科される。

同盟国　一九五六年のスエズのケースでは、イギリスとフランスに対して制裁が科された。人権、民主主義改革、その他の問題をめぐって、数多くの対外援助先が制裁を受けてきた。二次制裁の多くは、前述のようにヨーロッパを対象としている。

好ましくない国　敵対国でも同盟国でもないが、アメリカの利益や価値観に反する政策をとる国に対しても制裁がおこなわれてきた。たとえば、アパルトヘイトの南アフリカ。

非国家主体　長いＳＤＮリストは、麻薬密売人、テロリスト、犯罪者などに対する制裁で溢れている。

アメリカが制裁を用いる主な目的は何か？

アメリカの制裁はあらゆる目的を包含している。主な政策変更の目的は以下である。

・軍事能力の制限：たとえば、冷戦時代のソ連に対する軍事関連技術の禁輸や、イラン、北朝鮮、リビアに対する核不拡散制裁。
・外交の制限：たとえば、テロ支援国家、一九七九年のアフガニスタン侵攻をおこなったソ連、二〇一四年のウクライナ介入と二〇二二年のウクライナ侵攻をおこなったロシアに対して。
・国内の政治的変化：人権保護と民主主義の促進がもっとも頻度の高い制裁目的であり、二〇二二年現在で、一〇カ国以上（たとえば、ロシア、中国、ビルマ／ミャンマー、シリア、ベネズエラ、キューバ、イラン）と三〇〇〇人以上の個人に適用された。

二次的なシグナリングの目的。

・標的への抑止とは、ほとんどの外交政策抑制のケースにおいて、直近の行動が変更されなくても、さらなる反対行動を抑止しようとするものである。
・第三者への抑止とは、世界的な利益を考えれば、同盟国、敵対国、あるいはその中間に位置する国であれ、第三者がシグナルを受け取らないようなアメリカの行動はほとんどない。
・広範な国際的規範の肯定やソフトパワーの原則のために立ち上がるなどの、象徴的な行動。

アメリカの制裁は他国よりも成功しているのか？

「経済制裁がアメリカにとって、依然として強力で進化する地政学的手段であることは間違いない」というのが、二人の経験豊富な政策立案者の主張である。[7] ある研究では、ほかの制裁国の五六・一%に比べると、アメリカの成功率はわずか三三・五%であり、単独制裁の場合はたった二八・二%の成功率だった。別の研究では、アメリカの成功率はやや高かったが、アメリカが制裁者の場合、標的に有利な結果となったケースの割合も高かった（四七%対三七%）。

この一般的なデータから、いくつかの時代区分がみてとれる。一九四五年から一九六九年までは、地政学的にも経済的にもアメリカの支配力がもっとも強かった時代であり、アメリカの成功率は五〇%、単独制裁の成功率は六二・五%とさらに高かった。アメリカの経済力に亀裂が生じ、冷戦が緩和した一九七〇年から一九八九年までの期間では、全体的な成功率は二四・一%に低下し、単独制裁ではさらに低くなった（一九・五%）。一九九〇年から二〇〇〇年にかけて、アメリカの成功率は少し上がったが、以前ほど高くはなかった。[8] それより最近の完全な集計データはないが、ほかのアナリストや本章の事例研究によると、成功よりも失敗のほうが多い。[9]

目的別に分けると、アメリカの記録は、限定的な目的のほうが広範な目的よりも達成可能性が高いという全体的なパターンで一致している。制裁はイランとリビアの核兵器開発を阻止するのに役立ったが、北朝鮮に核廃絶を迫ることはできなかった。外交の制限は、大規模な軍事行動（一九七九年のソ連のアフガニスタン侵攻、二〇一四年のロシアのウクライナ介入）の終結を強制するよりも、特定の政策（たとえば、テロの削減）において達成可能である[10]。また、人権と民主化に関しては、国内の広範な政治変革よりも、ある程度のリベラル化を達成することに成功しているが、ここにあげたソ連／ロシアと中国のケースではそれすら達成されておらず、政権交代に関してはまったく成功していない[11]。

二次的なシグナリングの成功を測るには、意図されたメッセージが受信されたかどうかという不確実性がつきまとう。一九八〇年の制裁がブレジネフのペルシャ湾進出を抑止したのか、それともブレジネフにはそのような意図はなかったのか。アフガニスタンは特殊な問題で、ドミノ倒しではないのか？二〇一四年の制裁が、プーチンのさらなる行動に対する抑止力になったかどうかについては大いに議論があったが、プーチンの二〇二二年の〔ウクライナ〕侵攻は、彼が時間をかけて、軍備を整え、好機をうかがっていた可能性を高めた。核不拡散制裁には、第三者への抑止効果があることが示されているが、それがその政策分野に特有なものであり、より広範に一般化できるものではないことが示唆されている[12]。象徴的な行動については、対象となる政府が抑圧を強めるバックファイア〔裏目〕や、深刻な人道的結果をもたらすミスファイア〔誤射〕を起こす可能性を評価しなければならない。さらに、アメリカのパートナー国による深刻な人権侵害が、制裁されないまま、あるいは制裁の程度がはるかに低いまま放置されている場合、その矛盾は原則に反する。

国内政治と政策上の重要なパターンとは?

前述したように、国内政治が制裁のインセンティブになることもある。一九八〇年の対ソ穀物制裁でジミー・カーター大統領が支払った政治的コストのような例外もあるが、多くの問題と同様に、大統領はしばしば、外国の好ましくない行動に対して断固として行動することで「自国民を味方につける」という評価を得ることがある[13]。

議会は、大統領が反対する制裁を後押ししたり、大統領が支持する制裁に反対したりと、頻繁に独自の役割を果たしてきた。一九七〇年代、ほかの多くの外交政策領域と同様に、議会は制裁の役割を増大させ、それ以前の三〇年間は五〇%未満しか関与していなかったものが、約七五%にまで増加した。一〇三ケースの制裁法案を対象とした調査(一九八三年から二〇一四年)によると、大統領が反対した制裁法案のほぼ半数が議会で承認されている。それらの年では、党派性は関係なかった。共和党政権と民主党政権にまたがっており、議会内の支持はほとんどの法案で超党派であった[14]。これはどちらにも当てはまる。一方では、立法的に制裁を科すことは、それ自体が強いメッセージを発するという直接的な効果がある。他方、標的との関係が時間の経過とともに改善した場合、制裁を正式に取り消さなければならないため、行政の裁量で発動された制裁よりも緩和や解除が難しい。

制裁推進の政治的圧力は、しばしば利益団体からももたらされる。一九七〇年代後半、アメリカ・イスラエル公共問題委員会(AIPAC)のような親イスラエル団体は、アラブ連盟のイスラエル・ボイコットに米国企業が従うことを禁止するよう議会に働きかけるなど、イラン制裁や対テロ制裁のさまざまな場面でも重要な役割を果たした。冷戦が対キューバ制裁の原動力となった一方で、キューバ系アメリカ人のロビー団体は、五〇年以上ものあいだ、このような活動を継続させるために政治的影響力を行使してきた。南フロリダのキューバ系アメリカ人コミュニティの六〇%がキューバ制裁を支持していたことは、トランプが二〇二〇年の投票で大差をつけて勝利した重要な要因だった。同じ世論調査では、七〇%以上が禁輸は機能していないと考えていたが、その表現的・象徴的な価値には依然として共感している。[15]

別の例では、国内政治が制裁を制約する場合もある。たとえば、一九八八年にイラクの独裁者サダム・フセインがイラク北部のクルド人を化学兵器で攻撃したとき、上院は全会一致で反イラク制裁法案を可決した。しかし、イラクはアメリカの農産物輸出にとって重要な市場となっていた。「イラクによる化学兵器の使用を決して容認するつもりはない」と下院農業委員長のE・「キカ」・デ・ラ・ガルザ（民主党、テキサス州）は主張したが、「過去数年間、わが国の農民が直面してきた困難に鑑み、主要な市場を失う可能性を深く懸念している」と述べた。それは農業関係者だけではなかった。米国商工会議所は、アメリカに対し「そのときどきの感情はさておき」、経済制裁のコストについて熟考するよう促した。石油メジャーやフォーチュン五〇〇社に名を連ねる企業が加盟するアメリカ‐イラク・ビジネス・フォーラムは、「民主主義社会における外交政策に道徳は不可欠な要素であるが……現実から切り離された道徳は愚かである」と主張した。こうした利益団体の圧力と、イランに対する「敵の敵は味方」という計算の一環としてイラクに傾いていたことの両方にもとづいて、レーガン政権も制裁に反対した。上院法案は否決された[16]。

大統領と議会の力学に加え、行政府内の役割は官僚機構全体に分散している。国務省の国際安全保障・核不拡散局は大量破壊兵器の不拡散を目的とした制裁を主導し、同省の政治軍事局国防貿易管理部（ＤＤＴＣ）は通常兵器を、同省のテロ対策局はテロ支援国家リストを担当している。財務省は金融制裁の主導的役割を担っている。テロリズム・金融情報局（ＯＴＦＩ）は次官を長とし、ＳＤＮリストを管轄する財務省の外国資産管理局（ＯＦＡＣ）、広範な調査権限を持つ金融犯罪取締ネットワーク（ＦｉｎＣＥＮ）、その他の制裁関連部署を含む。商務省産業安全保障局（ＢＩＳ）は、輸出管理法やその他の法律で管理されている輸出や技術の許認可を担当している。国土安全保障省と司法省（ＦＢＩを含む）も制裁に関する重要な役割を担っている[17]。ホワイトハウスを拠点とする国家安全保障会議は、これらすべてを調整しようとしている。

二〇二一年三月に『ニューヨーク・タイムズ』紙に掲載された、商務省のＢＩＳに焦点をあてた記事は、ＢＩＳの政治的背景の一端を示している[18]。当時、バイデン政権はまだＢＩＳの新トップを決めていなかった。「中国・タカ派」は、貿易を推進するアメリカのビジネス・セクターが「ＢＩＳに対して影響力を持ちすぎている」と考え、「アメリカが輸出する技術に対して、より積極的な規制アプローチを取るようなリーダーをＢＩＳに加える」ことを求めた。プロビジネス関係者は、これではアメリカ経済に打撃を与えると反論し、より貿易寄りの人事を推した。

そして、これらはすべてワシントンの内情である……。

連邦制と州・地方政府の役割は制裁にどう影響するのか？

制裁は、ほかの多くのアメリカの外交問題よりも、連邦制と国・州・地方の権力分立の影響を強く受ける。南アフリカの反アパルトヘイトのケースが、それを物語っている[19]。

一九八六年に議会が包括的反アパルトヘイト法を可決するまでに、一五〇を超えるアメリカの州、郡、市町村が政権に制裁を加えていた。州、郡、市町村は独自の経済的影響力を行使し、政府調達の制限や、南アフリカで事業をおこなう企業からの公的年金基金の売却をおこなった。コネチカット州は一九八二年には部分的ダイベストメント法〔すでに投資している金融資産を引き上げる法〕を制定した。一九八五年と一九八六年には、シカゴ、ヒューストン、ロサンゼルス、ニューヨーク、ピッツバーグ、サンフランシスコ、ワシントンなどの大都市が行動を起こした。また、注目すべきは、ウィスコンシン州マディソンやカリフォルニア州バークレーなど、大学が多い都市もベトナム戦争反対運動以来の大規模な学生運動に沸いた。このようなボトムアップ〔草の根的な〕の圧力は、米教職員保険年金連合会・大学退職株式基金（TIAA-CREF）のような大手機関投資家が、彼らの資産を保有する企業に対して独自の圧力をかけるのに十分なほど強力だった。ある反アパルトヘイト運動の指導者が言うように、その累積効果は、「アパルトヘイトに対するアメリカ国民の認識を高め、議会による対南ア制裁に有利な政治環境をつくり出した[20]」。

憲法は、州や地方政府が制裁を加えることを制限している。連邦レベルで可決された法律を「国の最高法規とする」という「優越条項」（第六条）は、ワシントンで定められた法律や政策に反する法律を

各州が制定できないことを意味する。さらに、最高裁が一九三六年の重要な判例で肯定しているように、

連邦政府は、憲法に具体的に列挙された権限と、列挙された権限を実現するために必要かつ適切な暗黙の権限以外は行使できないという広範な声明は、わが国の内政に関してのみ断じて正しい……外政に関する連邦権限［は］、内政に関するものとは起源も本質的な性質も異なる。[21]

そのため、クロスビー対全米外国貿易評議会事件（二〇〇〇年）では、人権侵害を理由にビルマ／ミャンマーに州制裁を科すマサチューセッツ州法は連邦政府の外交権を違憲に侵害する、と最高裁が判断した。その他の関連事件としては、二〇〇八年のイリノイ州の対スーダン制裁を覆す司法判決や、オバマ政権による対キューバ制裁の緩和に対抗して、より制限的な制裁をおこなおうとしたフロリダ州に対する二〇一二年の連邦地裁判決などがある。南アフリカのケースと異なるのは、一九八六年以前は連邦政府が動かなかったため、州や市がその穴を埋めることができたことだ。

二〇二二年のロシア・ウクライナのケースでは、さまざまな州や自治体も独自の制裁措置を適用した。カリフォルニア州のギャビン・ニューサム知事は、受託者の責任と「私たちの道徳的要請」の両方を理由に、合わせて九七〇〇億ドル以上を保有する州の退職金制度に対し、「ロシア政府を制裁するために、その大規模なグローバル・ポートフォリオ投資を活用する[22]」ことを求めた。

アメリカが制裁を科した最近の主なケースは？

制裁を用いるアメリカの傾向を考えれば、選べるケースはいくらでもある。すでに第4章で、スエズ（一九五六年）と南アフリカ（一九七七～一九九四年）という過去の二つのケースを取り上げた。これらのケースは、それ自体が重要であると同時に、より広範な分析と政策のポイントを示唆するものでもある。

▼イラン――オバマの強制外交 対 トランプの最大限の圧力

アメリカの対イラン制裁は、一九七九年のイスラーム革命にまでさかのぼる。革命時に拘束されたアメリカ人の人質解放が最初の目的だった。それ以来四〇年以上にわたって、対外政策の抑制（核不拡散、テロ対策、イランの地域介入への対抗）、国内政治の変革（人権、民主化促進、政権交代）など、さまざまな問題を目的としてきた。アメリカはイスラーム主義国イランとほとんど貿易をおこなってこなかったため、制裁は主にほかの政府や民間セクターを対象とした二次的なものだった。ここで焦点をあてるのは、対照的な二つの戦略の比較である。〔それらは〕P5＋1（アメリカ、ロシア、中国、イギリス、フランス＋ドイツ）がイランと交渉した二〇一五年の核不拡散協定「包括的共同行動計画（JCPOA）」を達成するための強制外交戦略の一環としてのオバマによる制裁と、その後のトランプによる「最大限の圧力」戦略の一環としてのJCPOA離脱と制裁強化である。

なぜアメリカは制裁を科したのか?

オバマの主な目的は、外交政策の抑制と軍事力の制限として、イランの核兵器開発を阻止することだった。トランプは、イランに外交政策上の譲歩を迫り、最終的には政権交代を実現しようとした。

どのような制裁が科されたのか?

オバマは、アメリカの単独制裁と国連の多国間制裁を組み合わせた。国連安保理決議一九二九号(二〇一〇年六月)は、石油、金融、海運、その他の制裁を多国間で強化した(ロシアと中国も含まれる)。それまでの国連制裁は、核兵器開発に応用される技術やその他の輸出に限定されていた。議会は「包括的イラン制裁・説明責任・権利放棄法(CISADA)」を可決し、オバマは国連の多国間制裁の枠を超えてアメリカの制裁を拡大する数々の大統領令を発出した。オバマ政権はアメリカの石油会社にイランでの事業を停止するよう圧力をかけた。また、国際金融におけるドルの重要性を強調し、制裁を守らない国や企業に対して二次制裁をおこなった。JCPOAが発効すると、オバマは政権が科していた制裁の多くと、それ以前に科していた制裁の一部を解除した。国連も一九二九年の多国間制裁決議で同じことをおこなった。

イランが遵守していることを裏づける諜報機関の報告にもかかわらず、トランプは、二〇一八年五月八日にJCPOAを破棄した。彼はオバマが解除した制裁をふたたび発動し、さらに多くの制裁を追加した。そのなかには、銀行、石油、海運、エネルギー、造船部門が含まれた。以前はSDNリストから削除された対象が再指定された。さらに数百が追加された。アメリカのヨーロッパの同盟国やロシア、中国がＪＣＰＯＡを支持し、イランとの貿易を続けていたため、トランプは彼らに対して二次制裁を科した。イランと何らかの形で取引をおこなう外国の銀行は、アメリカの金融システムから締め出された。イランと取引をおこなっている個人や企業の在米資産やその他の資産は、外国であろうと国内であろうと凍結された。トランプが命じたイラン革命防衛隊指導者カセム・ソレイマニの暗殺と、イラクの米軍基地に対するイランの報復を受け、これらすべてが二〇二〇年一月にさらに強化された。イランがＣＯＶＩＤ－19で大打撃を受けたときでさえ、国際通貨基金（ＩＭＦ）からの五〇億ドルのＣＯＶＩＤ－19救済融資を求めるイランの要求を妨害するなど、医薬品やその他の人道物資に対する制裁は維持された。

主要アクターは誰だったのか？
発動国：基本的にはアメリカ、国連制裁、ＥＵ制裁、その他の国による制裁
標的国：イラン
第三者：ヨーロッパの同盟国、そして中国とロシア。いずれも二〇一〇年の国連制裁をほぼ遵守し、ＪＣＰＯＡ外交ではオバマ政権と協力した。トランプが方針を転換すると、それぞれがそれぞれのやり方で、代替貿易パートナーの役割を担うようになった。

制裁はどうなったか？
オバマの戦略は、経済的圧力と核不拡散合意のための外交交渉を組み合わせたもので、合意に達すれば制裁を解除するというインセンティブがあった。制裁はイランをＪＣＰＯＡに同意させる重要な要因

だった。イランの石油輸出は二〇一一年の日量二五〇万バレルから二〇一五年には一一〇万バレルに減少した。二〇一〇年には五・七％だった年間ＧＤＰ成長率は、マイナス一・六％になった。インフレ率は六〇％に近づいた。リアルの為替レートは二〇〇％以上急落した[23]。ＪＣＰＯＡが発効し、制裁が解除されはじめると、石油輸出はほぼ倍増して日量二一〇万バレル、石油輸出収益は二四〇％以上増加し、ＧＤＰ成長率は三・七％に回復し、インフレ率は一桁台に下がり、リアルは横ばいとなった。

トランプは、オバマが解除した制裁と追加制裁をふたたび発動し、大きな打撃を与えた。イランの原油輸出は日量三〇万バレル以下にまで激減した。ＧＤＰは一〇％減少した。インフレ率は四〇％に戻った。若者の失業率は三〇％近くになった。リアルの切り下げを余儀なくされたため、政権は通貨名をトマンに変更し、一万対一で切り上げた[24]。イラン政府は二〇一九年一一月に、制裁による緊縮財政の一環として国内ガソリン価格の二〇〇％上昇と供給制限を余儀なくされ、一九七九年のイラン革命以来もっとも激しく広範な政治不安を引き起こした。しかし、イランのエリートたちは、闇市場と政府の補助金によって経済的利益を確保しているため、この暴力的な弾圧を支持することにほとんど罪悪感がなかった。つまり、トランスミッションベルトではなくサーキットブレーカーとなった。

「アメリカ合衆国は、『自由』を求めて抗議しているイランの勇敢な国民を支援する」と、トランプはツイートした。「アメリカはあなた方とともにある」とマイク・ポンペオ国務長官が付け加えた。政権内外の体制転換論者たちは、勝利を味わったような気分になった[25]。しかしそれ〔勝利〕は訪れなかった。トランプ政権が要求した譲歩的な条件でのＪＣＰＯＡの再交渉も実現しなかった。イラクやシリア、イエメンへのイランの関与を大幅に減らすこともできなかった。なぜなのか？

トランプによる二次制裁は、外国の銀行や企業がこれに従わない場合、国家間の取引においてドルへのアクセスを失うもので、一部の代替貿易を阻止した。EUが二〇一八年八月に発表した「ブロッキング法令」は欧州企業の保護を求めるものだったが、企業はアメリカの措置に従わないほうがリスクは大きいと考えた。トタル（仏）などの石油会社、マースク（デンマーク）などの海運大手、アリアンツ（独）などの保険会社はイランから撤退した。国際的な金融取引の決済機関である国際銀行間通信協会（ＳＷＩＦＴ）は、イランの主要銀行を取引停止処分にした。[26] フランスの銀行ＢＮＰは、イランからのドル決済を処理したことで約七〇億ドルの違約金を科された。[27] ドイツ、フランス、イギリスは、ロシア、中国とともに「特別目的事業体（ＳＰＶ）」を設立し、ドル建て取引やその他の米国市場でのエクスポージャー〔経済的なリスク〕を回避することで、イランとの貿易を進めた。二〇一九年一月にＳＰＶは「貿易取引支援機関（ＩＮＳＴＥＸ）」として正式に登録された。しかし、ＩＮＳＴＥＸが実際に最初の取引を完了したのは二〇二〇年三月三一日だった。[28]

そのような経済的コストにもかかわらず、ヨーロッパは外交的に反発した。イギリスとフランスは、イランが違反した場合に多国間制裁が自動的に再発動される、ＪＣＰＯＡの「スナップバック」条項を発動しようとしたトランプの国連安保理での努力を阻止した。「アメリカにもっとも近い西側の同盟国が、スナップバックの正統性を明確に否定したことは、ＪＣＰＯＡへの関与を確認するものであり、イランに対する最大限の圧力政策に反対するものでもあり、今日のアメリカの世界的地位について多くのことを物語っている」[29]と、前駐米・国連大使はツイートした。中国はイランとの距離を縮め、石油の輸入量を過去二年間で最高の日量一〇〇万バレル近くまで増やし、軍事協力の強化のための長期的で包括的な戦略的パートナーシップを交渉し、四〇〇〇億ドルの投資と貿易がおこなわれた。ロシアを「アメリカとイランの対決における勝者」とアナリストが指摘したように、ロシアとイランの関係は緊密化した。[30]

ひとたびCOVID-19が流行すると、イラン政権が自国での感染症の深刻さに多大な責任を負う一方で、アメリカの制裁措置によって薬剤と医療機器の入手がさらに妨げられたことで、人道倫理上の非難が強まった。[31]

ケース評価

オバマの強制外交は功を奏したが、トランプの最大限の圧力は功を奏さなかった。[32]

オバマの成功は完璧ではなかった。JCPOAは、トランプが破壊球を投げ込まなくても、問題に直面する可能性はあった。しかし、それは実質的な成功であり、制裁は重要な部分だった。この戦略には、アメリカとP5+1がイランの核拡散の可能性を減らし、イランが制裁の緩和を得るという互恵性と、限定的な強制手段としての制裁と、重大だがまだ限定的な政策的譲歩としての核不拡散とのあいだの比例性があった。

トランプは真剣な外交プロセスに近いものを避け、互恵関係のための信頼できる基盤を奪った。一方、政権交代やその他の参ったと言わせるような作戦は、厳しい制裁が達成できるものとはまったく不釣り合いだった。トランプがかけた負荷は重要だった。イランを苦しめた。しかし、大きな政策転換をもたらしたわけではない。イランはシリアのアサド政権や、レバノンのヒズボラ、イラクのシーア派民兵といった地域の代理人への支援を削減しなければならなかったが、アメリカと同盟国の利益に脅威を与え続け、中国やロシアとの関係を深めた。そして、経済的な犠牲を払ったにもかかわらず、二〇二二年初頭の『エコノミスト』誌はイラン経済を「回復力がある」と評価した。[33]

▼ソ連／ロシア――人権と軍事侵攻

人権（国内の政治的変化、象徴的行動）と軍事介入への反対（外交政策の抑制、抑止のシグナリング）の二種類の目的が含まれる。[34] 人権関連のケースは、ソビエトのユダヤ人移住と貿易上の利益を結びつけた一九七四年の「ジャクソン＝バニク修正条項」と、ロシアの反体制派アレクセイ・ナヴァリヌイの毒殺未遂と投獄に抗議した二〇二一年の制裁である。[35] 軍事介入のケースは、一九八〇年のソ連によるアフガニスタン侵攻に対する制裁、二〇一四年のロシアのウクライナへの限定的な軍事介入とクリミア併合に対する制裁、そして二〇二二年のウクライナに大規模侵攻したロシアに対する制裁がある。[36]

なぜアメリカはこれらの制裁をおこなったのか？

ジャクソン＝バニク（一九七四年）　これは、米ソのデタントが開始されるなかで、貿易とソ連系ユダヤ人の権利拡大とを関連づける議会規定であった。

ナヴァリヌイ（二〇二一年）　二〇二〇年八月にナヴァリヌイはロシア工作員に毒殺されそうになった。トランプは特徴的なことに見て見ぬふりをした。二〇二一年一月一七日にドイツの病院で回復したナヴァリヌイはロシアに戻った。彼はただちに逮捕された。バイデン政権は制裁を科すにあたって、ロシアの行動を「非難」し、「化学兵器の使用や人権の侵害は深刻な結果をもたらすという明確なシグナルを送るため」、つまり国内政治を強制的に変えるためであり、原則の象徴的な確認でもあると述べた。[37]

アフガニスタン（一九八〇年）　一九七九年一二月にソ連がアフガニスタンに侵攻した。カーター大統領は、「世界の平和と安定を約束する」いかなる国も、「ソビエト連邦と通常どおりのビジネスを続けることはできない」と国民に語った。軍事的・外交的な措置にともなう制裁の目的は、ソ連にアフガニスタンからの撤退を迫ることと、ソ連がほかの場所で同様の行動をとることを抑止することの両方だった。

ウクライナ（二〇一四年、二〇二二年）　二〇一四年二月、デモ隊は、親ロシア的で腐敗の激しいヴィクトル・ヤヌコーヴィチ大統領を倒した。ロシアは自国軍の一部を投入して介入し、ウクライナの一部であるクリミアを併合した。制裁は、ウクライナ政府への軍事・経済援助、秘密行動、ロシアに圧力をかけてウクライナ領内から軍と代理人を撤退させ、クリミア併合を撤回させ、さらなるエスカレートを抑止しようとする外交交渉など、より広範なアメリカとヨーロッパによる戦略の一部だった。いずれも実現しなかった。

二〇二一年後半から、ロシアはウクライナ国境沿いの各地に二〇万人近い軍隊、戦車やその他の重装備の艦隊、爆撃機を動員した。バイデン政権はロシアを牽制するため、ほかの措置とともに大規模な制裁を科すと脅した。二〇二二年二月、ロシアは大規模かつ破壊的な侵攻をおこなった。その後、アメリカが発動した大規模な制裁措置が、ＮＡＴＯの同盟国だけでなく、その他多数の国々や大手の多国籍企業も加わり、ロシアの侵攻を止めるためのその他の戦略（外交圧力、ウクライナへの軍事援助）とともに実施された。

どのような制裁が科されたのか？

ジャクソン＝バニク　アメリカが定めたソ連系ユダヤ人の移住枠をソ連が満たすまで、ソ連の輸出品がアメリカ市場で価格競争力を持つために重要な最恵国待遇を保留することが、主な制裁だった。

ナヴァリヌイ　ナヴァリヌイへの制裁は、ロシアの選挙妨害、ほかの反体制派への毒殺における化学兵器の使用、サイバーハッキングなどを理由とするバイデン政権初期のパッケージの一部だった。技術や商業輸出の制限を強化するセクター別のものもあった。国際金融市場でのロシア国債の購入禁止など、金融上のものもあった。また、プーチンやその上級幹部以外の、ナヴァリヌイと密接に関係する重要な個人や組織を対象としたものもあった。

アフガニスタン（一九八〇年）　穀物輸出が禁輸された。ハイテク輸出のライセンスはすべて停止された。今後の技術輸出の申請は却下されるものと推定され、石油とガスにはもっとも厳しい基準が適用された。

ウクライナ（二〇一四年、二〇二二年）　ロシアのエネルギー部門に対し、石油・ガス探査技術やロスネフチ、ガスプロムなどロシアのエネルギー企業への融資を禁止する部門別制裁が科された。国有銀行への融資も禁止された。オバマによる一連の大統領令により、SDNリストが拡大され、オリガルヒとプーチンの側近などが含まれるようになった。二〇一八年四月には、超党派の賛成で可決された法案による議会の圧力と、二〇一六年の選挙勝利におけるロシアの干渉に関する暴露から目をそらそうとして、トランプは財務省のＯＦＡＣにほかのロシア人をＳＤＮリストに追加することを許可した。バイデン政権は、このようなロシアの行動やその他の「攻撃的で有害な」行動に対して、金融制裁を含む追加制裁を科した。[38] ＥＵもまた追加制裁をおこなった。[39]

二〇二二年のロシアの侵攻に対してアメリカとＥＵが発動した制裁は、広範囲に及んだ。金融制裁はロシアの銀行とのドル建ての経済取引に打撃を与えた。技術制裁は、軍事産業と携帯電話や自動車のような商業製品の両方に重要な半導体のような輸入品を狙った。ロシアの民間航空会社はヨーロッパ上空とアメリカへの運航を禁止された。また、アイルランドがロシアの航空会社に対して二〇〇機以上の航空機の賃貸借契約を打ち切ったことで、ロシアの民間航空会社は保有機の大部分を失った。[40] さらに多くのロシア人オリガルヒ、軍高官、プーチン自身もＳＤＮリストに追加され、彼らの金融資産に対する個別制裁、渡航禁止、大型クルーザーの差し押さえ、その他の措置がとられた。当初、ロシアの石油輸出は、ヨーロッパが石油に大きく依存している（石油輸入の約二五％）ことや、アメリカのガス価格上昇に対するインフレ懸念から、最小限の制裁にとどまったが、戦争が激化するにつれ、石油も制裁対象となった。新しい天然ガス・パイプライン「ノルドストリーム２」の完成は阻止されたが（第７章）、ヨーロッパの天然ガスのロシアへの依存度がさらに高まったため、これまでの天然ガス輸送は縮小されたものの、停止はされなかった。ワールドカップ（男女）、ウィンブルドン・テニス、国際アイスホッケー連盟、Ｆ１、カンヌ国際映画祭、ユーロビジョンなどの出場停止といったスポーツや文化的な制裁は、経済的な影響だけでなく、ロシア人やロシア社会の孤立感ももたらした。

中国とインドを筆頭に、制裁への参加を拒否した国もあったが、国際的な支持は広まった。国際紛争では通常は中立の立場をとるスイスでさえ、EUと同様の制裁を科すことに同意した。日本、韓国、オーストラリアといったアジアの同盟国も参加し、国連制裁以外の制裁をおこなったことのないシンガポールも参加した。国連制裁はロシアの安保理での拒否権によって阻止されたが、総会は一四一対五という圧倒的な賛成多数でロシアの侵攻を非難した。

大手の多国籍企業はたいていは制裁に反発するが、BPやエクソンモービルなどの石油企業、ナイキやイケアなどの小売企業、マクドナルドやスターバックスなどの外食チェーン、BMWやフォードなどの自動車企業、ディズニーなどのエンターテインメント企業、アップルやグーグルなどのハイテク企業、そしてアメリカ最大の暗号通貨取引所であるコインベースなど一〇〇〇社近くがロシアとの取引を終了、もしくは少なくとも停止した。

これらの制裁は、アメリカがこれまでに科した制裁のなかでもっとも広範囲に及び、世界的な支持を得たものだった。

主要アクターは誰だったのか?

発動者：アメリカ

標　的：ソ連／ロシア

第三者：ジャクソン＝バニクは主に米ソ二国間だった。アフガニスタン（一九八〇年）、ウクライナ（二〇一四年）、ナヴァリヌイ（二〇二一年）にはアメリカの同盟国（NATO、EU、その他）が関与した。二〇二二年のウクライナは世界的な支持を得たが、中国、インド、その他の国々が代替貿易相手国だった。

制裁はどうなったか？

ジャクソン＝バニク　リチャード・ニクソン大統領とヘンリー・キッシンジャー国家安全保障顧問は、最恵国待遇とユダヤ人移住を結びつけようとする議会の動きに強く反対した。「もし［ソ連の指導者］ブレジネフがミシシッピの黒人についての請願書を持ってアメリカに来たらどうなるか」と、キッシンジャーは尋ねた。ソ連は実際、デタント全体のギブ・アンド・テイクの一環として、ソ連系ユダヤ人の移民を増やし（一九七一年の一万三〇二〇人から一九七三年には三万五〇〇〇人近くまで）、アメリカ議会に対して正式な圧力は必要ないことを示そうとしていた。しかし、ジャクソン＝バニク法が成立し、年間六万人の受け入れ枠が設定されたことで正式な圧力がかかると、クレムリンのトップが言うように、これは「主権と内政の問題」となった。一九七五年にユダヤ人移民は一万三二二一人にまで減少した。

ナヴァリヌイ　バイデン政権初期のほかの行動や声明とともに、ナヴァリヌイ制裁は、トランプ政権後のアメリカがプーチンの行動に目をつぶることをやめたというメッセージを送った。ヨーロッパの制裁とうまく連携することで、同盟の連帯が活性化したことを伝えた。とはいえ、人権活動家が求めるよりも限定的なものだった。ナヴァリヌイ支持者が指名した三〇人のプーチン側近のうち、当初バイデン制裁の対象になったのは三人だけだった。(41) 国債への制裁はさらに強化されたが、あるビジネスアナリストは、いまだに「流通市場を介して簡単に回避できる」と評価した。(42)

アフガニスタン（一九八〇年）　ソ連はアフガニスタンへの関与を深めたが、一九八八年にミハイル・ゴルバチョフ大統領の改革の一環として撤退した。ソ連はアメリカの穀物禁輸措置の多くを代替貿易相手によって相殺した。代替貿易国のひとつであるアルゼンチンは主要な穀物生産国であり、当時の軍事政権は人権問題でアメリカの制裁を受けていた。ジミー・カーターにとって、この制裁はアメリカ国内では評判が悪かった。アメリカの農民は、大統領候補ロナルド・レーガンに圧倒的多数で投票することによって、穀物販売の損失に対する怒りを爆発させた。

ウクライナ（二〇一四年、二〇二二年）　原油価格の下落、汚職、誤った経営管理により、二〇一四年のロシア経済はすでに荒れていた。制裁が加わったことで、GDPは二％減少し、ルーブルの対ドル相場は六〇％近く下落した。[43] しかし、全体的な経済的影響も、プーチンの側近に対するSDNの打撃も、ロシアをウクライナから撤退させることができなかった。元米国上級政策立案者のトーマス・グラハムが言うように、ロシアは「個人の富と社会的地位が結局のところ権力者のご機嫌しだいという家産制国家」[*1]であり、オリガルヒはトランスミッションベルトというよりサーキットブレーカーだった。[44] アメリカの国内的な制約は、制裁の影響をさらに悪化させた。エクソンモービルをはじめ、ロシアの北極圏の石油・ガス開発で有利な契約を結んでいる石油部門企業は、制裁を緩和するよう働きかけ、自分たちの利益に合うと判断すれば制裁を破った。[45] 二〇一七年に制定された「制裁を通じてアメリカの敵対勢力に対抗する法律」（下院で四一九対三、上院で九八対二）に対して議会の超党派の支持があったとしても、トランプの履行と執行に対する関与はほとんどなかった。

二〇二二年の制裁はロシアにかなり大きな経済的影響を与えた。二〇二一年に四・七％成長したGD

Pは、二〇二二年には一〇〜一五％縮小すると予測された。インフレ率は一七％に達していた。失業率は一〇年ぶりに九％を超えると予測された。四月中旬に、モスクワ市長は首都モスクワで二〇万人の雇用が危機に瀕していると警告した。一九一七年のボリシェヴィキ革命以降初めて、国際的な債務不履行の危機が迫っていた。ルーブルは当初、一ドル八四から一五四まで下落した。ロシアの中央銀行はルーブルをほぼ買い戻したが、ルーブルの価値が今後も続くという確信はほとんどなかった。その他の対抗政策、たとえば、退職者年金の増額、一部企業の救済などがその他のコストを相殺した。しかし、エルビラ・ナビウリナ連邦中央銀行総裁は、「経済が備蓄でまわる期間は限られている」[46]と警告した。一部の貿易は中国、インド、その他の代替パートナーからもたらされた。たとえば、インドは、ウクライナ紛争後の最初の四カ月間で、二〇二一年全体よりも多くのロシア産石油の契約をした[47]。しかし、この貿易やその他の代替貿易は、制裁を実質的に相殺するような規模や種類ではなかった。それでも、全体的な効果は、『ニューヨーク・タイムズ』紙の社説が「ロシア経済とウクライナでの戦争遂行能力の両方におけるへこみ」と呼んだ以上のものだったが、バイデン政権が当初主張した「壊滅的」、「圧倒的」なものには及ばなかった[48]。

ロシアのオリガルヒや国家高官を対象とした制裁についても、同様の評価が混在している。オリガルヒのなかには、大型クルーザーを押収されたり、イギリスのサッカークラブ「チェルシー」のような資産を売却せざるをえなくなったり、大きな打撃を受けた者もいた。また、アメリカの金融機関や法律事務所と結託して、オフショア・タックスヘイブン〔租税回避地や低課税地域〕やファイナンシャル・ヘイブンにうまく資産を隠した者もいた[49]。

ケース評価

ソ連のユダヤ人移住の場合は、圧力が非公式なものにとどめられ、全体的なギブ・アンド・テイクのデタント外交の一環として対処されたときに、ソ連はある程度の柔軟性を見せた。それは一九七一年から一九七三年にかけてソ連のユダヤ人移住が一七〇％増加したことからも明らかである。ジェラルド・フォード大統領は、ソ連大使アナトリー・ドブリニンが内々に五万五〇〇〇人の口約束をしたと主張した。しかし、議会がジャクソン＝バニク法を通過させ、この問題を特別視し、ソ連の国内政治改革をアメリカが要求すると、弾圧が始まった。このことは、制裁の発動よりも制裁の威嚇のほうが成功する確率が高く、制裁が相互外交の一環である場合だ。さらに、制裁は議会の委任によるものであったため、ソ連のユダヤ人移民が開放された後も、ジャクソン＝バニク法は何年もその効力を維持し、冷戦終結外交を複雑なものにした。

一方では、バイデン政権がナヴァリヌイに対して行動を起こさないとは考えにくかった。政治も政策も、とくにロシアと人権全般についてトランプとの差別化を指摘した。ヨーロッパがすでにナヴァリヌイ制裁を科していたため、同盟の連帯も一因となった。しかし、ロシアは特徴的にナヴァリヌイの解放に抵抗した。原則にもとづいて行動することの象徴的価値は依然として主張されうるが、大きなインパクトを与えられなかったことは、アメリカの力の信頼性が失われた。また、この問題で強硬な態度を示したことが、ほかの米ロ問題に役立ったのか、それともほかの進展を妨げる形で緊張を悪化させたのか、議論は分かれる。ロシアの報復措置も、ネットアセスメントでは考慮に入れる必要がある。

一九八〇年のアフガニスタン制裁も二〇一四年のウクライナ制裁も、大きなコストがかかった。これは強調されているように、それ自体が目的となりうる。どちらもソ連／ロシアに軍事的侵略をやめさせることができなかったことは、制裁という限定的な強制手段と、軍事的撤退の強制というかなり広範な目的とのあいだに本質的な比例関係がないことを示すほかのケース（たとえば、一九三五〜一九三六年の国際連盟のイタリア－エチオピアなど）と一致している。

しかし、二次的な抑止力はどうだったのだろうか。ブレジネフにペルシャ湾に進出する意思があったとは思えない。さらに、ブレジネフが抑止されたのは、カーター・ドクトリン、緊急展開部隊の発足、湾岸協力会議（GCC）の結成といった、アメリカの軍事的な動きによるところが大きかったと思われる。ゴルバチョフが一九八八年のアフガニスタンからの撤退を「出血創傷」と呼んだのは、長期にわたって科された制裁措置が一因であったとはいえ、核軍拡競争の重荷やソ連経済自体の制度的欠陥に比べれば限定的なものだった[50]。

バイデン政権が二〇二一年後半からロシア軍がウクライナ近辺に動員された際に脅しとして科した制裁は、明白に侵攻を抑止するためのものだった。しかし、これは失敗に終わった[51]。ロシアが侵攻してしまった以上、制裁はウクライナの防衛を支援し、ロシアに戦争を終わらせるよう圧力をかけるためのものになった。ロシアが支払った経済的コストは相当なものであったが、これまでのところ（二〇二二年五月）、これは経済への影響と政策遵守のギャップのもうひとつのケースになっている。また、ロシアのオリガルヒと政府高官を標的にしたこの制裁は、彼らをサーキットブレーカーからトランスミッションベルトに変えた。ほとんどのオリガルヒは資産をうまく隠している。声を上げた少数が代償を払った――たとえば、オレグ・ティンコフは、戦争を批判するインスタグラムの投稿のあと、九〇億ドル

〔約九〇〇〇億円〕もの銀行を投げ売り価格で売却せざるをえなくなり、その後に身を隠した[52]。忠誠心、同胞意識、威嚇がどのように組み合わされたにせよ、軍やその他の国家高官、いわゆるシロビキはプーチンに従ってきた。

　同時に、世界的なコストとリスクも発生している。制裁と戦争がほかの経済的な不安定要因と相まって、世界のＧＤＰ成長率予測は四・四％から三・六％に引き下げられた。インフレはアメリカ、ヨーロッパ、そしてほとんどの国でさらに悪化した。貧困国や発展途上国は、食糧不足を含め、とくに大きな打撃を受けた。戦争前は一バレルあたり九六ドル程度だった世界の原油価格は、一バレルあたり一三九ドル（過去一四年間で最高）まで高騰した。石炭、鉄鋼、アルミニウム、ニッケル、パラジウムは、価格上昇とサプライチェーンの混乱に影響を受けた製品である。プーチンが制裁を「経済戦争」と呼ぶのはレトリックでもあるが、水平的および垂直的なエスカレーションのリスクは非常に現実的である。「水平的」とは他国（モルドバ？　もしくはＮＡＴＯの加盟国？）であり、「垂直的」とは核兵器使用への階段を上ることを意味する[53]。

　もし、ロシアが、ウクライナと国際社会が納得する条件で戦争を終結させることに譲歩する事態になれば、制裁は一定の評価を受けるだろう。しかし、最大の功績は軍事戦略になるだろう。もしウクライナ軍があれほど熟練した勇敢な部隊でなかったら、そしてアメリカとヨーロッパがあれほど大規模な軍事援助をおこなっていなかったら、制裁はプーチンの征服を止められなかっただろう。

▼中国――人権と地政学的ライバル関係

冷戦時代に、アメリカとその同盟国は「赤い中国」に対して、ソ連とソ連陣営に対してと同様の制裁を科した。関係が変わりはじめたのは、リチャード・ニクソン大統領とヘンリー・キッシンジャー国家安全保障顧問が、中国の毛沢東と周恩来と交渉した一九七一年から一九七二年の「開放」をもってである。一九七九年に、ジミー・カーター大統領と中国の鄧小平指導者は完全に国交を樹立した。貿易は、互いが最大の貿易相手国となるまでに成長した。しかし、両国はイデオロギー的には対立し続け、地政学的にはますますライバルになっている。ここでは、まず、一九八九年六月の天安門事件と最近のイスラーム系少数民族ウイグル人に対する残虐行為という二つの大きな人権への制裁ケース、つぎに、ファーウェイへの制裁ケースを検討する。

なぜアメリカは制裁を科したのか?

天安門事件　一九八九年春に、共産主義世界のほかの地域（ゴルバチョフ率いるソ連、レフ・ワレサ率いるポーランド、ヴァーツラフ・ハヴェル率いるチェコスロバキア）で民主化に拍車がかかったこともあり、中国は民主化デモが急速に拡大した。何万人もの学生、労働者、その他の人びとが、政府と党の所在地である北京の天安門広場を抗議活動の拠点とした。趙紫陽党総書記は、デモ隊との対話は可能であり、押し進められる変革は受け入れられると考えたが、最高指導者の鄧小平は、その目的を「敵対的な外部勢力による……政権の転覆」とみなした。[54] 六月三日から四日にかけての未明、政府は戦車と重装備の兵士を広場に送り込み、残忍な取り締まりをおこなった。数千人が逮捕された。政府はわずか二〇〇人ほどの死亡を伝えたが、リークされた文書によれば、死者は一万人にのぼると推定された[55]。こうしてアメリカの制裁は、中国に国内の政治変革を迫るため、またアメリカの原則を広く示す目的があった。

ウイグル　これらの制裁には、国内の政治的変化と象徴的なシグナリングの目的もあった。中国は、中国西部の新疆ウイグル自治区でウイグル人に対しておこなった残虐行為により、ジェノサイド〔大量虐殺〕と人道に対する罪で非難されてきた。推定では約一五〇万のウイグル人が政治犯収容所に入れられ、強制労働を強いられている。女性は強制的に不妊手術を受けている。新疆ウイグル自治区全域に監視システムが設置され、生体情報が強制的に収集されている。ウイグル世界会議の亡命指導者は二〇二〇年に、「死はいたるところにある」と報告している[56]。

ファーウェイ　スマートフォンや5G無線技術などのインフラを製造する中国の大手通信技術企業ファーウェイには、国家安全保障上の理由から制裁が科された。形式上は独立企業だが、中国政府との密接なつながりから、アメリカとその同盟国にとっては、5Gシステムに諜報活動の「バックドア」が仕掛けられているなど、安全保障上の重大な懸念があった。ファーウェイは米国企業にとって主要な商業的競争相手でもあり、二〇一八年にはアップルを抜いて世界第二位のスマートフォン生産企業となった。同じく中国の通信企業であるZTEとともに、ファーウェイは世界の5Gインフラの約四〇%を占め、九〇以上の5G機器の商業契約を結んでいた。

どのような制裁が科されたのか？

天安門事件　主な争点は、中国の対米輸出品に対する関税優遇措置（専門用語としては最恵国待遇［MFN］）を停止するかどうかだった。米中関係における全体的な戦略的利益を優先したブッシュ政権はいくつかの制裁措置を講じたが、最恵国待遇の停止には抵抗した[57]。一九九二年のビル・クリントンの大統領選挙キャンペーンでは、「北京の虐殺者たち」に対してより厳しく対処することが掲げられていた。しかし、大統領に就任すると、クリントンは「経済こそが重要なのだ、愚か者」というスローガンを掲げて、条件は多少厳しくなったが、最恵国待遇は継続した。

ウイグル　二〇二一年、議会は珍しく超党派で全会一致に近い形で（上院は全会一致、下院は四二八対一）、ウイグル人強制労働防止法案を可決した。その後、バイデン大統領が署名して成立した。これは広範な禁止事項であり、新疆ウイグル自治区で部分的にでも製造された商品には、少なくともウイグル人の強制労働が含まれていると推定された。企業は上訴することができたが、サプライチェーンのどの商品にもウイグル人の強制労働が含まれていないことを、説得力を持って証明する責任があった。ウイグルの残虐行為にもっとも関係の深い中国当局者や企業は、渡航禁止、資産凍結、その他の措置のSDNリストに追加された。

ファーウェイ　二〇一九年五月に、ファーウェイをアメリカの通信ネットワークから締め出し、アメリカの半導体チップやアルファベット社（グーグル）のアンドロイド・オペレーティング・システムなどの技術を、世界中で販売される製品に使用することを禁止する制裁措置が発表された。しかし、トランプ政権の実施は一貫性に欠けていた。たとえば、八月一八日にトランプ大統領はファーウェイと取引しないことの国家安全保障上の懸念を口にしたが、その翌日、商務省はファーウェイと取引している企業に対して暫定的なライセンスを延長した。二〇二〇年五月には制裁が強化され、アメリカの部品や技術を使用して外国企業が製造した半導体にも二次制裁を適用した。バイデン政権は制裁をさらに強化し、他国に対してファーウェイを5Gネットワークから追放するよう働きかけた。

主要アクターは誰だったのか？

発動者：アメリカ

標　的：中国

第三者：ヨーロッパをはじめとするアメリカの同盟国、中国のさまざまな貿易相手、中国に広範な商業利益を持つアメリカやその他の国際企業。

制裁はどうなったか？

天安門事件　議会では、保守派とリベラル派の連合が、右派の反共主義と左派の人権擁護主義を結びつけ、ブッシュ政権に制裁の強化を迫った。クリントンは、ブッシュ政権に対する「北京の虐殺者」批判と、彼自身の「経済こそが重要なのだ、愚か者」という優先順位をうまく調整しようとした。私は国務省に勤務しており、厳しい制裁を支持する人権局と、米中関係全体への打撃を懸念する東アジア局とのあいだの意見の相違を埋めようと努力していた。追加された制裁措置は、ブッシュによる制裁を上回るものだったが、多くの擁護者が望んでいたものには足りなかった。北京側は、人民武装警察やインターネットを取り締まる部隊を強化し、政権の秘密文書にアクセスしたコロンビア大学の学者アンドリュー・ネイサンが言う「強靭な権威主義」を示そうと、圧力を倍加させた。[58]

ウイグル　大手多国籍企業は二〇二二年のロシア－ウクライナ制裁に協力する一方、ウイグル人制裁に反対する企業は多かった。『ニューヨーク・タイムズ』紙は、ウイグル人強制労働防止法に対する企業の反対を「激しい企業のロビー活動」と表現した。中国の顔認識、二四時間三六五日のGPS追跡、その他の「オーウェリアン国家[*2]」のテクノロジーを請け負ったのは、ハイテク企業だった。[59] ナイキ、コカ・コーラ、アップルなどの企業は、サプライチェーンでウイグルの強制労働を利用していた。この法律が成立した後、インテルが新疆ウイグル自治区からの調達を避けるよう指示する書簡をサプライヤーに送ったところ、中国のソーシャルメディアが大騒ぎし、インテルはウェブサイトから書簡を削除して中国国民に謝罪した。その結果、アメリカ国内でも大きな批判が巻き起こった。[60]

国際的には、バイデンはトランプ以上に、ヨーロッパとカナダの民主的な同盟国と制裁を調整した。アジアの同盟国である日本、オーストラリア、ニュージーランドは、中国との貿易により依存しているため、修辞的に支持を表明したが、独自の制裁措置はとらなかった。イスラーム教徒に対する残虐行為がおこなわれているにもかかわらず、イスラーム協力機構の四九カ国は、中国が「イスラーム市民に配慮している」と称賛する決議を採択した。[61] サウジアラビアは、イスラーム教の聖地の守護者であると主張するわりには、ウイグル人問題についてはほとんど沈黙を守っている。二〇一九年七月の北京訪問で、トルコのレジェップ・タイイップ・エルドアン大統領は記者団に対し、ウイグル問題はトルコと中国の関係を悪化させるために利用されていると述べた。[62] 一八〇の人権関連のNGOが、ウイグルを理由に二〇二二年の北京冬季オリンピックをボイコットするよう要求したのに対し、国際オリンピック委員会の高官は「何の影響もないことがわかっているジェスチャーだ」と述べた[63]。

ファーウェイ　二〇一九年五月の第一波の制裁の影響は限定的だった。ファーウェイの収益は二〇一八年比で一七％増加し、純利益は五〇億ドル増加した。抜け穴と免除により、米国企業からの購入額は六〇％以上増加した[64]。制裁が強化されると、経済への影響は増大した。二〇二〇年第4四半期のスマートフォンの世界販売台数は四二％減少し、ファーウェイは五位に転落した。中国国内でも、二〇二一年の市場シェアは二三％から七％に低下し、アップルが一位に躍り出た。二〇二一年の売上高は二九％減少したものの、事業調整と中国政府の支援により、純利益は七六％増加した。また、技術革新は十分に促進され、ファーウェイは米国特許件数で五位に浮上した[65]。

アメリカ国内市場の禁止以上に、グーグルのアンドロイドをはじめとするアメリカの技術や部品を使用する外国企業への域外適用が重要な梃子となった。中国は、アメリカが安全保障上の懸念を「外国企業のビジネスを抑圧する口実だ」と主張したことを非難し、米国企業に対して対抗制裁を科した。当初、オーストラリアとその他の数カ国を除き、ほとんどの国はファーウェイの5Gネットワーク禁止に抵抗していた。しかし、中国が国内では弾圧的で、海外では攻撃的でないにせよ自己主張を強めるにつれ、安全保障上の懸念が高まり、イギリス、デンマーク、インド、日本、ニュージーランド、スウェーデンを含むより多くの国が、ファーウェイの5Gを全面的に禁止しないまでも、少なくともいくらかの制限を設けている。しかし、ほかの数多くの国はファーウェイと取引を続けている。

ケース評価

私は、二〇一九年秋のデューク大学大学院生のクラスで、現在における歴史の役割について議論した際に、天安門制裁による中国国内の政治的変化がいかに小さなものであったかを痛感した。その数週間前、ウィリアム・フォークナーの「過去は決して死んでおらず、過去ですらない」という言葉を体現するように、スペインは独裁者フランシスコ・フランコを祀るために建設された巨大な霊廟に彼を埋葬せず、中国は粛清された趙紫陽の遺灰を二〇〇五年の死から一四年たってようやく埋葬する許可を与えた。クラスの二人の中国人学生は無表情で私を見た。彼らは後で私に、私が誰のことを言っているのかわからない、趙紫陽なんて聞いたことがないと言った。趙紫陽が失脚した指導者だと教えられていなかった。趙紫陽のことは、どの学校の教科書にも載っていない。中国にいたとき、天安門事件でググって何も表示されなかった経験はあったが、この事件は、中国が、制裁推進派が求めていた国内政治の変化にいかに強く抵抗してきたかを如実に物語っていた。

ロシアのナヴァリヌイ制裁のように、ウイグル制裁は、トランプ政権後に人権を取り戻そうとしたバイデンにとって象徴的な価値があった。しかし、ウイグル人に対する残虐行為が、アメリカやほかの一部の国からみればジェノサイドであっても、制裁は政策変更を強制することはできなかった。ある程度の負荷はあるが、中国の反発に対する利害の不均衡を考えれば、十分なものとは言えない。中国は、カナダやヨーロッパだけでなく、アメリカに対しても独自の制裁措置で反撃している。「新疆ウイグル自治区に関連した政治的操作をやめ、いかなる形であれ中国の内政に干渉することをやめ、これ以上間違った道に進まないようにしなければならない。さもなければ、指を火傷することになる(66)」と、中国外務省は反論した。

ファーウェイ制裁が人権制裁のいずれよりも国際的な協力を得ているのは、二つの要因がある。ひとつは、アメリカが主要技術において依然として市場を支配していたことだ。アメリカの半導体メーカーは世界生産の四七％を占めていた。さらに二九％は、アメリカの二次制裁の域外適用を受けるヨーロッパやアジアの同盟国での海外生産だった。そのため、代替貿易相手となる見込みのある国はほとんどなかった。[67] もうひとつは、ファーウェイが中国政府の軍事・諜報活動と密接に結びついていたため、安全保障上の懸念が商業上の懸念に優先していたことである。[68]〔制裁実施への〕国際協力はアメリカが望むほど広範ではなかったが、かなりの程度は成功した。

▼北朝鮮の核拡散——標的によるさまざまな対抗戦略

アメリカの制裁は一九五〇年の朝鮮戦争までさかのぼるが、核拡散問題が浮上したのは一九九〇年代である。国際原子力機関（ＩＡＥＡ）は、北朝鮮が多国間の核拡散防止条約（ＮＰＴ）に署名した際の約束を守っていない証拠を発見した。北朝鮮はまだ核兵器を持っていなかったが、開発しようとしていた。北朝鮮は、核開発は平和的エネルギー供給のためだと主張し、その遵守を拒否した。二〇〇三年に、北朝鮮は正式にＮＰＴを脱退した。二〇〇六年には初の核実験をおこなった。それ以降、国連による多国間制裁を含め、多くの制裁が科されてきた。しかし、北朝鮮は核兵器と弾道ミサイルを増やし続けている。

なぜアメリカは制裁を科したのか？

その目的は、北朝鮮に対して、核・ミサイル関連品目や技術へのアクセスを拒否すること（軍事能力の制限）と核不拡散政策（外交政策の抑制）に同意するよう迫ることにある。人権問題（国内政治の変化）も、テロリズム（外交政策の抑制）と同様に要因となっている。「親愛なる指導者」金正恩を風刺した映画をめぐる二〇一四年のソニー・ピクチャーズへのハッキングのような事件の際にも、追加制裁を促した。

どのような制裁が科せられたのか？

クリントン政権は、代替エネルギーの供給、当時の大飢饉への食糧援助、その他NPTの遵守につながる利益を提供する制裁と誘因の混合戦略を試みた。この取引は決裂した。二〇〇五年に、北朝鮮が核兵器と弾道ミサイルの開発をさらに進めるなか、ジョージ・W・ブッシュ政権は制裁を強化した。オバマ政権も同様だった。トランプ政権はこれに加え、首脳外交を開始し、トランプと金正恩は二度会談したが大きな進展はなかった。

最初の国連制裁は、北朝鮮による初の核実験を受けて、二〇〇六年に安保理によって採択された。その後、数々の追加制裁決議が可決され、制裁はさらに強化・拡大された。韓国と日本も独自の追加制裁をおこなった。

主要アクターは誰だったのか？

発動者：アメリカ、国連
標　的：北朝鮮
第三者：中国

制裁はどうなったのか？

制裁も一因ではあるが、北朝鮮の経済問題のほとんどは北朝鮮の政策に起因している。国内での食糧生産は、人間の通常の必要量はおろか、最低限必要な水準にさえ達していなかったことが、一九九四年から一〇年近く続いた大飢饉の主な要因である。国際社会が提供した二四億ドルはある程度の救済をもたらしたが、北朝鮮政府が政治的根拠ではなく、必要に応じて援助を分配する取り組みに干渉しなかった場合に得られたであろう救済額よりは少なかった(69)。

二〇〇三年の北朝鮮のＮＰＴからの脱退への懸念は十分に共有され、アメリカ、中国、ロシア、日本、韓国は北朝鮮との六カ国協議を開始した。この協議は二〇一〇年まで続いたが、一定の進展はあったものの、北朝鮮の核兵器開発の継続を阻止するにはいたらなかった。

中国の立場は複雑だ。二〇〇六年の最初の国連制裁は支持したが、ほかの制裁は支持しなかった。北朝鮮は長年の同盟国だったが、中国は北朝鮮が核兵器を保有することを望まなかった。二〇一一年一二月の父親の死後、若い未熟な金正恩が政権を握ったときも、中国はやや警戒していた。しかし、とくに中国の東北地方の経済は、鉱物、繊維、水産物、労働力など北朝鮮との貿易に依存していた。これらの輸出によって生み出された外貨によって、北朝鮮は中国製品を輸入することができた。二〇〇八年から二〇一四年までの中朝貿易は一四三％増加した。二〇一六年に北朝鮮が四回目の核実験をおこない、アメリカの二次制裁による圧力が加わった後、二国間貿易は五四％削減された。しかしそれでも、中国と中国を拠点とする企業は、禁輸された石油製品の船舶間輸送、北朝鮮労働者の中国残留と本国への送金、北朝鮮ハッカーの保護、一部の技術インフラとインターネット接続の提供などを通じて、制裁破りに関与している(70)。

北朝鮮はほかにも多くの制裁破りをやってのけた。シンガポールを拠点とする石油トレーダー、ウィンソングループが密かに石油を納入していたことが判明した。二〇一九年の国連の調査は、北朝鮮はサイバー犯罪によって二〇億ドルを調達したと推定し、調査報道記事は「北朝鮮のオンライン脅威のペースと巧妙さが加速していることを示す十分な証拠」を加えた。二〇二〇年五月に米国司法省は、北朝鮮への二五億ドルの資金洗浄をおこなったとして、少なくとも六カ国に拠点を置くペーパーカンパニーと銀行を起訴した。ブロックチェーン分析会社*3のチェイナリシスは、二〇二一年に四億ドル以上の北朝鮮の暗号通貨が盗まれたことを明らかにした(71)。

このような措置によって制裁の経済的影響は軽減されたが、ブロックされたわけではない。北朝鮮の対外貿易は二〇一六年の二九億ドルから二〇一九年には二億六〇〇〇万ドルに激減した。GDPは二〇一六年の成長率プラス三・九％から、二〇一八年にはマイナス四・一％、二〇二一年にはマイナス四・五％に落ち込んだ。国連食糧農業機関と世界食糧計画の報告書によると、農業生産に必要な燃料、肥料、機械を制限する制裁が灌漑と収穫に悪影響を及ぼしていることがわかった(72)。二〇二一年一月の労働党大会で、金委員長は経済の現状について謝罪した。「われわれの五年間の経済開発計画は、ほとんどすべての分野で目標を大きく下回っている。……本当に申し訳なく思っている。私の努力と誠意は、国民の生活上の困難を取り除くには十分ではなかった[73]」と。しかし、金正恩の指導力を脅かすものはなかったようだ。貧困が悪化し、人道的状況もさらに悪化する一方で、エリートたちは高級品などを買う十分な手段を確保し続けていた[74]。

そして、北朝鮮の核兵器と弾道ミサイル開発は前進を続けている。

ケース評価

六カ国協議でも米朝協議でも、制裁解除と核不拡散の互恵関係を見いだそうとするさまざまな交渉がおこなわれてきた。核不拡散のためにどれだけのステップを踏めばどれだけの制裁が解除されるか、その順序とタイミングはつかみどころがない。イラクのサダム・フセインやリビアのムアンマル・カダフィが核兵器開発計画を放棄し、その後打倒された（もっと言えば殺された）ことを教訓に、金正恩は自国の核保有を政権交代に対する保険と考えている。その点では、彼はきわめて合理的である。彼が考える問題は、限定的な対外政策の抑制ではなく、はるかに不釣り合いな生存のリスクである。経済的コストを吸収することは、その保険を手放すよりも望ましい。その欠点や無能さが何であれ、北朝鮮は、エリートたちの居心地の良さを維持し、制裁を破り、中国を代替貿易相手国とするなど、さまざまな対抗戦略を駆使して、ステファン・ハガードとマーカス・ノーランドが言うように、自らを「典型的なハード・ターゲット」にしてきた[75]。

▼ベネズエラ――体制は持ちこたえているが国民は苦しんでいる

アメリカとベネズエラの関係は、一九九〇年代後半にチャベスが台頭して以来、対立が続いてきた。二〇一三年にチャベスが死去し、彼の右腕だったニコラス・マドゥロが自由でも公正でもないと広くみられていた選挙で政権を奪取したことで、緊張はさらに高まった。マドゥロはますます抑圧的になり、ベネズエラの人びとの状況はさらに悲惨になった。

なぜアメリカは制裁を科したのか？

制裁は、オバマ政権時代に民主化と人権保護を求める圧力として始まった。トランプ政権では政権交代を追求した。テロ支援や麻薬取引への関与の阻止も目的となっている。

どのような制裁が科されたのか？

二〇一四年に議会で可決された「ベネズエラの人権と市民社会の防衛に関する法律」と、それに続くオバマ大統領の大統領令は、すでに実施されている制裁に加えて追加制裁を科した。最大限の圧力戦略の別バージョンとして、トランプ政権はとくにベネズエラの石油産業を標的に、ほぼすべての貿易と金融を対象とする制裁を強化した。ベネズエラは長いあいだ主要な産油国である。実際、ベネズエラは一九六〇年にOPECを創設した国のひとつである。長年にわたりアメリカはその主要顧客であり、制裁以前はベネズエラの石油輸出の三六％近くを輸入していた。二〇一七年八月にトランプの大統領令により、国営の主要石油会社であるベネズエラのペトロレオス・デ・ベネズエラは、アメリカおよびあらゆるドル建ての国際金融市場から追放された。二〇一八年五月には追加制裁により、アメリカとベネズエラの石油貿易は事実上終了した。その他の制裁では、マドゥロとその家族、その他の高官をSDNに登録するなど、ベネズエラ人の資産を凍結した。二〇一九年八月には、ベネズエラ経済に関与する非ベネズエラ人に対して二次制裁が追加された。カナダとEUは、経済全体を対象としたアメリカの制裁ではなく、マドゥロとほかの主要指導者を対象とした制裁にとどめた。ほとんどのラテンアメリカ諸国はほかの圧力をかけたが、制裁を科したとしても限定的だった。バイデン政権は、二〇二一年七月にベネズエラ国民の調理用ガス不足を緩和するためにプロパンの供給を許可するなど、人道的な免除をいくつかおこないながら、トランプ制裁のほとんどを維持した。

主要アクターは誰だったのか？
発動国：アメリカ、EU、一部のラテンアメリカ諸国
標的国：ベネズエラ
第三者：ロシア、中国、キューバ、トルコ

制裁はどうなったか？
チャベス＝マドゥロの失政と腐敗、変動する世界的な原油価格、そして制裁が相まって、かなりの経済的影響をもたらした。チャベス政権初期の二〇〇〇年の石油生産量は日量約二九〇万バレルだった。二〇一六年には約二三〇万バレルに減少し、二〇二〇年には五〇万バレル以下になっている。石油がG

DPの三五%、輸出収入の九九%を占めていたため、ベネズエラ経済全体は四五%縮小した。インフレ率は一〇〇〇万%という驚異的な上昇をみせた。二〇一九年までに、人口の九六%が貧困ライン以下で生活し、八〇%が極度の貧困状態に陥った[76]。制裁とハードカレンシーの不足により、食糧輸入は一一二億ドルから二四億六〇〇〇万ドルに激減した。栄養不良の子どもの数は二〇一二年比で四〇〇%増加した。清潔な水は厳しい配給になった。それまでの人口の約一六%にあたる五〇〇万人近いベネズエラ難民は、世界で二番目に多いにもかかわらず、シリア難民一人あたり一五〇〇ドル、ベネズエラ難民一人あたり一二五ドルと、もっとも資金が不足していた[77]。その状況はまさに、米国議会調査局（CRS）の報告書が言うように「悲惨な人道危機」だった[78]。

しかし、マドゥロはまだ権力の座にあった。ロシアは財政的、軍事的、外交的な支援を提供した。中国はベネズエラの石油の輸入を増やした。キューバはベネズエラの石油と引き換えに、医師やその他の医療分野の援助を提供した。イランはガソリンや精製品の一部を提供した。トルコが二〇一八年に推定八億ドル相当の金準備を購入したのは、明らかにエルドアン大統領の独裁者としての連帯の表れであった。そして、古典的なサーキットブレーカー方式で、経済的には安心させ、政治的には恐怖心を煽り、警察、軍、裁判所、官僚のほとんどがマドゥロに固執した。アメリカが外交路線を取りたがらないことと、マドゥロが妥協に抵抗することが重なり、ラテンアメリカ諸国とカナダからなるリマ・グループ連合による調停努力が台なしになった。トランプはその代わりに、二〇一七年と二〇一八年に一部の反抗的な軍幹部とクーデタを起こそうとした。二〇二〇年五月のアメリカの傭兵による作戦は、トランプ政権によって明らかに支持され、計画されたようにみえたが、アメリカ人の数名が捕虜となって大失敗に終わり、この記事を報じた『ニューヨーク・タイムズ』紙のジャーナリストは、「ハリウッドの脚本から飛び出してきたようなもの」と評した(79)。

ケース評価

ベネズエラの人道危機、とりわけラテンアメリカでもっとも強固な市民社会のひとつを破壊した主な責任は、マドゥロとチャベスにある。しかし、制裁措置も一因となっている(80)。近隣のコロンビアやペルーなどへの難民流入は、これらの国々がすでに直面している負担に拍車をかけている。おそらくリマ・グループ外交[*4]は、アメリカが支持していれば、少なくとも人道的状況を回避・緩和するための条件交渉はうまくいっただろう。私たちが知っているのは、マドゥロ政権は存続し、ベネズエラの人びとがいまだ苦しんでいるということだ。制裁は成功しなかったという意味での失敗だけではない。制裁は悪い状況をさらに悪化させ、第2章で論じたような倫理的問題を引き起こした。

▼テロ対策――金融制裁の（適応）範囲と限界

アメリカのテロ対策戦略には、経済制裁以外にも多くのことが含まれている。制裁の対象は、テロ支援国家とみなされる特定の国、国家を超えたテロ組織、テロ資金を提供する個人や組織である。財務省の外国資産管理局（ＯＦＡＣ）が主導機関となっている。商務省、国務省、国土安全保障省、ＦＢＩも関与している。九・一一直後に可決された国連安保理決議第一三七三号は、各国に対してテロへの資金提供を犯罪化することを求めている。アメリカと一部の同盟国によって一九八九年に設立された金融活動作業部会（ＦＡＴＦ）も、その一翼を担ってきた。当初は麻薬密売マネーロンダリングを優先していたが、九・一一以降、ＦＡＴＦはテロに重点を置くようになった。ＦＡＴＦは現在、三九のメンバーで構成され、世界銀行やインターポールの多国間機構とも連携している。

なぜアメリカは制裁を科したのか？

ＦＡＴＦの報告書は、その中核的な根拠を伝えている。

テロリストの資金調達に対抗し、これを阻止することは、テロリズムにとって敵対的な環境をつくり出すことになる。資金不足はテロリスト集団の攻撃準備や実行能力を制限し、金融情報はテロリスト集団の構造、個々のテロリストの活動、その兵站・斡旋ネットワークを明らかにすることができる。資金調達は、領土を支配する大規模なテロ組織から小規模なテロリスト細胞まで、すべてのテロリストにとって重要である。[81]

ここには、外交政策の抑制と軍事力の制限の両方の要素がある。

どのような制裁が科されたのか？

こうした制裁には、資産の凍結や差し押さえ、さまざまな種類の金融取引の制限、テロリストとつながりがあるとみなされた組織への援助の打ち切り、アメリカ以外の金融機関に対する二次制裁、国境を越えた現金輸送の阻止、「金の移動をともなわない送金」という非公式な方法によるハワラの解体[*5]などが含まれる[82]。対テロSDNリストは、金融チェーンのつながりを提供する何千もの個人や組織で構成されている。

主要アクターは誰だったのか?

発動者：アメリカ、EU、FATF

標　的：アメリカのテロ支援国家リストに掲載されている国。現在はイラン、北朝鮮、キューバ、シリア、以前はイラク、リビア、南イエメン、スーダン。アルカーイダ、ヒズボラ、ISISやその他四〇以上の非国家テロ組織も対象となる。

第三者：ハワラや慈善フロント組織などの非国家主体は、制裁を台なしにする可能性のある主な第三者である。

制裁はどうなったのか?

SWIFTは、イランの事例で議論した世界的な金融メッセージ伝達システムであり、ファレルとニューマンが「アメリカのテロ対策活動のロゼッタストーン」と呼ぶほど、ここでも関連している[83]。ファレルとニューマンの言葉を借りれば、テロリストへの資金の流れに関する広範な情報という「パノプティコン[*6]」効果と、取引を阻止・傍受する「チョークポイント[*7]」能力の両方を提供した。FATFの効果は、正式な加盟国にとどまらず、「国際的な銀行が［非協力的な］国から資金を移動するよう促し、不遵守を続けることのコストを引き上げ、テロ資金供与を犯罪とする法律を持つ国の数を有意に増加させた[84]」。

ＯＦＡＣは二〇一八年の年次報告書で、二億一六八三万ドルをテロ支援国家から、四六二〇万ドルを四〇以上の非国家テロ組織からブロックした[85]。そのほかにも、ビットコインやその他の暗号通貨で二〇〇万ドル、Ｎ95マスクやその他の個人用防護具（ＰＰＥ）[*8]を詐称した詐欺サイトやフェイスブックページ、オーストラリアを拠点とする宝石会社など、実にさまざまなテロ資金調達スキームを破壊した[86]。

ケース評価

たしかに、アルカーイダはまだ機能している。九・一一以前ほどではないが、しばらく前よりは強くなっている。その関連組織は、ＳＷＩＦＴやＦＡＴＦを回避するために、よりローカルな資金調達戦略にシフトしている。シリアでの領土支配の大部分を失った後も、ＩＳＩＳは誘拐による身代金を代替資金として、推定一億ドルの資金を保有していた。ヒズボラは依然としてレバノンとシリアで、そしてイスラエルに対抗する勢力であり、その資金はますます麻薬取引に頼っている。しかし、金融制裁による制限がなければ、テロリズムはさらに悪化していただろう。デヴィッド・コーエン財務次官（当時）による次の評価は、このネットアセスメントとバランスをとっている。

テロ集団への資金の流れを完全に防ぐことができるなどという幻想は抱いていない。一部の資金は流れる道を見つけるだろう。しかし、だからといってこの取り組みが無駄だということにはならない。私たちが学んだのは、資金提供者になろうとする者を抑止し、金融円滑化ネットワークを破壊することによって、テロリストの活動能力を著しく阻害することができるということだ[87]。

このように、完全な成功とは言えないものの、テロ資金対策制裁は一定の成功を収めたと言える。

要約――アメリカの制裁から導き出される結論と課題とは？

制裁はアメリカの政策の重要な部分である。本章で前述した四つの要素、すなわち利益、権力、イデオロギー、政治はすべて、事例研究で明らかになった。世界的な権益を持つ大国として、アメリカは多くの手段を持っているが、制裁もそのひとつである。アメリカの経済的優位と、それに付随すると考えられる力が、制裁をとりわけ魅力的なものにしている。イデオロギー的な立場がないため、人権や民主主義の促進がしばしば動機となる。政治が制裁に反対することもあるが、大統領や議会が制裁を推進することも多い。

制裁は過度に使われている。バイデン政権はトランプ政権よりも制裁を多用している（トランプはオバマよりも、オバマはブッシュよりも、いやそれ以上に）。「スイス製のアーミー・ナイフ」という比喩は、制裁が万能の道具であることをよく表している。制裁はしばしば、何らかの強制力が必要とみなされる問題に対するデフォルトの選択肢となる。しかし、これまでみてきたように、制裁の成功率はそのような使用頻度を正当化するものではない。

国内政治は制裁に大きな影響を与える。議会が果たす役割はますます大きくなっている。場合によっては、議会が制裁の信頼性を高めることで、大統領の手腕が強化されることもある。また、大統領が望まない制裁を科したり、交渉の一環として制裁を解除する大統領の権限を制約するような文言で制裁を法制化したりすることも、問題になりうる。利益団体に関しては、制裁に反対する圧力（たとえば、中国ウイグル制裁に対するビジネス界の反対）だけでなく、大統領が望まない制裁（たとえば、ユダヤ系アメリカ人と一九七四年のジャクソン＝バニク制裁を推す圧力）、あるいは制裁の縮小や解除を求める圧力（たとえば、キューバ制裁に対するキューバ系アメリカ人）もみられる。世論もまた、「自国民を味方につける」形で支持することもあれば、カーターの一九八〇年のソ連穀物輸出のように反対することもある。一九八〇年代の南アフリカへの反アパルトヘイト制裁のようなケースでは、州政府や地方政府が連邦政府の前に立ちはだかった。

アメリカの制裁はしばしば、経済への影響と政策遵守の不一致を例証する。制裁の経済的影響に主眼が置かれ、「より広範なアメリカの政策目標や目的を達成するための制裁の全体的効果」が重視されない傾向は、米国会計検査院（GAO）の報告書（二〇一九年）の主な批判点であった[88]。経済的なコストを課し、標的国の経済に負担をかけ、重要人物を処罰することには、それなりの価値がある。しかし、そのような場合でも、目標とする政策が変わるとは限らない。トランプによる制裁はイランに大きな打撃を与えたが、抵抗に拍車をかけ、遵守にはいたらなかった。北朝鮮の制裁では多くの負荷をかけたが、核兵器開発計画はさらに拡大した。ほかのケースでも、制裁の成功には、高い経済的コスト（を科す、あるいは脅すこと）が必要だが、十分ではないことがわかる。

安全保障上の強い根拠と関連品の禁輸による直接的な影響を考えれば、標的の政策変更の決定を活用せずとも、軍事力の制限を目的とした制裁は、ほかの目的よりも達成可能性が高い。ファーウェイへの制裁は中国へのほかの制裁よりも成功し、重要な商品や技術を遮断することで政策転換を効果的に促した。テロ対策のための金融制裁は、アルカーイダやＩＳＩＳなどのテロを防げなかったものの、その資金源を制限した。

外交の制限の目標は、外交的互恵性、釣り合いのとれた目標、主要な第三国との利害共有の組み合わせによって達成される可能性がもっとも高い。オバマのイラン制裁は、外交的互恵性と結びつき、政権交代ではなく政策変更としての比例性があり、ロシアや中国、そしてヨーロッパの同盟国との利害を共有するものだった。トランプのイラン制裁は、非互恵的で不均衡であり、ほかの主要国との緊張関係にあった。ソ連／ロシアによるアフガニスタンとウクライナへの侵攻を終わらせることは、制裁という限定的な手段で強要できるよりも広範な目的だった。ファーウェイを制限することは、ほかのいくつかの米中紛争よりも限定的な目的であり、多くの同盟国が共有する目的でもあった。

人権保護や民主化推進を目的とした制裁にはさまざまな実績がある。ロシアや中国の人権問題、イランやベネズエラの体制転換など、このカテゴリーの事例研究はいずれも成功しなかった。これは、人権や民主主義に対する制裁が決して成功しないと言っているわけではない。可能性が低いという研究もあるということは、人権が守られ、民主主義が促進されるケースもあるということだ。それでも、ソフトパワーと象徴的なシグナリングがうまく機能しているかどうかは、単に想定するだけでなく、保護されるはずだった住民に人道的な結果をもたらすミスファイア〔誤射〕やバックファイア〔裏目〕から倫理的な配慮を考慮に入れるなどして評価する必要がある。

抑止力のシグナルは、送ったメッセージが受けとられたかどうかを考慮に入れて、戦略的な相互作用として評価されなければならない。抑止力は、決意の表明がそのように受け取られるかどうかに左右される。信ぴょう性は、発動者がシグナルを決意の表れとみなすだけでなく、関係する他国がそうみなすかどうかにも左右される。宣伝効果が少ない制裁は、標的からすれば、強さではなく弱さの表れとして映る可能性がある。敵対する第三国は、実際にはそれほど害のない標的を痛めつけるという脅しでは、あまり抑止力を発揮しないかもしれないし、同盟国もあまり安心できないかもしれない。また、二〇二二年のプーチンとウクライナのように、制裁では根本的に抑止できない目的を持つ標的もいる。

金融制裁は大きな経済への影響をもたらすが、多くの場合、依然として政策遵守のギャップが残り、人道的影響をもたらすリスクがあり、減耗資産が懸念される。国際金融におけるドルの中心的地位は、国際貿易のほとんどの分野でアメリカに市場の支配力を与えている。金融制裁の対象となった国家は、貿易代替国を見つけることが難しくなった。しかし、ここでも経済への影響が政策遵守を保証するわけではない。トランプのイラン制裁は、オバマの制裁よりも経済的インパクトは大きかったが、オバマの戦略で政策転換を達成する根拠となった外交的互恵性を欠いていた。シリアのようなケースは、金融制裁の対象がはるかに限定され、合法的な貿易にさえ冷や水を浴びせ、企業が法令遵守を確保するためのリスクとコストに直面し、国民を助けようとするＮＧＯが供給すら控えるという人道的な結果を示している。ロシアへの二〇二二年の金融制裁は、これまでのもっとも大規模なものだったが、プーチンに戦争を終結させることはできなかった。

二〇二二年のロシア制裁がウクライナ戦争の終結に寄与することになれば、アメリカが金融制裁にさらに踏み切る懸念が高まるかもしれない。ジェイコブ・ルー前財務長官は以前、アメリカの制裁が「世界的な資金の流れを過度に妨げれば、金融取引が完全にアメリカ国外に移動しはじめるかもしれず、それは将来的に制裁の効果を……脅かす可能性がある」と、資産の浪費に対する懸念を指摘していた。イングランド銀行のマーク・カーニー総裁は、「世界金融システムにおける米ドルの重要性と、世界経済活動の多極化とのあいだの非対称性の増大」を指摘した[89]。国際協力を強制するために導入される二次制裁は、相互依存関係が武器化されることを好まない同盟国の憤りを引き起こしたり、中国のような敵対国が次の機会には脆弱性を減らそうとしたりする。この点で注目に値するのは、バイデンの財務省が（すなわちウクライナ戦争前の）二〇二一年一〇月の政策見直しにおいて、「アメリカの敵対勢力――一部の同盟国も――はすでに米ドルの使用と、国境を越えた取引においてより広くアメリカの金融システムのリスク〔にさらされること〕を減らしている」という「リスクに留意する」必要性を強調したことである[90]。ドルが取って代わられるのではなく、ドルがついに国際金融における準独占的な地位を失うかもしれないということだ[91]。

全体的な制裁改革には、プロセス、分析、戦略の要素が必要である。新アメリカ安全保障センター（CNAS）の研究が指摘するように、「強制的な経済措置を開発・展開する政府機関を強化し、さまざまな行政府の関係者間のより良い調整という、政策立案者が利用できるツールキットを近代化し続ける[92]」必要がある。実際、この研究の著者のうち数名はバイデン政権に入り、二〇二一年の政策見直しを主導した[93]。この見直しでは、制裁が「状況に適した手段」であるかどうかの評価を含め、「制裁を明確な政策目的に結びつける構造化された政策枠組み」が概説されている。経済への影響と政策遵守の不一致が頻繁に生じることを認識すること、標的の対抗戦略を考慮すること、シグナリングを宣言ベースで評価するのではなく、より戦略的な相互作用として評価すること、経済への影響と政策遵守が達成されたとしても、発生したコスト（バックファイア〔裏目〕、ミスファイア〔誤射〕、クロスファイア〔相互発砲〕、そしてシューティング・イン・ザ・フット〔足元を撃つ〕）と比較したネットアセスメント〔総合戦略評価〕をおこなうこと、制裁を既定の選択肢として扱うことで、より効果のある政策オプションを排除する傾向から脱却すること、などがあげられる。また、制裁を既定のオプションとして扱い、潜在的により効果的な政策オプションを排除する傾向から脱却することである。そうすることで、アメリカは制裁の頻度を減らし、より効果的に使うことができる。

第6章　中国による制裁の行使

中国の経済制裁に対する見方はたしかに変わった。国家主権への干渉、欧米帝国主義の延長、国際法違反——ある学者が言うように、何十年ものあいだ、人民共和国がアメリカやその他の国による制裁に反発してきたことは「伝説的」だった(1)。しかし、中国は人権問題や国内の政治の変化の問題で制裁の対象になることに抵抗を示し続けているものの、経済力が増すにつれて頻繁に制裁を行使するようになってきた。ある研究では、中国政府高官が制裁やその他の経済制裁を、「緻密な外交と全面戦争とのあいだの最良の選択肢」と呼んでいることが紹介されている(2)。バイデン政権の中国政策トップ二人は、就任直前に執筆した論文のなかで、中国が「経済的な強制措置を志向」するようになったと評している(3)。オーストラリアの研究機関の調査によると、二〇一〇年から二〇二〇年の間に中国が制裁を科したケースは一九あり、その半数は二〇一八年以降のものだった(4)。中国の制裁措置のなかには、北京政府によって公式に発動されたものもある。その他の制裁措置は、正式なものというよりは、ソーシャルメディア上での憤慨や、「反中国」の国や企業に対する消費者ボイコットなどを機におこなうもので、事実上、中国版スマート制裁である。(5)

この章では、主に次の問いに焦点をあてる。

・なぜ中国は制裁を科すのか?
・中国が用いる制裁の種類、とくに「キュー制裁」とは何か?
・主なケースは?
・要約——中国の制裁はどれほど成功してきたのか?

なぜ中国は制裁を科すのか?

習近平国家主席が「百年国恥」*(1)から脱却し、新たな力と文明の誇りを主張するためには、制裁の対象としてだけでなく、制裁の発動者としての能力も非常に重要である。(6)ウイグル人問題などで制裁を受けると内政不干渉の原則を唱え続ける一方で、北京政府は他国に対して自国の国内政治の変革に制裁を科してきた。二〇一六年の台湾の選挙と二〇一七年から二〇一八年にかけてのオーストラリアの「反中国」国内政策の二つのケースをあげるが、これらは他国の国内政治に圧力をかけることを目的としている。(7)

中国の対外抑制的な制裁は、しばしば、もっともらしい(もっともらしくない)否認*(2)と表現されてきた。ノルウェー産サーモンがボイコットされたのは、二〇一〇年に反体制派の劉暁波受刑者にノーベル平和賞が授与されたことが理由ではない。それは、ノルウェー産サーモンが、たまたま劉のノーベル賞受賞直後に公布された厳格な衛生検査基準を満たしておらず、他国のサーモンに対してはそれほど厳格に実施されていなかっただけなのだ。二〇一六年から二〇一七年にかけて、韓国がアメリカから供与されたミサイル防衛システムの配備をめぐって紛争が勃発すると、中国全土で何年も活況を呈していた韓国資本の小売店ロッテマートは、どういうわけか消防法の規制を満たさなかった(8)。

二〇二〇年から二〇二一年にかけてのアメリカとの制裁の応酬では、次のような多くのシグナルが飛び交った。

・二〇二〇年三月：トランプ政権が在米中国人ジャーナリストに対する規制を発動した。その直後、中国は『ニューヨーク・タイムズ』紙や『ウォール・ストリート・ジャーナル』紙などのアメリカ人ジャーナリストを中国から追い出した。

・七月：「スパイ行為と知的財産窃盗の拠点」とされるヒューストンの中国領事館が閉鎖された(9)。その後、中国は成都のアメリカ領事館を閉鎖した。

・七月：議会は法案を可決し、トランプは香港の弾圧に責任があるとみられる中国当局者に制裁を科す大統領令を発令した。八月には、中国は香港制裁法案を共同提出した共和党上院議員と人権団体指導者を含む一一人のアメリカ人に制裁を科した。

・八月：中国は、「信頼できない企業リスト」を作成するための大規模な政策見直しを開始した。「中国当局は、広範なカテゴリーではあるが、アメリカを強く意識していることを明らかにした[10]」。

・一一月：中国トップのチップメーカーSMICといくつかのエネルギー企業が、軍事関連企業としてブラックリストに掲載された。一二月には、中国の全国人民代表大会（全人代）のメンバー一四人が香港への関与を理由にSDNリストに追加された。中国はさらに多くのアメリカ政府高官と企業を制裁リストに追加し、さらに脅しをかけた。

・二〇二一年一月：一月一四日に、中国海外石油総公司（CNOOC）への輸出が禁止された。退任数日前の一月一六日に、トランプ政権は中国と香港の高官六人を制裁リストに追加した。バイデン政権への移行前夜の一月一九日には、中国は退任するマイク・ポンペオ国務長官とその他二七人の「嘘つきで詐欺師」のトランプ〔政権の〕高官に対して制裁を科した[11]。

・三月：バイデン政権はさらに踏み込み、中国との初の高官級外交会議の前夜に、二四人の中国政府高官に追加制裁を科した。ヨーロッパやその他の同盟国もこれに続いた。中国はアメリカとヨーロッパの高官に対する制裁で報復した。

さらにそれは続いた……。

中国が用いる制裁の種類、とくに「キュー制裁」とは何か？

アメリカが国家間の金融支配を通じて相互依存を武器化するように、中国は一五億人の国内市場へのアクセスを通じて相互依存を武器化する。標的国の輸出は、オーストラリアの例のようにボイコットされる。一億五〇〇〇万人という世界最大規模の中国人観光客の多くは政府の許可が必要な団体旅行をすることから、台湾や韓国のケースのように、制裁標的国への旅行は制限される。中国のあるシンガーソングライターが言うように、「愛国心のボタンが押される」と、ソーシャルメディアは激怒し、指定された外国企業に対して消費者ボイコットが始まる。[12]たとえば、スウェーデンのファッション小売企業H&Mが、ウイグル人問題で新疆ウイグル自治区産の綿花の購入を中止すると発表した際、中国の三つの大手電子商取引プラットフォームがH&Mの商品を削除した。アリババのマイクロブログサイト「新浪微博」は、四億五〇〇〇万人を超えるユーザーに、ショッピングモールから撤去されたH&Mの看板の写真を送った。中国での売上が二三%減少したことを受けて、H&Mはウェブサイト上のウイグル人への同情的な声明を、「H&Mが事業を展開しているすべての市場において、現地の法律と規制の枠組みを遵守する」、「中国の顧客、同僚、ビジネスパートナーの信頼と信用を回復することに専念する」[13]という会社の方針に置き換えた。しかし、中国もまた、自らの足元を撃つような犠牲を払った。H&Mと契約していた六〇〇以上の工場がビジネスを失った。チャットルームでは、ウイグル人問題に対する好奇心と関心が高まった。

中国が世界経済で存在感を増しているのは、輸出や対外援助が以前よりも有用な手段となっているからかもしれない。中国は、アジアインフラ投資銀行（AIIB）や国際銀行間協力銀行（CIB）の決済システム（CIPS）といった新しい国際経済機関の設立に主導的な役割を果たしてきた。現在、投資額は、アメリカの対外援助やそれに匹敵するほかのプログラムをはるかに上回る六〇〇〇億ドルを超えて数兆ドルに達すると予測されていて、「一帯一路」構想は中国に「脅迫的でない強制力」をもつとみるアナリストもいる(14)。

主なケースは?

▼台湾――アメリカの武器売却と台湾の選挙

アメリカと中華人民共和国間の一九七二年の上海コミュニケによる「始まり」と、一九七九年の完全な国交正常化にさかのぼること五〇年近くにわたり、アメリカ‐中華人民共和国‐台湾の関係は次の三つの主要な戦略的パラメーターによって組み立てられてきた(15)。

・アメリカは、中華人民共和国を、台湾を含む中国全土の合法的な政府として承認する一方で、台湾に武器や防衛的性質の軍事支援を提供する権利を保持している。兵器システムのなかには、攻撃的か防御的かを明確に区別できるものもあるが、多くは、一方が防御的とみなすものを他方が攻撃的とみなすという古典的な「安全保障のジレンマ」に関する問題を提起している。

・北京は、統一を含む台湾との問題を平和的に解決することに同意している。観光、貿易、投資など、さまざまな分野で「両岸」協力関係が発展してきた。しかし、紛争も再発し続けている。ある種の行動は明らかに平和的ではなく、戦争とまではいかなくても、それなりに威圧的である。

・台湾は国際的に承認された国民国家に満たないという、あいまいな地位を与えられている。台湾は独立に向けて大きな一歩を踏み出したとき、制裁やその他の北京からの圧力を受けるリスクを負ってきた。

なぜ中国は制裁を科したのか？

武器売却　アメリカの台湾への武器売却の多くについて、北京からの反対は限定的だったが、特定のものについては、台湾の軍事力を制限することを主な目的として、中国による制裁、あるいは少なくともその脅威があった。二〇一〇年、六四億ドルの武器売却パッケージは、関係する米国企業への制裁の脅しを招いたが、北京が防衛よりも攻撃的とみなした特定の戦闘機（F-16C／D）を含めないことで合意し、鎮静化した。二〇一五年にも、制裁の脅しに続いて武器売却パッケージの一部（ただし一部だけ）の変更がおこなわれ、同じような現象が起こった。二〇一七年から二〇二〇年にかけて、トランプ政権は武器売却額をオバマ政権の八年間の一四〇億ドルに比べて、一八〇億ドル以上に引き上げた。これには二〇二〇年一〇月のミサイル、無人機、ロケットシステムなどのパッケージが含まれ、あるアメリカの企業幹部が言うように、防衛兵器の定義を「見事に変更」しようとしていた。しかし、北京に言わせれば、これらの兵器は「中国の内政への容赦ない干渉であり、中国の主権と安全保障上の利益を著しく損なう(16)」ものである。

二〇一六年の台湾選挙　二〇一六年の台湾選挙の制裁は国内の政治的変化に関するものだった。台湾の政治情勢が中国の制裁を促したのは、決してこれが初めてではない。たとえば、二〇〇〇年に北京は台湾の電子機器メーカーであるエイサーを標的にし、同社の会長が独立派候補を支持したことを理由に、同社の製品を中国本土の店舗から撤去した。二〇一二年の選挙前には、台湾の農産品への市場アクセスを拡大するという誘導策を試みた。二〇一六年に習近平が中国の指導者となり、その強硬なアプローチと、蔡英文とその民進党がかなり声高に独立を支持していることが重なり、二〇一六年の状況はさらに緊迫した。

どのような制裁が科されたのか?

武器売却　武器売却の威嚇は、ボーイング、ロッキード・マーチン、レイセオンといった生産企業に直接向けられている。

二〇一六年の台湾選挙　蔡総統の選挙勝利の翌年、中国と台湾の商品・サービス貿易は約一五%減少した。台湾を訪問する中国本土からの観光許可は四〇%削減された（中国本土からの観光客は台湾観光の約三分の一を占める）。中華人民共和国の大学選手団は、一五〇カ国が参加する二〇一七年台北夏季ユニバーシアードへの出場を禁じられた。国際航空会社（エールフランスやルフトハンザなどの欧州系航空会社、ユナイテッド航空やデルタ航空などの米国系航空会社、シンガポール航空）やホテルチェーン（マリオット、シェラトン、スターウッド）は、台湾を出向国としてリストアップしないよう圧力をかけられた。[17] 外交的な圧力により、台湾と公式な関係を保っていたいくつかの国々は関係を断ち切った。台湾領空への空軍の出撃回数は記録的なものとなり、軍事的な威嚇も加えられた。

主要アクターは誰だったのか?

発動者：中華人民共和国
標　的：アメリカは武器売却、台湾と国際企業は国内政治変化〔に対して〕
第三者：台湾の政治において、アメリカは常に、きわめて主要な第三者である。

制裁はどうなったのか？

武器販売　武器パッケージの攻防の特殊性に加えて、三つの要因が作用した。ひとつは、米中関係の全体的な傾向である。アメリカは、防衛力強化という広範なメッセージを発信しようとする場合、防衛兵器の構成要素の限界を押し広げる傾向が強かった。一方、中国が特定のグレーゾーン兵器に反対しやすいのは、その押しつけがましいメッセージによってほかの問題が解決される場合だった。第二に、アメリカがほかの東アジアの同盟国に地域の関与を安心させるために強硬路線を取ることと、中国がヨーロッパやほかの潜在的な台湾への武器売り手に対する抑止力として、米国企業に対して強硬路線を取ることから生じる緊張であった。それぞれの経済的脆弱性の意識も影響した。ボーイングやその他の企業は、一方では有利な中国本土市場を失うことを懸念し、他方で、北京は、彼らの技術が中国の航空部門近代化の鍵であることを知っていた。

二〇一六年の台湾選挙　観光などの分野はとくに大きな打撃を受けた。北京は圧力をかけ続けた。習主席は二〇一八年三月に、「中国を分裂させようとするいかなる行動や策略も、失敗に終わる運命にある」と警告した。習はまた、二〇二〇年の選挙直前には、台湾からの投資により多くの分野を開放する新法を交付するなど、誘因策も試みた。それでも蔡総統は再選を果たした。蔡英文総統は勝利演説で、

「今日、私は北京当局に対し、平和、平等、民主主義、対話が安定の鍵であることをあらためて強調したい」と述べた。「民主的な台湾と民主的に選ばれた政府は、決して脅しに屈することはない。……私は北京が好意を示すことを望む」と述べた。[18] 北京の反応は必ずしも好意的なものではなかった。「台湾海峡を挟んだ状況はより複雑で厳しいものになるだろう」と、政府報道官は述べた。[19] 二〇一九年から二〇二〇年にかけての香港での抗議行動に対する台湾の支持と、米中関係の緊張の高まりが重なり、この動きに拍車をかけた。

ケース評価

武器売却　古典的な安全保障のジレンマという要素があるにせよ、武器売却問題はうまく処理されてきた。中国が望まない売却もあれば、アメリカが望む売却もある（内部政策プロセスでは検討されたが、公式には提案されなかったものも含む）。また、台湾の武器問題は、中国とアメリカの関係におけるより広範な緊張をそらすために利用されてきたが、エスカレーションのシナリオは依然としてリスクである。

二〇一六年の台湾選挙　中国による制裁は、蔡総統やほかの独立派の指導者が踏み越えることのできない要素を強化したが、蔡が二度の選挙で勝利することを妨げるものではなかった。台湾人の五二％が中国との経済関係の緊密化を支持している一方で、政治関係の緊密化を支持しているのは三六％にすぎないという世論調査が、バックファイア〔裏目〕であることを示唆している。アイデンティティに関する質問では、台湾人と答えた人が六六％、台湾系中国人と答えた人は二八％にすぎず、一八歳から二九歳対象では、〔台湾人と答えた人が〕八三％対〔台湾系中国人と答えた人〕一三％の割合である。[20]

▼フランスとチベット（二〇〇八〜二〇〇九年）、ノルウェーと劉暁波ノーベル平和賞（二〇一〇年）

中国は、二〇〇八年と二〇〇九年にフランスに対しておこなったように、チベットのダライ・ラマと面会した国々に対して何度も制裁を科してきた。ノルウェーに対する制裁は、二〇一〇年に中国の反体制派の劉暁波にノーベル平和賞を授与したことによる。

なぜ中国は制裁を科したのか？

フランスとチベット　ダライ・ラマはチベットの精神的指導者であり、一九五九年に亡命を余儀なくされ、インドで暮らしながら、チベット人の自決と人権への支持を高めるために世界中を旅した。中国は、「チベットは中国の不可分の一部である」と主張し、「中国と良好な関係を保ちたいのであれば、ダライ・ラマと会わないように、あるいはほかの方法でチベットを支援するように」として、他国に対して外交政策を変えるよう長いあいだ脅してきた。[21] フランスのケースは、二〇〇八年に北京で開催された夏季オリンピックを前に、フランスを通過するオリンピック聖火ルート沿いで親チベット派が抗議活動をおこない、その数カ月後にニコラ・サルコジ大統領がダライ・ラマと会談した。サルコジは当時、EUの輪番の議長を務めていたことで、この会談は中国にとって大きな意味を持つことになった。何亜飛副外相は、「中国の核心的利益を損ない、中国人民の感情を著しく傷つけ、中仏関係と中欧関係の政治的基礎を妨害する」として、フランスを非難した。[22]

ノルウェーによる劉暁波ノーベル平和賞授与　劉暁波が二〇一〇年のノーベル平和賞を受賞したのは、「中国における基本的人権のための非暴力の長い闘いに対して」であった。ノーベル委員会は、劉が北京で投獄された理由となった中国の民主化を求める「08憲章」宣言における彼の指導力を、とくに高く評価した。[23] ノーベル平和賞は独立委員会によって決定されるが、中国はノーベル平和賞の主催国および支援国としてノルウェーに制裁を科した。この争いがまだ続いていた二〇一四年に、チベットのダライ・ラマがオスロを訪れた。

どのような制裁が科されたのか？

フランスとチベット　フランス製品に対する輸入ボイコットとその他の市場アクセス停止が主な制裁措置であり、公式な政策と非公式な合図〔指示、キュー〕を織り交ぜて科された。オリンピックの聖火抗議デモの直後、中国のインターネット上のチャットではフランス資本のチェーン店カルフールをボイコットしようという呼びかけで賑わった。また、サルコジ大統領がダライ・ラマに会う意向を表明すると、中国政府はフランスを拠点とするコンソーシアム、エアバス社と保留中だった航空機一五〇機の発注を取り下げ、来たるEU－中国首脳会議をパリからほかのヨーロッパの都市に移すよう要求し、貿易代表団の日程表からフランスを外した。温家宝首相は、「飛行機のなかでヨーロッパの地図を見た」とコメントした。「私はフランスの周りを旅する。……理由は周知のとおりだ[24]」。

ノルウェーによる劉暁波ノーベル平和賞授与　劉がノーベル平和賞候補であることを知っていた中国高官は、ノルウェーへの制裁をちらつかせた。受賞が決まると、予定されていたノルウェーへの中国閣僚貿易代表団はキャンセルされた。制裁の対象はノルウェー産サーモンやその他の魚の輸出だった。その他の措置には、ノルウェーのビジネスマンと研究者に対するビザの制限、中国におけるノルウェーの観光広告の禁止、国交の全面凍結などが含まれていた[25]。

主要アクターは誰だったのか？

発動者：中国
標　的：フランスとノルウェー
第三者：いずれのケースも、ほかのEU加盟国。

制裁はどうなったのか？

フランスとチベット　EUは中国首脳会談に譲歩し、プラハに会場を移した。フランスに寄らなかった貿易ミッションでは、中国はほかの欧州諸国と一五〇億ドル相当の協定を結んだ。ドイツの二人のエコノミストによる広範な調査によると、ダライ・ラマの公式訪問を受け入れた国々は、その後の二年間で対中輸出が平均一二・五％減少した[26]。フランスも同様の経験をした。対中貿易全体は二〇〇九年上半期に一六％減少し、これは一九九六年以来初めての減少だった[27]。サルコジはダライ・ラマとの会談を中止するよう求める圧力に抵抗したが、政府はチベットを中国の一部と認める声明を発表した。外交関係がよりスムーズになった二〇一一年には、フランスの対中輸出は二〇〇九年比で約八〇％増加した[28]。

ノルウェーによる劉暁波ノーベル平和賞授与　ノーベル賞が発表された二日後、英国首相のデヴィッド・キャメロンは貿易代表団を率いて中国を訪問した。キャメロンは「中国首脳との会談で人権や劉暁波について言及することは控え」、推定二七億ドルの二国間貿易協定を結んだ。ノルウェーはベトナムを経由するサーモンのルートを若干変更したが、サーモンの売り上げは経済的に大きな打撃を受け、初年度は半減し、二〇一三年までに推定一三億ドルの減少が推定された。それでも、これはノルウェー漁業の年間輸出総額の一%にも満たない。また、北京が経済的にきわめて重要だと考えた、二〇億ドル規模の中国化工集団公司（ケムチャイナ）によるノルウェーの先進的なシリコン製造会社の買収と、深海石油・ガス掘削の専門知識を持つノルウェー企業の買収は、制裁を受けなかった[29]。

ダライ・ラマが一九八九年のノーベル平和賞受賞二五周年を記念して二〇一四年にオスロを訪れたとき、事態はさらに複雑になった。長年チベットを支持してきたノルウェーの高官たちは彼との面会を拒否した[30]。これを受けて、中国は制裁を緩和した。二〇一五年には、ノルウェーと中国の貿易額は過去最高を記録した。二〇一六年一二月には国交が回復した。ノルウェーは明確な謝罪はしなかったものの、「中国の主権と領土保全を完全に尊重し、中国の核心的利益と主要な懸念を重視し、それらを損なうような行動を支持せず、両国関係に将来的な損害が生じないよう最善を尽くす」とまで表明した[31]。劉が二〇一七年七月に収監されたまま亡くなったとき、ノルウェーのエルナ・ソルベルグ首相（二〇一〇年当時は未就任）が劉の死去に際して述べた慰霊の言葉が「ほっとした」という非常に弱いものだったとして、アムネスティ・インターナショナルは批判した[32]。貿易のペースは回復し、二〇一七年一二月までにノルウェーの対中サーモン輸出は二六二%増加した[33]。

ケース評価

中国はオリンピックの聖火デモや、サルコジとダライ・ラマの会談、劉暁波のノーベル平和賞受賞を阻止しなかった。しかし、サルコジが中国のチベット領有権を認め、ノルウェーが「中国の核心的利益と主要な懸念」を認めるといった妥協的な声明や合意を得ることはできた。しかし、このような声明と合意はフランスやノルウェーにとっても有効で、中国との貿易を軌道に乗せ、外交や国内政治において主張と妥協のバランスをとることを可能にした。こうして双方は一定の成功を収めたと言える。

ダライ・ラマとの会談に対する世界的な抑止効果はかなり顕著だ。一九九九年から二〇〇二年の時期は、ちょうど中国が世界貿易機関（ＷＴＯ）に加盟し、世界経済の一翼を担うようになった直前から直後であり、ダライ・ラマは各国首脳と年平均約六回の会談をおこなっていた。それ以降、年平均回数はずっと少なくなり、二〇一六年以降、会談はゼロである。[34] とくに中国の経済的影響力が増すにつれて、中国は、ダライ・ラマがより大きな国際的正統性を得るのを阻止することに、人権や民族自決を重んじる国よりも大きな利害関係をもつことから、利害均衡のパターンに合致している。

▼韓国ＴＨＡＡＤミサイル防衛システム（二〇一六～二〇一七年）

二〇一六年七月、韓国は北朝鮮の弾道ミサイルに対する追加防衛として、アメリカからＴＨＡＡＤ（終末高高度地域防衛）ミサイル防衛システムを取得すると発表した。[35] 二〇一七年五月にはＴＨＡＡＤは運用を開始した。中国はＴＨＡＡＤを自国の安全保障に対する脅威とみなし、韓国に経済制裁を科した。

なぜ中国は制裁を科したのか？

これは外交政策の抑制目的のためだった。ＴＨＡＡＤ取得の決定が発表された直後、中国外務省は「強い不満と断固とした反対」を表明した。中国は、ＴＨＡＡＤレーダーシステムが自国の領土に侵入し、自国の軍事システムを標的にする可能性があると主張した。また、同システムがアジア太平洋のほかのアメリカの同盟国とともに地域的に拡大され、中国自身の防衛が脆弱になることへの懸念も示した。最初の一カ月だけでも、中国政府はＴＨＡＡＤ関連の声明を二七本発表し、『人民日報』は二六五本の批判記事を掲載した。

どのような制裁が科されたのか？

化粧品、音楽（Ｋ－ＰＯＰ）、テレビドラマ、オンライン・ビデオゲームなど、中国に大きな市場を持つ韓国の輸出品が制裁を受けた。韓国ではロッテマート本社がＴＨＡＡＤ配備用地としてゴルフ場のひとつを取得することを政府に許可していたことから、中国国内の小売チェーンが標的にされた。消防法違反は、中国政府がロッテの店舗を閉鎖する根拠としたようである。韓国の自動車会社、起亜自動車と現代自動車もボイコットされた。中国人観光客の韓国訪問、とくに大規模な団体旅行は制限された。

主要アクターは誰だったのか？

発動者：中国

標　的：韓国

第三者：アメリカは韓国にＴＨＡＡＤ配備を進めるよう圧力をかけた。

制裁はどうなったのか？

制裁は大きな経済的影響を与えた。中国は韓国にとって最大の輸出市場である。世界総輸出の二五％を占め、対米輸出のほぼ二倍である。総コスト見積もりは一五〇億ドルを超え、年間成長率約マイナス〇・五％に相当した。ロッテは中国の一〇九店舗のうち八七店舗の閉鎖を余儀なくされ、八億三七〇〇万ドルの損失を被ったと推定される。起亜自動車と現代自動車の販売台数は五二％減少した。韓国を訪れる中国人観光客は六〇万人から二五万人に、団体旅行は毎月一三万人から三〇〇〇人未満に減少した。中国自身の国内的な制約が制裁範囲を制限した。韓国の対中輸出第一位の半導体は、中国自身の巨大な電子製造業を混乱させる可能性があったため、制裁の対象にはならなかった。『ウォール・ストリート・ジャーナル』紙の見出しは、起亜ボイコットの代償を象徴していた。「北京の韓国製品に対するキャンペーンは中国人の職探しを余儀なくさせ、売上高が急減するなか、塩城の起亜工場労働者の労働時間と給与が削減された」[36]。その代償は韓国の世論にもあらわれ、中国に対する好意的な見方は二〇一五年の六一％から二〇一七年には三四％に低下した。

二〇一七年一〇月に、双方が妥協して外交合意に達した。ＴＨＡＡＤミサイル防衛システムは残った。韓国は撤去を拒否したが、中国の安全保障上の懸念を認め、ＴＨＡＡＤは北朝鮮のみを対象としていることを確認した。また、アメリカがＴＨＡＡＤシステムを増設したり、既存のシステムを日本の防空システムに接続したりすることを認めないことにも同意した。中国はこれらの懸念を繰り返したが、ＴＨ

ＡＡＤ撤去という当初の要求は取り下げた。韓国外務省が発表した声明は、「双方は、韓中間の交流と協力の強化が共通の利益に資するという見解を共有し、あらゆる分野における交流と協力を正常な発展軌道に速やかに戻すことで合意した」と述べた[37]。

ケース評価

中国は、かなりの経済的コストを課しているにもかかわらず、韓国にＴＨＡＡＤミサイル・システムの撤去を強制することができなかった。ＴＨＡＡＤを維持することは、北朝鮮の脅威に対する安全保障を強化し、アメリカとの同盟関係を確認することであり、韓国にとってはＴＨＡＡＤが中国にもたらす限定的な脅威よりも価値の高い目的だった。とはいえ、韓国も中国との関係に過度のダメージを与えたくはなかった。外交的合意には、韓国側の謝罪と将来のミサイル防衛システムに関する譲歩が十分に盛り込まれ、中国も一定の成功を収めたと主張した。中国は貿易を重視し、制裁によるコストを負担していた。これは交渉による解決であり、どちらの側にとっても勝利ではなかった。

▼オーストラリア――「反中国」の国内政治（二〇一九〜二〇二一年）

アメリカの同盟国である一方で、オーストラリアは中国とも多くの交流・協力関係を築いてきた[38]。二〇一五年に両国は二国間自由貿易協定に調印した。中国はオーストラリアにとって最大の貿易相手国に成長し、二〇一八年から二〇一九年の時点で、オーストラリアの全輸出額の約四〇％を占めていた。最近では、多くの問題、とくに中国の国内政治への干渉に対するオーストラリアの懸念をめぐって緊張が高まっている。これに加えて、二〇二〇年四月にオーストラリアがCOVID‐19の発生に関する中国の対応について国際的な調査を求めたことに対して、中国が抗議した。

なぜ中国は制裁を科したのか?

二〇一七年に、オーストラリアの諜報機関は、「[オーストラリアの]主権、[オーストラリアの]国家機関の完全性、そして国民の権利の行使に対する脅威[39]」として、オーストラリアの国内政治に介入しようとする中国の動きを文書化した報告書を発表した。具体的には、さまざまな問題で親中的な立場をとり、辞職に追い込まれた国会議員、中国共産党統一戦線工作部までさかのぼる資金で多額の政治献金をしているオーストラリア在住の中国人大富豪、一部の大学の研究機関やプログラムへの中国からの資金提供、オーストラリアにいる中国人を監視する北京の取り組みなどがあった。豪州議会は、超党派の支持を得て、外国による国内政治への干渉に対する規制強化を可決した。こうした懸念は、オーストラリアが中国企業ファーウェイの5G無線ネットワーク開発を禁止した最初の国のひとつとなる、主な根拠となった(第5章の事例研究)。

中国はこの告発を反中国的なものとして拒否し、反中のプロパガンダとみなして初期の制裁を科した。こうした論争に加えて、オーストラリアのスコット・モリソン首相がCOVID‐19の起源について国際的な調査を求めたことから、北京政府はキャンベラを「関係を悪化させた」と非難し、制裁を強化した。「中国は怒っている」、「中国を敵に回せば、中国は敵になる」と中国政府当局者は述べた[40]。

どのような制裁が科されたのか？

北京は、オーストラリア産大麦を全面的にボイコットしているわけではないと主張したが、たまたまオーストラリアが不当な補助金でWTO規則を破っていることが発覚したため、ほかの大麦輸出国に対して「公平」を期すため、七三・六％の反ダンピング関税が課された。また、オーストラリア産ワインの輸出の約三分の一に相当する、一二六〇億ドルものワインが補助金を受けているとされた。ほかの制裁品目には、牛肉、木材、ロブスター、石炭が含まれた。[41]「もし雰囲気が悪くなる一方なら」、中国の駐豪大使は、愛国的な消費者特有の調子でこうコメントした。「一般市民はなぜオーストラリアのワインを飲まなければならないのか、なぜオーストラリアの牛肉を食べなければならないのか、と言うでしょう」と。[42] また、オーストラリアに留学している中国人学生にも制限が課された。彼らは全留学生の二七％を占め、授業料やその他の支出に二七〇億ドルを費やしていた。[43] また、韓国や台湾ほどではないが、観光規制もおこなわれた。

中国は自国の国内的な制約を明確にして、鉄鉱石を制裁しなかった。鉄鉱石はオーストラリアの対中輸出第一位である一方、この重要な産業資源の中国への供給の六〇％を占めていた。オーストラリアの羊毛が再制限されることもなかった。中国はオーストラリアの羊毛輸出の七五％を購入しているが、その供給は繊維メーカーにとって非常に必要なものだった。

主要アクターは誰だったのか？

発動者：中国

標　的：オーストラリア
第三者：両国の代替貿易相手。

制裁はどうなったのか？

オーストラリアが久しぶりの不況に見舞われるなか、この制裁は経済的な打撃を与えた。制裁がそれ以上大きくならなかった理由は主に二つある。ひとつは、オーストラリアが多くの貿易を迂回させていた代替貿易相手国があったことだ。中国への石炭輸出が一五〇億豪ドル〔約一・五兆円〕減少したが、そのほとんどは他国への石炭輸出の増加によって相殺された。大麦、銅、水産物、木材の輸出も同様だった。ほかの貿易相手国との利益は中国への損失よりも大きかった。オーストラリア政府の推計によると、制裁を受けた部門は対中輸出で約四〇億ドルを失ったが、代替貿易相手国への輸出増加三三億ドルで相殺され、それは輸出総額の〇・二五％の純減だった(44)。

鉄鉱石や羊毛のような製品を免除する中国の国内的な制約が、もうひとつの要因であった。二〇二一年上半期のオーストラリアから中国への鉄鉱石輸出は依然として五三〇億ドルだった。「中国が世界の鉄鋼の五五％を生産し続けようとする限り、世界の海上〔貿易〕鉄鉱石の約六八％を購入し続けなければならない」と、産業アナリストは述べた。「中国は、輸出鉱石の六〇％を供給する国〔オーストラリア〕を無視することはできない(45)」と。また、二〇二〇年一二月の石炭不足の影響もあり、中国が過去一〇年間で最悪の停電に見舞われた際にも、石炭制裁に対する懸念が高まった(46)。

ケース評価

中国は他国が自国の内政に干渉することを拒絶しているが、これはまさにそのケースである。国際的地位があいまいな台湾とは異なり、今回の制裁は完全な主権国家に対するものだ。このように、中国の国内政治の変化が制裁の対象となったときに、利害のバランスが中国に有利に働いたように、今回のケースでもオーストラリアにはより大きな利害があり、したがって抵抗する動機があった。オーストラリア国民は、自国の政治問題への干渉に憤慨した。中国に対して好意的でない見方をする人は、二〇一七年の三二％から二〇一九年には五七％に増加した。

シグナリングという二次的な目的においては、中国が意図したメッセージは、オーストラリアの有名な戦略専門家が言うように「反撃の手本を示している国を見せしめにする」ものであり、他国が受け取るものではなかった[47]。中国は、信頼できる貿易相手国としての評判に傷をつけた。このことは、オーストラリア、日本、インド間の安全保障協力の強化や、アメリカ、イギリスとの新たな安全保障協定（頭文字をとってＡＵＫＵＳ）の締結につながった。これは反中同盟とまではならなかったし、今後もならないだろう。争いはともかく、これらの国々はいずれも中国との関係を非常に重視している。そのため、中国にとっての悪影響は限定的ではあるが、それでも存在する。

▼香港民主化デモ（二〇一九～二〇二〇年）——ＮＢＡのケース

一九八四年に、一〇〇年以上にわたってイギリスの植民地だった香港は、一九九七年に中国に返還される準備が始まった。「一国二制度」が条約の合意条件だった。香港は二〇四七年に完全に中国の一部となるまでの五〇年間、ある程度の自治と民主主義を維持することになっていた。一九九七年の取り決めには緊張と抵抗があったが、二〇一九年三月に始まったデモは、反体制派を身柄引き渡しの対象とする新法に異議を唱えた民主化勢力の大規模な抗議行動ほど深刻ではなかった。六月までに二〇〇万人もの人びとが街頭に繰り出した。北京と香港のキャリー・ラム行政長官のような盟友はいくつかの妥協をおこなったが、全体的にはさらに抑圧的になった。民主化への支持を表明した企業や団体にはキュー制裁が科され、そのなかには全米バスケットボール協会（ＮＢＡ）があった。

なぜ中国はＮＢＡに制裁を科したのか？

「自由のために戦う、香港とともに立ち上がる」と、ヒューストン・ロケッツのゼネラルマネージャー、ダリル・モーリーが二〇一九年一〇月四日にツイートした。ほかのデモ賛成派のツイートのなかで、これはとくに挑発的なものではなかった。しかし、ＮＢＡ史上最大の中国人スターであり（選手としての実績も、身長が七フィート六インチであることも）、現在は中国バスケットボール協会（ＣＢＡ）のトップであるヤオ・ミンがかつて所属していたチームのゼネラルマネージャーがつぶやいたのだから、神経を逆撫でした。六億四〇〇〇万人の中国人がＮＢＡの試合を観戦し、中国とＮＢＡのビジネス取引は数十億ドルに達していたため、北京はチャンスと考えた。

どのような制裁が科されたのか？

最初の措置はヒューストン・ロケッツを標的にしたものだった。ヤオ・ミンの所属するＣＢＡはロケッツとのすべての協力を停止した。中国中央電視台（CCTV）と中国のインターネット企業テンセントは、ロケッツの試合のすべての放送とライブストリーミングを停止した。商品サイトのタオバオからはロケッツ・グッズが削除された。靴小売業の李寧（リーニン）や上海発展銀行カードセンターなどの中国企業はスポンサーを降り、ロケッツは約二五〇〇万ドルの損害を被った。その後、NBA全体が打撃を受けた。CCTVは「NBAに関わるすべての協力と交流をただちに調査する」と発表した。NBAの中国公式スポンサー一一社すべてがリーグとの関係を停止した。選手のスポンサー契約はキャンセルされ、予定されていたメディアやファンのイベントも中止された。公式情報筋は、メディアによる大炎上を煽った。

大金が絡んでいた。NBAチャイナの価値は二倍になり、この一〇年間で四〇億ドルに達し、すべてのNBAチームのフランチャイズに一億三〇〇〇万ドル以上の利益をもたらした。NBAとテンセントのパートナーシップは二〇一九年七月に一五億ドルで更新されたばかりだった。先の二〇一八年NBAファイナルにチャンネルを合わせた二一〇〇万人の中国人ファンは、一八〇〇万人のアメリカ人を上回った。全体として、中国市場はNBAの総収入の約一〇％に相当した。[48]

主要アクターは誰だったのか？
発動者：中国
標　的：NBA、多くの国際企業も[49]
第三者：中国はNBAの収益市場ではない。

制裁はどうなったのか？

モーリーのツイートの直後、ＮＢＡコミッショナーのアダム・シルヴァーは、モーリーとは距離を置くとみられるような声明を発表した。

ヒューストン・ロケッツのゼネラルマネージャーであるダリル・モーリーが表明した見解が、中国の友人やファンの多くを深く憤慨させたことは遺憾であると認識している。ダリルは、彼のツイートがロケッツやＮＢＡを代表するものではないことを明らかにしているが、リーグの価値観は、個人が自分自身を教育し、自分にとって重要な事柄について意見を共有することを支持する。私たちは中国の歴史と文化に大きな敬意を抱いており、スポーツとＮＢＡが文化的な隔たりを埋め、人びとをひとつにまとめる力として活用されることを願っている。[50]

ロケッツのオーナーであるティルマン・フェルティッタは、モーリーはロケッツの「代弁者ではない」、そしてわがチームは「政治的組織ではない」とツイートした。モーリーはツイートを削除し、次のように謝罪した。「私はツイートで、中国のロケッツ・ファンや友人に不快感を与える意図はなかった。私はただ、ある複雑な出来事について、ある解釈にもとづいたひとつの考えを述べたにすぎない。あのツイート以来、ほかの見方を聞いたり考えたりする機会がたくさんあった」[51]。ロケッツのスター選手、ジェームズ・ハーデンも「申し訳なかった。僕らが中国を愛していることはご存じでしょう。あそこでプレーするのが大好きだ。……彼らは私たちにもっとも大切な愛を見せてくれた」とし、ＮＢＡでもっとも著名な選手であるレブロン・ジェームズは、モーリーを「誤った情報を持っているか、状況を正しく理解していない」と批判した[52]。台湾生まれのニュージャージー・ネッツのオーナーであり、中国のインターネット大手アリババの共同設立者であるジョー・ツァイは、モーリーのツイートを「有害」だとフェイスブックに投稿し、香港の抗議活動を「第三の軌条の問題」のために戦う「分離主義運動」だと非難した[53]。

アメリカに戻ると、NBAコミッショナーのシルヴァーは民主党と共和党の両方から叩かれた。このような人権問題は利益よりも優先されるべきであると、当時の民主党の大統領予備選候補ジュリアン・カストロとベト・オルークは宣言した。NBAは「共産主義者を喜ばせるために、@ヒューストン・ロケッツのGMをバスに放り込んでいる。中国政府にはうんざりだ」と、マルコ・ルビオ上院議員（フロリダ州選出）はツイートした。民主社会主義者のアレクサンドリア・オカシオ＝コルテス下院議員（ニューヨーク州選出）と超保守主義者の共和党上院議員テッド・クルーズ（テキサス州選出）は、共同書簡を発表した。「われわれは、リーグに関係する個人が、アメリカおよびリーグの掲げる価値観に反する自己検閲をおこなっている可能性があることを深く懸念している」と。保守派のコラムニスト、ミーガン・マッカードルは、彼らを「棘のない弱虫」と呼んだ[54]。

シルヴァーは二つ目の声明を発表し、アメリカの批判に応えたが、完全に譲歩したわけではなかった。「過去三〇年間、NBAは中国の人びとに大きな親近感を抱いてきた」としながらも、これは「われわれのビジネスの成長」のためではない。「選手、従業員、チームオーナーがこれらの問題について発言すること、しないことを規制する」意図はなかった。両国は「政治体制が異なり……さまざまな問題に対して異なる視点を持っている。その違いを裁くのはNBAの役割ではない」。その指針となる信念は、スポーツを「お互いの違いよりも、人間として共通するものに焦点をあてる団結力[55]」と述べた。中国はバランスをとる必要性を感じていなかった。CCTVは公式声明を出した。「私たちは、アダム・シルヴァーが表現の自由の権利を言い訳にしていることに強い不満と反対を表明する。私たちは、国家主権と社会の安定に挑戦するいかなる発言も、表現の自由の範囲に含まれないと信じている」と。コミッショナーのシルヴァーは、CCTVの行動を「不幸にも」とし、さらにこう反論した。「われわれの価値観に忠実であることの結果ならば、われわれはその価値観に忠実であることが決定的に重要だと感じている[56]」。

両国は関係修復に努めた。二〇二〇年一月のある日、ヘリコプター墜落事故により、中国でもっとも人気のあるNBAスターのひとり、コービー・ブライアントが悲劇的な死を遂げたとき、駐米中国大使はツイッター〔現X〕に彼への賛辞を投稿した。二月に、NBAは中国のCOVID–19パンデミック対策に一四〇万ドルを寄付した。テンセントはロケッツ以外のチームの試合もストリーミングしはじめた。しかし、モーリーのツイートから一年と五日後の二〇二〇年一〇月九日まで、CCTVはNBAの試合を配信しなかった。この試合はNBAファイナルの第五戦であり、最終戦に次ぐものであった。CCTVのスポークスマンは、NBAが中国の国慶節と中秋節に「祝日の祝福」を伝え、「NBAは以前から継続的に善意を表明してきた。とくに今年に入ってからは、NBAは新型コロナウイルスの流行と闘う中国国民を支援するために積極的に努力してきた[57]」と言及した。

しかし、その善意もここまでだった。テンセントは、ダリル・モーリーがもはや所属していないヒューストン・ロケッツの試合はインターネットで配信したが、モーリーが現在最高経営責任者であるフィラデルフィア・セブンティシクサーズの試合は配信しなかった。[58] CCTVは二〇二一年三月のオールスターゲームと残りのシーズン、プレーオフの報道管制を一時的に解除した。しかし二〇二一年一〇月に、トルコ系アメリカ人で現在ボストン・セルティックスに所属し、新たにエネス・フリーダムと名乗るようになったNBAのベテラン選手、エネス・カンターが「チベット解放」と書かれたシューズを履いていたため、セルティックスの試合は放映されず、中国のソーシャルメディアは彼に反撃を仕掛けた。CCTVがNBAの全試合の放送を再開したのは、二〇二二年三月のことだった。

ケース評価

NBAの最初の反応は、少し混乱していた。コミッショナーのシルヴァーは後に、当初は「外交官であろうとしすぎた」かもしれないと嘆いた。選手やオーナーの反応は、シルヴァーは中国を批判しすぎたというものが多く、政治家はリベラル派、保守派を問わず、批判が足りなかったというものだった。失った収入は二億ドル以上と言われている。[59] このようなことから、NBAはミッドコート〔中立ライン〕を見つけるのが難しくなった。しかし、最終的にはそうなった。カンターの立場を支持したのだ。そして二〇二二年一月に、ゴールデンステート・ウォリアーズの共同経営者であるチャマス・パリハピティヤが、「ウイグル人に何が起こっているかなんて、誰も気にしちゃいないよ、だろう?」とウイグル人に対する懸念を否定したとき、チームのオーナー、コーチ、選手はみな、すみやかに反論を発表した。[60] 全体として、中国はある程度の譲歩を得たが、それは中国が望んだものより限定的であり、その代償としてより多くの風評被害を受けることになった。

要約――中国の制裁はどれほど成功してきたのか？

中国は相変わらず、あることを言っては別のことをする。「中国政府のある高官は」、二〇二二年のウクライナ侵攻に対するアメリカ主導の対ロシア制裁を批判するなかで、「中国政府の立場は、制裁は問題を解決するための根本的かつ効果的な手段では決してなく、中国は違法で一方的な制裁には常に反対である[61]」と述べた。しかし、自国の一方的な制裁は次から次へと科してきた。本章で取り上げたケースは決して唯一のものではない。先に引用したオーストラリアのシンクタンクの調査では、二〇一〇年から二〇二〇年の間に一九のケースが確認されており、その半数は二〇一八年以降に科されたものである[62]。それ以降も多くのケースがあり、たとえば二〇二一年一二月には、リトアニアに対して、台湾が首都ビリニュスに貿易促進事務所を開設することを許可し、同事務所に台北という省名を使用することを求めなかったとして制裁を科した[63]。

中国による他国の国政の変更を強制するための制裁の利用は、国内の政治的変化を狙った制裁に比べてほとんど成功していない。中国の制裁は台湾に経済的コストを課したが、二〇一六年に独立派が総統選で勝利し、四年後に再選された。蔡英文総統が独立を強く推し進めなかったのは、中国の軍事行動の脅威やアメリカによる制約よりも、制裁の影響によるところが大きい。オーストラリアも、自国の政治体制の健全性のために正当化される国内政策からさほど揺らいでおらず、代替貿易相手国が制裁の経済的影響の多くを相殺した。

外交政策の転換を求める中国の制裁は一定の成果を上げたが、わずかな成功にとどまった。フランスは親チベットの姿勢を和らげたが、それを覆すことはしなかった。ノルウェーは二〇一〇年の劉暁波のノーベル平和賞受賞を支持したが、二〇一四年のダライ・ラマの訪問は下級の公式会合にとどめ、北京との共同外交声明という妥協点を見いだした。韓国は、これ以上主要なミサイル防衛システムを配備しないと約束したが、THAAD配備は堅持した。より広範な二次的抑止とシグナリングの目的もまちまちである。つまり、一方ではダライ・ラマとの会談に意欲的な各国首脳を抑止し、他方、オーストラリアのケースでは対中地域安全保障協力の強化に寄与する。オードリー・ウォンはこの違いを、「短期的な取引目的」としては一定の成功を収めているが、「長期的な戦略的影響力」としてはそれほどでもないと指摘している[64]。また、コラムニストのファリード・ザカリアがより鮮やかに言うように、制裁措置の乱用は中国にとって「自らの目的のひとつであり、北京が長いあいだ阻止しようとしてきた政策を各国が採用するよう誘導している[65]」。

その独裁的な政治統制が厳しいのと同様に、中国は制裁の行使に独自の国内的制約を持っている。ウイグルのケースにおけるH&Mのボイコットは、六〇〇社を超える中国の工場サプライヤーにも打撃を与え、ナショナリストの怒りが爆発するなかで、この問題に対する内部の批判的な注目も集まった。ノルウェー、韓国、オーストラリアのケースはいずれも、中国経済の必要性にもとづく制裁の〔適用〕範囲には限界があった。

国際的な企業や組織を標的にしたキュー制裁はかなりの成功を収めてきた。デカップリングやオンシヨアリングの話はともかく、一五億人近い消費者は無視できない市場だ。二〇〇九年当時、中国の小売市場規模は一兆八〇〇〇億ドルとアメリカの半分以下だったが、一〇年後にはその六〇億ドルの価値がアメリカの五兆五〇〇〇億ドルを上回っている。世界売上の約二〇%を中国に置くアップルや、二〇三五年までにすべての電気自動車を中国で販売するという野心的な目的を掲げるゼネラル・モーターズを例にとると、中国での販売台数はアメリカでの販売台数と同じくらいになると予想されている。スウェーデンの小売業H&Mとアメリカの半導体メーカー、インテルがウイグル問題で譲歩したこと、つまり謝罪したことは、ほとんど例外ではない。相互依存を武器化する中国の能力は相当なものだ。

　中国の産業と技術がバリューチェーンを向上させ、「一帯一路」構想がより多くの国々に投資と援助を拡大するにつれて、輸出禁止と対外援助は、今後、より積極的に使われるようになるかもしれない。アメリカやヨーロッパは、これら〔輸出禁止措置と対外援助〕が中国にさらなる影響力を与え、外交問題評議会の調査にあるように「中国の台頭するパワーの拡大」をもたらすのではないかと大きな懸念を持っている[66]。しかし、中国はすでに、アメリカやその他の禁輸国、援助供与国と同様の制約に直面している兆候がある。たとえば、エイドデータ（AidData）研究所が一四一カ国を対象におこなった調査では、中国が援助提供国として大きな役割を果たしていることは広く認められているが、「開発パートナー」としては否定的な見方が広がっている[67]。

第7章　ソ連／ロシア——エネルギー・パイプラインとその他の制裁

第5章では、ソ連／ロシアを対象としたアメリカによる制裁を取り上げた。ここでは、発動国としてのロシアに関連する次の三つの問いを提起する。

・ソ連／ロシアは制裁でどれほど成功してきたのか？
・西ヨーロッパへのソ連／ロシアのエネルギー・パイプラインの主な問題点とは？
・要約——ソ連／ロシアは制裁発動国としてどのように対処してきたのか？

ソ連／ロシアは制裁でどれほど成功してきたのか？

ハフバウアー、ショット、エリオットによる調査（二〇〇〇年までのデータ）では、ソ連とロシアによる制裁は、彼らのデータセットのわずか五・九％にあたる一二ケースしか確認されていない。これは、第5章のアメリカの合計一四〇ケース（六八・六％）、第6章の中国の合計一九ケース（二〇一〇年から二〇二〇年の間だけ）、第8章のEUの合計四八ケース（一九九四〜二〇一九年）と比較している。

本章では三つのケースを検証する。すなわち、冷戦時代のケースとして一九四八〜一九五五年のソ連のユーゴスラビアに対する制裁、旧ソ連邦だった新興独立国に対する一九九〇年代のロシアの制裁、そしてアメリカとEU、その他の西側諸国に対する二〇一四年と二〇二二年のウクライナ危機における対抗制裁である。

ソ連の対ユーゴスラビア制裁（一九四八〜一九五五年）

ユーゴスラビアは、第二次世界大戦後に共産主義化した東ヨーロッパ諸国のひとつである。長く共産党員であり、ナチス・ドイツに対する抵抗闘争の指導者だったヨシップ・ブロズ・チトーが大統領に就任した。熱烈なナショナリストだったチトーは、ソ連による支配に反発していた。ソ連の指導者ヨシフ・スターリンは、ほかの東ヨーロッパ諸国に対してと同様にユーゴスラビアに対する支配を確立しようとしていた。

なぜソ連はユーゴスラビアに制裁を加えたのか?

ある学者が言うように、チトーは「ソ連に従順な衛星になる」ことを拒否した。[1] ソ連が期待していたのは、自国の貿易における優位な立場、すなわち、ユーゴスラビアの輸入のほぼ九五%がソ連からで、輸出の五六%がソ連または東ヨーロッパに対するものであることを考えれば、チトーはその地位を崩壊させるか、従わざるをえなくなるだろうと予想していた。

どのような制裁が科されたのか?

スターリンの最初の制裁は部分的なもので、一九四七年一二月に新しい二国間貿易協定の交渉を引き延ばし、その三カ月後にはソ連の技術顧問たちを呼び戻した。新たな貿易協定は結ばれたが、以前の貿易水準の一五%以下であった。タス通信が言うように、「ユーゴスラビア政府のソ連に対する敵対政策」が理由だった。[2] この水準の貿易は長くは続かず、一九四九年にはソ連圏全体による包括的な制裁に移行した。

主要アクターは誰だったのか?

発動者:ソ連

標　的:ユーゴスラビア

第三者：アメリカ、イギリス、その他の西側諸国

制裁はどうなったのか？

制裁は大きな打撃を与えた。ユーゴスラビアの輸出は三三％、輸入は二六％、国民総所得は一一％減少した。失業率は制裁前より二九％上昇した。ソ連圏の軍隊がユーゴスラビア国境沿いに集結した。東ヨーロッパからのラジオ放送はチトー打倒を呼びかけた[3]。

しかし、政治的な影響は、それに続くものではなかった。チトーは、「指導者のほとんどがモスクワの被造物であった共産党には珍しく、親しい仲間から偶像視」されていた。ユーゴスラビア国民は、経済的苦境に加え軍事的脅威があったとしても、「独立のためなら『耐える』ことも厭わなかった[4]」。一つの国家に集約された集団のあいだに民族的緊張があったにせよ、ソ連に支配されることへの抵抗は共通していた。

当初、西側諸国はチトーの窮状をほとんど受け入れなかった。チトーはイタリアとの領土紛争に巻き込まれ、ギリシャの共産主義反乱軍を支援し、アメリカやヨーロッパの財産を国有化していた。しかし、ベルリン封鎖、チェコスロバキアの共産主義者によるクーデタ、朝鮮戦争といった同時多発的な出来事が冷戦を激化させ、チトーの代替貿易相手国になることによる戦略的利益がますます明白になっていった。一九四八年一二月に、イギリスは一億二〇〇〇万ドルの貿易協定に調印した。翌年初め、アメリカは出港規制を自由化し、同年末には二〇〇〇万ドルの経済援助を提供した。一九五〇年一一月には、議会はユーゴスラビア緊急救済法を承認し、さらに五〇〇〇万ドルの援助を提供した。一九五二年には、

アメリカとイギリスは五億ドルの融資とさらに多くの融資を提供した。一九五四年までにＮＡＴＯ諸国はユーゴスラビアの輸入の七九％、輸出の七一％を占めるようになった。一九四八年当時は、それぞれ三九％、三〇％だった。

ケース評価

西側の代替貿易は経済的コストを完全に相殺するものではなかったが、ユーゴスラビアの脆弱性を十分に低下させ、不服従を実行可能なものにした。一九五三年三月にスターリンが死去したことである程度の和解の道が開けると、ユーゴスラビアの貿易関係者は、ソ連と東ヨーロッパの市場が、「西ヨーロッパの市場に常に置くことができない多くのユーゴスラビア製品を吸収するほとんど無限の可能性」を歓迎した。[5] 一九五六年六月に、ソ連の新指導者ニキータ・フルシチョフはチトーをモスクワに迎え、「ソ連全人民があなたを歓迎する」[6] と宣言した。とりわけフルシチョフは、ユーゴスラビアの債務九〇〇〇万ドルを帳消しにすることに同意した。政治的関係がふたたび悪化すると、フルシチョフは再度、経済的圧力をかけようとした。しかし、西側、そして、以前より多くの東ヨーロッパ諸国がふたたびソ連の代替貿易国になった。ソ連の制裁は明らかに失敗した。[7]

ロシアと独立国家共同体（一九九〇年代）

ソビエト社会主義共和国連邦（ＵＳＳＲ）は、一九九〇年代初頭に旧ソビエト共和国が独立したことで崩壊した[8]。影響力を維持するために、ロシアはこれらの旧共和国や、現在は独立した国の多くを加盟国とする独立国家共同体（ＣＩＳ）を創設した。「ＣＩＳ加盟国とのロシア連邦の戦略的方向性の確立」に関する政令のなかで述べられているように、ロシア政府は「ロシアの利益に対する損害の不寛容の原則を堅持していた」[9]。経済制裁は、モスクワが自国の利益を損なうと判断した政策に対して圧力をかけるための手段のひとつである。カザフスタン、トルクメニスタン、ラトビア、ウクライナの四カ国に対する制裁がそれである。

なぜロシアはこれらの国に制裁を科したのか？

ロシアのカザフスタンへの制裁は、ソ連の核兵器の一部だったカザフスタンの核兵器をロシアに返還すること、一部の軍事・宇宙開発基地へのロシアのアクセスを維持すること、カザフスタンの大規模な石油・ガス埋蔵量の合弁事業にロシアが出資すること、エネルギーやその他の戦略的鉱物鉱床に対する西側の支配を認めないことに合意すること、カザフスタン北部のロシア系民族の自治権、という五つの問題をめぐっておこなわれた。

トルクメニスタンとのあいだでも、ロシア系少数民族の保護、軍事基地へのアクセス、石油・ガス埋蔵量に関するロシアの権利という三つの問題が生じた。

ロシア系少数民族の問題は、人口の約三五％を占めるラトビアにとくに重くのしかかっていた。ラトビアは同じバルト三国のリトアニア、エストニアとともにＣＩＳへの加盟を拒否していた。ラトビアには、ロシアの防衛早期警戒システムの要となる早期警戒レーダー施設が残っていた。ここでのエネルギー問題は、パイプラインと港湾施設へのアクセスだった。
ウクライナはまた、ロシアに移設するか解体すべきソ連軍の核兵器器を持っていた。黒海艦隊の支配とセバストポリ港へのアクセスは、別の重要な軍事問題だった。エネルギー産業とウクライナを経由して西ヨーロッパに至るパイプラインの支配、資産と債務の問題は、主な経済問題だった。これらはすべて、歴史と文化において、ウクライナが「ロシアの意識のなかで特別な位置づけ」にある問題だった[10]。

どのような制裁が科されたのか?
ケースによって同じ制裁もあれば、異なる制裁もあった。
カザフスタン　石油パイプラインの通過料と割当、カザフ天然ガスの購入削減、石炭やその他のカザフ製品の支払い保留、紛争中の基地からの軍事・宇宙専門家の退去。
トルクメニスタン　食糧供給、エネルギー産業設備、二国間貿易全体の削減。
ラトビア　石油供給の削減、天然ガス購入補助金の削減とハードカレンシーの支払いを要求、ロシアへの農産物輸出は最高関税の対象。
ウクライナ　ガス価格から補助金を取り上げて世界価格水準まで上昇させること、原子力発電所の燃料の禁輸、主要製油所への石油供給の停止、電力供給の削減、ウクライナのロシアへの輸出に対する関税の引き上げやその他の課税など、数々のエネルギー制裁がある。

主要アクターは誰だったのか？
発動者：ロシア
標　的：カザフスタン、トルクメニスタン、ラトビア、ウクライナ、その他の旧ソ連諸国に対する第三者抑止のメッセージ
第三者：アメリカ、ＩＭＦ、ウクライナのケースでも

制裁はどうなったのか？

トルクメニスタンはもっとも譲歩した。トルクメニスタンはロシアへの貿易依存度がもっとも低かった（貿易総額の一七％）が、経済力はもっとも弱かった。食糧供給削減のような制裁は、敏感で脆弱な人びとを直撃した。「肉もない、小麦粉もない、牛乳も長いあいだない」と外相は認めた[11]。ＣＩＳ条約に最初に調印した国として、ロシアとの全般的な良好関係を継続したかった。一九九二年夏に、トルクメン軍の一部をロシアの指揮下に置き、防空部隊をロシアの管理下に置く防衛協定に調印した。一九九三年末には、ロシア系民族に二重国籍を認めた。一九九五年に、ロシアの支配下でエネルギー共同事業を設立した。一九九六年にはロシアと戦略的パートナーシップ協定を結んだ。サパルムラト・ヤゾフ大統領は、両国には「紛争やあいまいな問題はひとつもない」と一九九六年に宣言した[12]。

カザフスタンもロシアとの全般的な良好関係を望んでいた。カザフスタンは、ソビエト連邦のなかで最後に独立を宣言した共和国だった。カザフスタンはかなりの譲歩をおこなったが、モスクワにとってカザフスタンが価値ある存在であることを考えれば、ロシア側からもある程度の妥協を得た。ロシアは、

新たに三つの核保有国（ベラルーシ、カザフスタン、ウクライナ）を持つよりも、旧ソ連の核兵器をすべてロシアに集約するほうが軍備管理・核不拡散につながるとして、アメリカの支持を得ていた。カザフスタンは、ラトビアやウクライナに比べてロシアとの歴史的な緊張関係が薄く、軍事基地に関する譲歩に脅威を感じていなかった。ロシアは貿易総額の六三%を占めており、ほかの国よりも貿易額が大きかった。しかし、欧米企業とのエネルギー・鉱物資源取引で過度な行動をとることを禁じられるなか、ヌルスルタン・ナザルバエフ大統領は、ロシアに妥協してもらい、まだ取引の余地のある西側企業との交渉力を強化するために、商業トライアングルをうまく利用した。ナザルバエフ大統領は、ロシア系少数民族の権利について行き過ぎると国内の反発を招く恐れがあったため、地方自治や二重国籍ではないものの、いくつかの権利を拡大した。また、カザフ語を国家の公用語とした。

ラトビアは一九九〇年五月の宣言を依存関係の「回復」と装っているが、これは一九四〇年のスターリンによる強制移住を引き合いに出したものである。ロシア系民族の割合が高いのは、民族バランスを変えようとする数十年にわたるソ連の意図的な政策を反映している。ラトビア議会は、市民権を一九四〇年の併合以前に居住していた個人と家族に制限する法律を可決した。ロシアのエリツィン大統領は、ラトビアに住むロシア人が旧ソビエト諸国のなかでもっとも虐げられていると指摘し、「過激なナショナリズムだ」と異議を唱えた(13)。しかし、石油の供給が途絶えると、ラトビアはパイプラインを掌握して完全に停止させ、ロシアは七〇〇〇万ドルの未履行契約を抱えることになった。ラトビアは、七万人のロシア軍将校とその家族に居住許可を与えることには同意したが、完全な市民権は与えなかった。軍事基地問題も妥協の結果、ロシアは一定のアクセス権を得たが、同時にすべての常駐部隊を撤退させるという約束を果たさなければならなくなった。エネルギー問題では、ガスプロムは最終的に権益を得たが、三分の一程度にとどまった。

ウクライナはロシアへの債務が大きく、エネルギー依存度（原油輸入の八九％、天然ガス輸入の五六％を占める）が高いため、二国間の経済的な立場は脆弱に思われた。ロシアの制裁でかなりの打撃を受け、そのコストは一五億ドル以上に見積もられた。しかし、一九一八年の独立喪失、一九三〇年代のスターリンによる強制集団化のもとでの飢饉、一九八六年のチェルノブイリ原発事故など、ウクライナのロシアに対する不信感は、ウクライナに対するロシアの怒りの裏返しだった。アメリカはロシアに、ウクライナの独立と領土保全の尊重を約束させ、キエフに核兵器廃絶に同意させるために、原子炉燃料への一〇億ドルの補助金をロシアから出させた。ロシアは黒海艦隊とセバストポリ港の共有に――少しだが――合意した。エネルギー問題では、ウクライナを経由するパイプラインから西ヨーロッパ向けのガスを吸い上げ、供給量の一〇％分を削減して、契約上、西ヨーロッパの顧客に約五〇〇〇万ドルの罰金を支払うことで、ロシアの天然ガス削減を相殺するという対抗策をとった。債務問題に関しては、ＩＭＦがロシア自身の支援策とウクライナの債務を再スケジュールするロシアの意思を結びつけたことが助けになった。ロシアの制裁は全体として「ほとんど実を結ばなかった[14]」。

ケース評価

経済的な依存度だけを考えれば、ウクライナがもっとも譲歩すべきであり、トルクメニスタンはもっとも譲歩すべきでなかった。ダニエル・ドレズナーは、この食い違いを「対立への期待」の違いによるものと説明し、発動国との対立の歴史を持つ標的国は、将来の関係において発動国をさらに煽るような弱点を見せることを恐れ、制裁遵守に抵抗する政治的意志をより強く持つと論じている。ウクライナとラトビアはロシアとの紛争を予期していたため、制裁に応じなかったが、トルクメニスタンとカザフスタンはそれに匹敵するような不安を抱えていなかったため、制裁に応じた。このパターンは、西側の同盟国に対するアメリカの制裁が敵対国に対するものよりも成功したという研究（たとえば、第4章、一九五六年のスエズ危機の事例研究）と類似している。

ロシア－ウクライナ危機の際のアメリカ、EU、その他の西側諸国への対抗制裁（二〇一四年と二〇二二年）

第5章の事例研究は、二〇一四年の最初のウクライナ介入とクリミア併合、そして二〇二二年の侵攻をめぐるアメリカの対ロシア制裁だった。第8章では、ウクライナをめぐる欧州連合（EU）の制裁について若干触れている。ここでの焦点は、ロシアの二〇一四年と二〇二二年のアメリカ、EU、その他の西側諸国に対する対抗制裁である。

なぜロシアは西側諸国に制裁を科したのか？

「アメリカ合衆国および／またはその他の外国による友好的でない行動に対する報復措置（対抗措置）について」。これは二〇一八年六月にロシア下院で可決された法律のタイトルである。プーチンは、西側諸国が最初に制裁を科した二〇一四年三月にすでにいくつかの制裁を科していた。民主主義国家ほどではないにせよ、プーチンの権力を拡大し、さらなる措置を講じるうえで、この法律による後押しは重要だった。二〇二二年の対抗制裁はさらに迅速に発動された。

どのような制裁が科されたのか？

二〇一四年のアメリカによる最初の制裁措置には、副首相や連邦評議会議長を含む一一人のロシア高官に対するビザ発給の禁止が含まれていた。プーチンはこれに報復し、ジョン・ベイナー下院議長、ハリー・リード上院院内総務、ジョン・マケイン上院議員を含む米国高官のビザ発給を停止した。二〇一五年には、ＥＵがロシア政府関係者の入国を禁止したことに対する報復として、ロシアはＥＵの政治家やその他の関係者八九人の入国を禁止した。

主な貿易制裁は、アメリカ、ＥＵ、その他の西側諸国からの食糧輸入に対するものだった。ＥＵはロシアの食品輸入全体の約四〇％を供給していた。アメリカは、ロシアの鶏肉輸入の四〇％を占めるなど一部の商品では高いものの、全体としては、食品市場シェアは低かった(15)。

二〇二二年の対抗措置は主に三種類あった。ふたつはロシアのエネルギー輸出に関するもので、ルーブルでの支払いを要求し、ルーブルでの支払いを拒否した国、当初はポーランドとブルガリアへの天然ガスの供給を削減した。もうひとつは、ロシアでの事業から撤退したり縮小したりした国際企業の財産や資産を没収するという脅しだった。

主要アクターは誰だったのか？

発動者：ロシア
標　的：アメリカ、EU、その他の西側諸国
第三者：双方による代替貿易相手の転換

制裁はどうなったのか？

対抗制裁は、自給率向上を求める二〇一〇年の食糧安全保障ドクトリンを実際に強化したものだった[16]。政府の補助金とともに、輸入代替を促進した。食糧輸入が二〇一三年の三五％から二〇一八年にはわずか二〇％に減少し、穀物、鶏肉、豚肉、チーズ、その他の農産物の国内生産が増加した。ブラジル（牛肉、豚肉）、チリ（魚）、ベラルーシ（豚肉、魚）、中国（豚肉、魚）の代替国との貿易は、残りの輸入需要を満たすのに役立った。しかし、価格は上昇し、たとえばチーズは二三％、牛乳は三六％、植物油は六五％上昇し、ロシアの消費者を直撃した。ある調査によると、その悪影響は一人あたり年間四四〇〇ルーブルにのぼると試算された[17]。

EUからロシアへの食品輸出は約一五〇億ドル、アメリカからの輸出は約一二億ドルにすぎなかったことを考えると、EUはより脆弱な立場に置かれる可能性があった。しかし、EUのこれらの商品の輸出は、実際には代替市場に振り向けられ、全体としては増加した[18]。

二〇二二年に、ロシアの天然ガスを輸入するヨーロッパの企業は、ルーブルの支払い義務と、EUの金融規制に違反するとの警告の板挟みになった。当初の報道では、ルーブルを支払う企業もあれば、支払わない企業もあった。企業もまた、収用に対抗する準備をしていた。

ケース評価

西側による制裁はロシア経済に五〇〇億ドルしか科さず、EUは二四〇〇億ドルの損失を被ったというプーチンの主張は、正確というよりも身勝手なものだった。[19] ロシアには〔制裁の影響を相殺する〕手段はあったが、コストは発生した。アメリカとEUもほぼ同じ経験をした。要するに、アメリカ主導の制裁がロシアの政策を変えなかったように、ロシアの対抗制裁もアメリカやヨーロッパの政策を変えなかったということだ。一方、制裁と対抗制裁の応酬は二〇二一年まで続いて拍車がかかり、二〇二二年のウクライナ戦争でさらに激化した。[20]

西ヨーロッパへのソ連／ロシアのエネルギー・パイプラインの主な問題点とは？

西ヨーロッパへのソ連／ロシアの石油・ガス・パイプラインは、エネルギー依存がモスクワに脅しや制裁のための影響力を与えるかどうかという問題を繰り返し提起してきた。三つのケースからみてみよう。すなわち、一九六〇年代前半のフレンドシップ石油パイプライン、一九八〇年代前半の西シベリア天然ガス・パイプライン、そして最近のノルドストリーム2ガス・パイプラインである。[21] これらのケースすべてにおいて、アメリカは、ソビエト／ロシアが独自の経済的な強権を獲得するのを阻止するために、欧州諸国やパイプライン建設に関与する企業に対して制裁やその他の圧力をかけて、パイプラインを阻止しようとした。一九六〇年代と一九八〇年代のケースでは成功しなかったが、二〇二二年には成功した。

なぜソ連とロシアのパイプラインは論争を巻き起こしてきたのか？

豊富な石油とガスの埋蔵量に恵まれたソビエトは、一九六〇年代初頭までに西ヨーロッパへの石油輸出を約四〇〇%増加した。一九六二年の国務省のメモには、ソ連の「フレンドシップ石油パイプライン」がアメリカの利益を脅かす多くの理由が強調されていた。そのなかには、「ソ連の相対的な軍事力、戦略力、経済力を促進し、向上させ、……ソ連が西ヨーロッパで石油攻勢を強化することを可能にする」という理由も含まれていた[22]。ケネディ政権がとくに懸念していたのはイタリアで、ソ連の石油はすでに同国の石油輸入の二二%を占めていた。ディーン・ラスク国務長官は、この拡大を阻止することが米伊関係の第一の課題であると考えた。西ドイツもソ連の石油を大量に輸入していたが、パイプライン建設に必要な特殊な広口径鋼管（ソ連の広口径鋼管輸入の六八%、一九五八〜一九六二年）の主要供給国としての役割は、さらに大きな懸念材料だった。冷戦の緊張が高まるなか（一九六一年のベルリン危機、一九六二年のキューバ・ミサイル危機）、包括的な封じ込め戦略は、ソビエトにアメリカの主要同盟国に対して影響力を与える可能性のある経済的依存関係によって損なわれる危険性を孕んでいた。

一九八〇年代初頭の冷戦の緊張は、一九六二年のキューバ・ミサイル危機以来、かつてないほど高まっていた。一九八〇年一一月の大統領選でロナルド・レーガンが勝利したのは、ソ連に対するより厳しい政策が重要な要因となった。レーガンは、一九七〇年代のデタントは失敗であり、貿易を含む協力の努力は無駄であることを証明するものだと考えた。「西側諸国は、ソ連が文明国のように振る舞うと決めるまで、ソ連を隔離すべきではないのか」と、レーガンは演説した。とくに懸念されたのはエネルギー貿易だった。一九七〇年代のＯＰＥＣ石油危機により、ヨーロッパはソ連の天然ガスへの依存を強めた。西ドイツの天然ガス輸入量は総消費量の七・五％から一八・二％へ、イタリアは一〇・三％から二四・八％へ、フランスは極少量から一三・九％へと増加した。新たに計画された西シベリア天然ガス・パイプライン（ＷＳＮＧＰ）は、一九九〇年までに輸入量を三〇％以上に増加させると予測されていた。このパイプラインは、一九三〇年代以来最悪の不況に陥っているヨーロッパの産業から、パイプやその他の部品、技術を調達して建設される予定だった。レーガンの高官は、その脅威について議会でこう証言した。

第一に、ソ連は多額のハードカレンシーの収入を得ることになり、わが国の利益に反する数々のソ連の開発に資金を提供することになる。……第二に、ソビエトが手にすることのできる収入は、ヨーロッパとの経済的結びつきを強めることにつながり、わが国の同盟国間でのモスクワの影響力を高めることは必至である。……第三に、われわれはソ連からの天然ガスの供給が途絶えることで、ヨーロッパは危険な脆弱性を抱えることになると考えている。[23]

西側諸国との貿易がなければ、「ソ連指導部は軍事産業優先か、厳格に統制された政治体制の維持かの二者択一を迫られる」といった、体制転換という要素もまた計算のひとつであった。「こうして西側諸国は、ソ連を全体主義的独裁国家として維持する手助けをしている」[24]。

ロシアから西ヨーロッパへのもうひとつの天然ガス・パイプラインとして、一一〇億ドルのノルドストリーム２の建設が二〇一八年に始まった。このパイプラインはバルト海の下（既存のノルドストリーム1と平行）を通り、ドイツの港に至り、そこから多くの欧州諸国に至る。二〇二二年のウクライナ侵攻以前から、ロシアのガスはEU全体のガス輸入の約四〇％、ドイツでは五五％を占めており、ノルドストリーム2はガス依存によるロシアの梃子入れという問題を提起していた。また、ウクライナは自国領土を通る現在のパイプラインから年間三〇億ドルの中継料を失い、ロシアのガス供給停止に対してより脆弱になるという懸念も提起された。戦争が始まるまで、ドイツをはじめとする一部の国々はノルドストリーム2への制裁に抵抗していた。ロシアが戦争を始めると、ドイツはノルドストリーム2の稼働を阻止することに同意した。

どのような制裁が科されたのか？

一九六三年、アメリカはNATOを説得して、ソ連の石油輸入を一〇％以内に抑えるよう加盟国に求める決議を可決させた。しかし、これは拘束力のない決議にすぎず、イタリアは反対票を投じた。フランスとイギリスはアメリカを支持し、ソ連の石油が自国の世界的石油会社と市場を奪い合うことを懸念した。アメリカは、ソ連が世界の石油市場でより大きなシェアを獲得することで利益が損なわれることになるアメリカの大手石油会社に、イタリアの国営エネルギー会社エンテ・ナツィオナーレ・イドロカルブリ（ENI）とのあいだで、石油の供給保証と割引を提供する契約を結んでもらい、代償的な経済誘導戦略にシフトした。西ドイツに対しては、西ドイツと西ベルリンがとくに依存していたアメリカの安全保障が重視された。

一九七九年一二月のソ連によるアフガニスタン侵攻と一九八一年一二月のポーランドにおける戒厳令

の発動により、欧米が合意した数々の制裁措置がおこなわれた。そのなかには、ロボット工学や電気通信など、商業的にも軍事的にも応用可能なデュアルユース技術も含まれていた。しかし同盟国は、天然ガスの輸入やWSNGPの建設・運営に必要な製品や技術に対する制裁には抵抗した。レーガン政権が一九八二年一月のNATO外相会議で発表できたのは、「同盟国は、より長期的な東西経済関係、とくにエネルギー関係について検討する」という声明だけだった。数カ月後のベルサイユ・サミットでの首脳対首脳の圧力も、「ソ連と東ヨーロッパに対して慎重かつ多角的な経済的アプローチを追求する」という合意以上のものは得られなかった。[25] レーガン政権は数週間のうちに、米国企業の子会社やアメリカからライセンス供与された技術や部品を使用している欧州企業に対する二次的制裁で対抗した。主な標的は、ソビエトが国内生産能力を持たないタービン駆動のコンプレッサーだった。違反した場合の罰則として、一〇万ドルの罰金、違反した企業幹部への懲役刑、対米貿易特権の喪失などで脅しをかけた。

ノルドストリーム2への制裁は、近年、議会で超党派の支持を得た数少ない問題のひとつである。米国企業はほとんど関与していないため、ノルドストリーム2の建設に関与したロシア企業や個人だけでなく、欧州企業も対象とした二次制裁がほとんどだった。トランプ政権がこの権限行使を甘くみていたとき、共和党の上院議員二人が独自の書簡で欧州企業を脅した。「今後三〇日以内にパイプラインを完成させようとするなら、株主の価値を壊滅させ、企業の将来の存続可能性を破壊するだろう」。その企業は撤退した。[26] トランプは退任直前、ロシアのパイプ敷設船フォルトゥナを所有する企業に制裁を科した。二〇二一年五月に、アントニー・ブリンケン国務長官は、ノルドストリーム2への「揺るぎない」反対を表明する一方で、欧州企業に対する制裁を免除する理由として、同盟国との良好な関係を維持することをあげた[27]。テッド・クルーズ上院議員（テキサス州選出）は、このパイプラインを「プーチン－バイデン」パイプラインと名づけ、ロシアやヨーロッパ、ノルドストリーム２とは無関係の人事も含め、上院の手続きを使ってバイデンの国務長官指名の人事を妨害しはじめた。

ＥＵ諸国は意見が分かれ、ノルドストリーム２に反対する国と支持する国に分かれ、ＥＵ議会は二〇二一年一月に建設中止を決議したが、ＥＵ委員会は支援を継続した。二〇二二年二月にウクライナ戦争が始まるまでに、ノルドストリームの建設はほぼ完了していた。戦争が始まると、少なくとも建設を遅らせるために制裁が科された。

主要アクターは誰だったのか？

その役割には二つの見方がある。実際に採用された制裁措置については、アメリカが発動国で、欧州諸国と企業が標的で、ソ連／ロシアは標的に従わないよう誘導しようとした第三者である。

しかし、このような制裁がおこなわれた理由は、エネルギー取引が、ソ連／ロシアを発動者、欧州諸国を標的とし、アメリカは欧州諸国をパイプラインから遠ざけるよう圧力をかけ、誘導する第三者として位置づけられるという懸念からだ。

制裁はどうなったのか？

フレンドシップ石油パイプラインのケースでは、イタリアは当初アメリカの圧力に反発していたが、イタリア国内の政治的な動きと経済的な補償誘導策が相まって、合意が促進された。イタリアのソ連産石油の輸入は、一九五七年以来毎年増加していたが、一九六四年には減少に転じた。一九六四年には、ソ連の石油市場シェアは一〇％にまで低下した。西ドイツとのあいだでは、経済的利害を相殺することは難しかった。西ドイツのパイプメーカーは、ソ連市場のさらなる成長を見込んで生産能力を増強し、近代化していた。ほかの西ドイツの輸出企業は、「東西貿易の要職」に魅せられていた[28]。しかし、当時のゲアハルト・シュレーダー外相（一九九八年から二〇〇五年にかけてのドイツ首相とは同姓同名だが別人で、後にロシアの天然ガス独占企業ガスプロムからも給与を受け取ることになる）は、次のように述べている。「私の心は完全雇用と生産能力のフル活用を考えて、完全に鉄鋼業界に向いている。……しかし、私は外交政策上の利益と経済上の利益のどちらかを選ばなければならない[29]」と。残りの鋼管契約はキャンセルされた。最大の請負業者であったマンネスマンは二五〇〇万ドル以上の損失を被った。ホエッシュは溶接能力を三分の二に削減しなければならなかった。フェニックス・ラインロールは工場全体を閉鎖せざるをえなかった。西ドイツからソ連への輸出は二五％減少し、一九六二年の水準にふたたび達するのは一九六八年になってからだった。しかし、西側政治と対米同盟は再確認された。

ＷＳＮＧＰパイプラインは同盟を分裂させた。フランスのクロード・シェソン外相は、「われわれはもはや同じ言語を話すことはない」ことを理由に、「進歩的な離婚」を口にした。西ドイツのヘルムート・シュミット首相は、「パイプラインは建設される」と憤慨した。保守党の英国首相マーガレット・サッチャーでさえ、「問題は、非常に強力な一国が、既存の契約の履行を妨げることができるかどうかだ」と主張した。欧州共同体（ＥＣ）は、自国の主権問題に対するこの「容認しがたい干渉」に正式に抗議した。「ソ連への影響がどうであれ、アメリカの措置が欧州共同体の利益に及ぼす影響は、……疑いなく深刻な損害である」[30]と。ドイツ、フランス、イタリア、イギリスの企業は、既存のパイプライン契約を履行しただけでなく、数十億ドル相当の新規契約を結んだ。一九八〇年代初頭の不況は、欧州企業が契約を見送ったり、ヨーロッパの政府がすでに一〇％近い失業率（イギリスでは一四％）に追い打ちをかけたりするのに、適した時期ではなかった。そのため欧州各国の政府は、レーガン政権が脅した厳しい処罰のリスクを冒すことを厭わなかった。ガス輸入の面では、二〇年前にイタリアがソ連の石油から離脱したように、西ヨーロッパ全体をソ連のガスから離脱させることを意図した経済補償措置は不十分だった。しかし、その効果が現れたのは市場の状況だった。世界石油価格の三二％下落（一九八〇〜一九八三年）によって、ガスは当初の計算よりも割高になった。経済成長率の後退もエネルギー消費を減速させた。このような市場の変化の効果は、西ヨーロッパのガス需要が八％減少したことであり、予測される成長率は年間二％以下だった。このため、ソ連産ガスの契約は下方修正されたが、それでもほかの供給源からのガスよりは減少幅が小さく、西ヨーロッパの供給国とのあいだで低価格の梃子が働くことになった。

ノルドストリーム２に関しては、ヨーロッパの意見が分かれた。それ以前の冷戦時代にソ連の支配下にあったバルト海沿岸諸国や東ヨーロッパ諸国は、このパイプラインの敷設に強く反対した。デンマークは環境問題を懸念した。フランスは、ロシアが反体制派のアレクセイ・ナヴァリヌイを投獄したことに対し、ノルドストリーム２への報復を提案した。ドイツは主要な推進派だったが、自国の政治では緑の党が環境問題や人権問題を理由に批判的だった。アメリカの二次制裁はこうした分裂を利用した。二〇一九年一二月に二人の共和党上院議員から出された書簡は、脅されていた企業を撤退させた。ロシアは圧力を感じていた。デンマークの環境問題への懸念に応えるため、ルーティング〔経路制御〕を変更した。関連するガス輸送契約では、ウクライナに三〇億ドルを支払うというスウェーデンの裁判所の判決を受け入れた。ノルドストリーム2は、遅延と追加コストをともないながらも建設された。しかし、ウクライナ戦争は、最終的な許認可と操業開始を滞らせた。

ケース評価

これら三つのケースはいずれも、エネルギー貿易におけるアメリカとヨーロッパの利害の相違を示すものだった。ヨーロッパには、アメリカのような石油・ガスの資源がない。ソ連／ロシアはそれらの埋蔵量を持っており、地理的にも近く、ヨーロッパのパイプライン関連の製造能力と先端技術を必要としている。また、三つのケースすべてにおいて、ヨーロッパは外交政策上の脆弱性をあまり懸念せず、ロシアとのエネルギー貿易に外交政策上の機会を見いだす傾向があることが示された。二〇二二年のロシアによるウクライナ侵攻によって、その状況は一変した。

経済的補償を提供し、同盟の指導者としての威信を引き出すアメリカの能力は、一九六〇年代初頭のフレンドシップ石油パイプラインのケースにおいて、ヨーロッパのコンプライアンスに必要な水準を提供した。ソ連の石油は流れ続けたが、その量は外交戦略上の懸念を生じさせない程度であった。国務省は、禁輸措置によって二七万八四〇〇トンのパイプが遮断されたと推定した。スウェーデンは中立の公式方針に従い、いくつかの代替パイプを提供したが、わずか六万一〇〇〇トンであった。ソビエトは新たに二つのパイプ工場を建設したが、生産目標を下回った。それでも、フレンドシップ石油パイプラインは最終的に完成した。また、ソ連との関係改善に対するヨーロッパの関心が高まるにつれ、ヨーロッパとソ連の貿易は、アメリカとソ連の貿易をはるかに上回るペースで成長した。国務省の報告書は、アメリカに「彼ら［同盟国］の政策に影響力を行使する力」を与えていた「『諸状況の組み合わせ』が、……現在では大きく変化し、この分野におけるアメリカの影響力が大幅に低下している」[31]ことを認めた。

一九八〇年代初頭には、エネルギー制裁に対するソ連の脆弱性があるように思われた。石油とガスの輸出は、一九七〇年のハードカレンシー収入の一八・三％から一九八〇年には六二・三％になった。世界的な石油価格の急落と生産量の低迷は、より広範な経済問題が機械・設備の輸入需要を増大させていたのと同時に、圧迫要因となっていた。しかし、アメリカと西ヨーロッパ諸国の利害は経済的にも戦略的にも乖離していた。西ヨーロッパの産業不況は、WSNGPの設備契約の価値をさらに高めていた。レーガン政権はカーター政権の穀物禁輸を解除しただけでなく、ソ連に穀物の追加輸入を申し出ていたのに、なぜそれを見送らなければならなかったのか。一九七〇年代のOPECによる石油禁輸と中東情勢の不安定化により、ペルシャ湾産石油への依存がヨーロッパのエネルギー安全保障上の主要な懸念事項となっていた。レーガンの全体的なタカ派姿勢に対する戦略的見解の相違もあった。同盟国がより軍事的な関連技術の制裁に同意したことは、彼らが「宥和主義者」ではなく、差異主義者であることを示した。一九八二年一一月の米欧合意は、「行動計画に関する実質的な合意」という外交的な体裁を整えたが、それは梃子入れというよりはアメリカの譲歩であり、同盟国間の制裁の応酬の末のことだった[32]。

ノルドストリーム2には、それ以前のパイプラインよりもヨーロッパが反対する、あるいは少なくとも警戒する理由があった。かつてモスクワに支配されていた中東欧諸国は現在、EU（数カ国はNAT

O（の加盟国でもある）の一部だった。プーチンの強まる抑圧は、ヨーロッパの人権活動家を失望させた。環境問題への懸念は、供給元が何であれ、天然ガスの消費拡大に反対する動きを後押しした。それでも、ウクライナ戦争が起こるまでは、ヨーロッパはノルドストリーム2に参加するほうが、阻止するよりも自国の利益になると考えていた。

しかし、ウクライナ戦争は、ロシアの天然ガスがEUのガス消費量の約四〇％、ドイツのガス消費量の約五五％に達したことで、エネルギー相互依存はエネルギー依存になった。たしかに、連邦予算の約半分とGDPの約三分の一がエネルギー輸出によるものであるロシアは、依然としてその収入を必要としていた。しかし、天然ガスのような戦略的資源については、ロシアのような国はもとより、どの国にも大きな市場占有率を認めることは脆弱性をもたらす[33]。ロシアの天然ガスを全面的に制裁することには消極的だったが、欧州諸国は、節約、燃料転換、代替供給元を利用して、ロシア産ガスへの依存を減らしはじめた。たとえばドイツは、戦後数カ月でロシア産ガスの比率を三五％まで引き下げた。これが実際にEUとロシアのエネルギー貿易関係の完全な断絶につながるのか、それとも、リバランスにつながるのかはまだわからない。

要約——ソ連／ロシアは制裁発動国としてどのように対処してきたのか？

ソ連／ロシアが制裁を用いることは、ほかの大国に比べてはるかに少ない。これは、石油や天然ガス以外のソ連／ロシアの非軍事物資や技術の世界的な魅力が限られていることを示している。

ユーゴスラビアの制裁ケースは、代替貿易相手国として、また地政学的な擁護者としての第三者の重要な役割を例証している。これは、アメリカ制裁におけるキューバへのソ連の役割や、第4章に戻ってアテネのメガラ布令による制裁におけるスパルタの役割と逆の力学だった。

一九九〇年代のCIS制裁は、ロシアが旧ソ連の一部の共和国に対して依然として強制的な影響力を保持していることを示したが、すべてではなかった。それはモスクワの過度な支配に対抗するため、利害や国家意識が強い国ほど、制裁に抵抗し、ある程度の譲歩を取り決めることができた（トルクメニスタンやカザフスタンに比べ、ラトビアやウクライナ）。しかしこれは、一九九〇年代のロシアの立場が弱くなったことが影響しているのかもしれない。二〇二一年一〇月に、プーチンは、前年に西側寄りの大統領が選出されたモルドバへのガスを遮断した[34]。

ソ連／ロシアとのエネルギー貿易は、繰り返し米欧の緊張の原因となってきた。二〇二二年のウクライナ戦争は、多少のコンセンサスをもたらしたが、それはわずかなものであり、この問題が将来どのように展開するかは不透明である。一九六〇年代前半のケースでは、アメリカがイタリアに経済的補償をおこない、ドイツの安全保障パッケージを発動することで、パイプライン取引の削減を実現した。一九八〇年代前半のケースでは、アメリカの二次制裁が同盟国間の対立を引き起こし、アメリカは梃子入れよりも譲歩した。二〇二二年のウクライナ戦争は、ヨーロッパがロシアの石油とガスに依存する危険性をどの程度まで高めていたのか、また、それらの収入がロシア経済に課せられているその他のコストをどの程度相殺したのかを明らかにした。こうして、エネルギー制裁に関するヨーロッパとアメリカのコンセンサスは、天然ガスよりも石油や石炭に関するものではあったが、かつてないほど強固なものとなった。戦後、ヨーロッパとロシアのエネルギー貿易が戦前の水準に戻ることはないだろうが、戦時中の低い水準にとどまるか、経済的利益と地政学的リスクのバランスが取れた水準になるかは、まだわからない。

第8章　国際連合と欧州連合——多国間制裁および地域制裁

国連憲章第7章「平和に対する脅威、平和の破壊および侵略行為に関する行動」には、多国間の経済制裁を認める規定が数多く含まれている。安全保障理事会が第三九条にもとづいて「平和に対する脅威、平和の破壊または侵略行為の存在」を決定した場合、第四一条にもとづいて「経済関係の全部または一部の中断」を〔国連加盟国に〕要請することができる。第四二条では、「必要な空軍、海軍または陸軍の行動」によって、これらを実施することができる。そして第二五条では、「国際連合加盟国は、安全保障理事会の決定を受諾し、かつ履行することに同意する」とある。

第4章では、一九三五年から一九三六年にかけてのムッソリーニ率いるイタリアのエチオピア侵略に対する国際連盟の制裁、一九六六年から一九七九年にかけての国連のローデシアに対する制裁、一九六二年から一九九四年にかけての南アフリカに対する制裁について議論した。本章では一九九〇年以降の時期に焦点をあてる。四つの主要な問いが提起される。
・国連はこれまでどのくらい頻繁に、どのような目的で制裁を科してきたのか？
・国連は主にどのような制裁措置をおこなってきたのか？
・国連制裁はどれだけ成功したか？
・主なケースとは？

本章の後半では、地域組織が果たす役割の一例として、またそれ自体の重要性から、欧州連合（EU）に焦点をあてる。アフリカ連合（AU）や米州機構（OAS）などほかの地域組織も制裁を科しているが、EUほど頻繁に制裁を科してはいない。たとえば、一九八〇年から二〇一四年の間に、EUは世界の非国連制裁の三六％を占め、アメリカに次いで二番目に積極的な制裁利用者となった[1]。くわえて、フランスの国連安保理常任理事国という立場（ブレグジット以前はイギリスも、それ以降は緊密に連携している）も、EUがほかの地域機構よりも地政学的に影響力のある役割を果たすことを可能にした。以下は、EUの制裁に関する三つの問いである。
・なぜEUは制裁を科すのか？　どのような種類の制裁か？　どの程度の効果があるのか？
・EUの制裁政策はどのようにおこなわれているのか？
・アメリカとEUの制裁協力と対立とは？　そのケースは？

本章の最後には、国連とEUの双方に対して政策的な示唆を述べる。

国連制裁および多国間制裁

国連はこれまでどのくらい頻繁に、どのような目的で制裁を科してきたのか?

国連が制裁を科したのは、

（a）三七の異なる国（本書執筆時点で一四カ国）

（b）タリバーン、アルカーイダ、ISIL／ダーイシュなどのテロ組織や非国家戦闘員

（c）国連安保理の統合リストに掲載された数千もの個人と団体[2]

しかし、このケースの数え方には、第2章で提起した方法論上の問題がいくつかある。ひとつは、データベースによって数が異なることである。たとえば、重複する年だけをみても、EUSANCTデータベースにはHSE（ハフバウアー、ショット、エリオット）とTIES（脅しと制裁の発動）にはないケースが四九ケースある。もうひとつは、同じ対象に対して長期にわたって科された制裁措置のセットを、ひとつのケースとしてカウントするのか、同じケース内の「エピソード」としてカウントするのか、それとも別のケースとしてカウントするのかという点である。ターゲット制裁コンソーシアム（T

SC）は、二三のケースを六三のエピソードに区別している。たとえば、一九九七年から二〇一〇年のシエラレオネ制裁を五つのエピソードに分けている。制裁が解除された後、主に異なる理由で同じ国に対してふたたび制裁が発動された場合、それらは別々のケースとしてカウントされる。たとえば、旧ユーゴスラビア共和国は、クロアチア・ボスニア紛争（一九九一～一九九六年）とコソボ紛争（一九九八～二〇〇一年）の二つのケースとしてカウントされている。また、発動されなかった制裁の脅しを含めるかどうかもまちまちである。たとえば、レバノンのラフィク・ハリリ首相暗殺事件に関する二〇〇五年の国連調査において、シリアに対して制裁の脅しがかけられたが、結局、制裁が科されないだけの協力が得られた(3)。

追求する目的については、主に二つの分析方法がとられている。ひとつは、核不拡散、テロ対策、民主化支援、グッド・ガバナンス（人権、司法手続き）、武力紛争の終結（停戦、平和構築、市民保護、人道支援）といった、特定の主要な政策変更の目的に関するものである。ほとんどの制裁措置は複数の目的に向けられているが、武力紛争を終結させるか、少なくとも改善させることが主要な目的となっている(4)。もうひとつは、二次的なシグナリングである。コストをかけたり能力を制限したり、規範の違反者として汚名を着せたり、同時に／あるいはほかのアクターが同様の行動をとらないようにシグナルを送ったりすることによって、標的の政策を変更させたり、政策を遂行する能力に制限をかけたりする(5)。ここでも、ほとんどのケースは目的が混在しており、即時的な政策変更を迫り、規範的な非難を示すと同時に、将来の同様の行動を制約し、抑止しようとすることが多い(6)。

国連は主にどのような制裁措置をおこなってきたのか？

国連制裁は包括的な範囲に及ぶ場合もある。イラク制裁は、一九九〇年八月のクウェート侵攻から数日以内に発動され、当初から包括的なものだった。旧ユーゴスラビア共和国に対する制裁は、一九九一年九月に武器禁輸措置として始まったが、一九九二年五月までに包括的なものとなり、すべての貿易、スポーツ・文化交流、科学技術協力、要人の渡航禁止などが対象となった。一九九三年から一九九四年にかけてのハイチ制裁は、最初の一年間は分野別（武器、石油、金融資産）だったが、その後、包括的なものへと強化された。イラクの場合は「大量破壊の制裁」、セルビアの場合は「犯罪的結末」、ハイチのクレオール語では「アンバゴ（禁輸）」が「アンバ・ゴ（「金持ちと権力者のかかとの下」）」（第2章の四九ページ参照）に変化するなど、これらのケースでは深刻な人道的影響が出たため、より対象を絞った「スマート（賢い）」制裁への移行を促した。(7)

武器禁輸は、強制的なものもあれば勧告的なものもあり、部分的制裁としてもっとも頻繁に用いられてきた。(8)核兵器やその他の大量破壊兵器の不拡散を目的としたものもあれば、暴力的紛争に使われる通常兵器や小型兵器を対象としたものもある。商品制裁もおこなわれており、主な例としては、「血の〔紛争地で採掘される〕ダイヤモンド」を国際商取引から排除しようとするキンバリー・プロセス制裁がある。(9)資産凍結や銀行サービス、投資、政府系ファンドの制限といった金融制裁は、一般的なものだけでなく、たとえば、アルカーイダ、ＩＳＩＬ／ダーイシュを含む二六〇の個人と八九の団体に的を絞ったものもある。

国連制裁はどれだけ成功したか？

第3章で述べたように、多くの研究が多国間主義を制裁効果を高める重要なものと指摘している。しかし、国連制裁は、単独国家による制裁よりも大きな成果を上げていないというデータもある。[10] 国が主導する制裁と同様に、国連制裁も、追求する主要な目的によって、全体的な成功率に多少のばらつきがみられる。主要な政策変更目的のなかでは、グッド・ガバナンスと民主化支援がもっとも達成可能性が高く、テロ対策と武力紛争の終結はそれほどでもなく、核不拡散はもっとも低い。二次的な目的では、威圧的なものよりも、シグナリングや〔特定の行為やそれ以上の違反行為を〕制限するほうが成功している。武器禁輸は国連制裁のなかでもっとも広く使われているが、ほとんど成功していない。実際、ソマリア、ユーゴスラビア、スーダン（ダルフール）のようなケースでは、「逆政治的効果によって、止めようとした紛争が悪化した」[11]。

いくつかの紛争では、国連は制裁と調停努力の板挟みになる。一方では、制裁による威嚇が和平交渉のインセンティブを生むこともある。非協力国に対して制裁を科すことで、紛争を継続するコストを引き上げることができる。協力の見返りとして制裁の解除を約束すれば、合意に必要な互恵性が得られる。選択的に制裁を再発動するという脅しは、遵守を確実にするのに役立つ。一方、選択的な制裁は、最終的に合意を必要とする当事者を和平プロセスから排除する可能性がある。また、国連が公平中立を保っていないという主張にもつながりかねない。制裁は、ある研究が言うように、「調停の場を閉ざしてしまう」可能性がある。[12]

制裁の履行と執行もまた、国連制裁の主な問題である。[13] 制裁ごとに、専門家パネルと制裁監視委員会が設置されている。これらは国連事務局によって採用された独立専門家による。場合によっては、たとえば、イエメン内戦でシーア派の反政府勢力フーシ派にイランの武器が供給されていることを突き止めたように、重要な能力を有している。しかし、安保理理事国が自国の利益のためにパネルや委員会を操作しようとするケースもある。二〇一〇年から二〇一一年にかけて北朝鮮制裁パネルの委員を務めた制裁研究者のジョージ・ロペスは、「中国の若い同僚はいつも目が血走っていて、疲れ切っていた。パネルでハードな一日を過ごした後、夜にはまた中国当局との電話で指示を仰いでいたからだ」と語った。同様にロシアは、マリ、南スーダン、中央アフリカ共和国、その他のアフリカ諸国の制裁パネルをロシア人で固め、自国の制裁破りの盾にしようとした。(14)

国連制裁の主なケースとは？

▼イラク（一九九〇年代）

一九九〇年八月のイラクによるクウェート侵攻後、二〇〇三年のイラク戦争まで続いた制裁措置は、「国連がこれまでに考案したなかでもっとも包括的な経済措置」だった。(15) その成否や理由をめぐっては、さまざまな議論がなされてきた。

なぜ国連はイラクに制裁を科したのか？

一九九〇年八月二日に、イラクはクウェートに侵攻した。同日、国連安保理はイラクの撤退を求める決議（ＵＮＳＣＲ）六六〇を可決した。八月六日には、国連安保理決議（ＵＮＳＣＲ）六六一が可決され、制裁が発動された。翌日、ジョージ・Ｈ・Ｗ・ブッシュ大統領は、イラクがサウジアラビアに侵攻する可能性を抑止し、イラク軍をクウェートから撤退させる準備をするため、アメリカが主導する国際軍事連合による「砂漠の盾作戦」を開始した。一一月二九日に、国連安保理は、イラクが一九九一年一月一六日の期限を守らなかった場合に軍事行動を認める決議を採択した。それが実現しなかったため、コフィー・アナン国連事務総長をはじめとする国際的な反対にもかかわらず、「砂漠の嵐作戦」はアメリカ主導の三五カ国による軍事作戦として開始され、湾岸戦争として知られるようになった。二月二八日までに、イラクはクウェートから撤退した。

当面の軍事的勝利は達成されたものの、大量破壊兵器（ＷＭＤ）や弾道ミサイルの開発など、イラクの継続的な脅威に対する懸念が残った。四月三日に、国連安保理は決議六八七号を可決し、すべての大量破壊兵器プログラムが撤廃されるまで制裁を延長し、イラクに国連不拡散査察団の受け入れを求める検証条項を盛り込んだ。このために国連特別委員会（ＵＮＳＣＯＭ）が設置され、国際原子力機関（ＩＡＥＡ）と協力した。

アメリカはまた、政権交代を切望していた。ビル・クリントン大統領は一九九七年に、「制裁は時の終わりまで、あるいは［サダムが］続く限り続くだろう」と発言した。「イラクにおける政権交代は、わが国にとっての大きな危険を取り除く唯一の確実な手段である」と、ジョージ・Ｈ・Ｗ・ブッシュ大統領は二〇〇二年一〇月に、九・一一をきっかけに宣言した。しかし、政権交代は国連決議の一部ではなかった。[16]

どのような制裁が科されたのか？

制裁は包括的なもので、一部の医療や人道的な免除があるだけだった。石油ボイコット、武器禁輸、国際便の運航停止、国外に保有するイラク政府の金融資産の凍結、金融取引の禁止などである。海上封鎖は多くの海運を停止させた。トルコ経由のパイプラインは封鎖された。

戦争被害のうえに制裁が重なり、イラク国民は深刻な人道的危機に陥った。一九九一年三月の国連報告書は、「伝染病や飢饉を含む差し迫った大惨事」を警告した。(17) イラク産原油の一部輸出を可能にする「オイル・フォー・フード（石油と食糧交換）」プログラムが創設され、その収益を食糧やその他の人道支援に充てられることになった。

主要アクターは誰だったのか？

発動者：国連。アメリカとその他の数カ国は追加制裁もおこなった。

標　的：イラク

第三者：さまざまな制裁破り

制裁はどうなったのか？

戦争による被害に加えて、制裁は急速かつ多大な経済的影響を及ぼした。数カ月の間に、イラクのGDPの六〇％、外貨収入の八五％を占めていた石油輸出は、九〇％以上減少した。国連人口基金によると、妊産婦の死亡率は二倍以上に増加し、ユニセフによると、五歳未満の子ども四五〇〇人が飢えと病気で毎月死亡した。若年成人の約二五％が栄養失調だった。[18] バグダッドへの譲歩が食糧配給と石油収入に対する政治的支配力を強め、さまざまな関係者の腐敗と国連の官僚主義が重なり、食糧支援プログラムにとって大きな障害となった。アメリカ主導の多国籍海上査察団がいたとはいえ、制裁破りをする者がたくさんいた。[19] ある調査によると、違法な収入は一〇〇億ドル以上にのぼるという。[20] 制裁の信用失墜は、二〇〇三年の開戦をめぐる議論にも影響した。

サダムによる嫌がらせと妨害のなか、ＵＮＳＣＯＭとＩＡＥＡの査察は何年か続いた。一九九八年一一月に、サダムは査察団を追い出した。国連はこの行動を安保理決議の明白な違反として非難した。翌月、アメリカは、大量破壊兵器の開発が疑われる建物を含む軍事施設への空爆を開始した。二〇〇二年九月に、ブッシュ政権が戦争を予告するなか、査察団は再招集された（ＵＮＭＯＶＩＣ、国連監視検証査察委員会と改名）。この四年あまりの中断とブッシュ政権の主張にもかかわらず、ＵＮＭＯＶＩＣによると、「核活動の再開を示す兆候はなく、……査察したいかなる場所でも、核に関連した禁止活動の兆候はなかった」。イギリスの諜報機関による報告書は、制裁が維持される限り、「イラクは核兵器を製造できないだろう」という独自の確証的な分析を示した。[21] にもかかわらず、ブッシュ政権は大量破壊兵器を主な主張として戦争を開始した。占領軍として国の全権を掌握しても、重要な大量破壊兵器を発見することはできなかった。

ケース評価

「砂漠の嵐」の派兵やその他の措置にともなって採択された最初の国連安保理決議六六一号による制

裁は、「砂漠の嵐」による軍事行動なしにイラクをクウェートから撤退させるのに十分機能していたのだろうか? 制裁はかなりの経済効果をもたらした。そして、多国間の幅広い支持を示した。しかし、侵略に対する制裁のほかのケース(一九三五~一九三六年のムッソリーニ-エチオピア、一九八〇年のソ連-アフガニスタン、二〇一四年と二〇二二年のロシア-ウクライナ)と同様に、その目的の広範さは、限定的な手段としての多国間制裁にさえ不釣り合いだった。

湾岸戦争後の制裁については、軍事的封じ込めに一定の成果があった。イラクのタリク・アジズ外相は、国連査察団に対して、「イラクがUNSCOMに協力した唯一の理由は、国際社会への復帰を望んでいたからだ。経済制裁の解除は、その最大のメリットだった[22]」と率直に語っている。

全体として、イラクの武器購入額は四七〇億ドル減少したと推定される。制裁がある程度解除されたとしても、イラク軍には「朽ち果てた、時代遅れの、あるいは陳腐化した主要兵器[23]」が残された。戦争が回避されなかったのは、制裁がうまくいかなかったというよりも、ブッシュ政権がやみくもに戦争に踏み切ろうとした結果である。

▼武力紛争

武力紛争への対処、すなわち、敵対行為の停止、和平交渉、和平協定の実施、より広範な平和構築の支援は、もっとも多い国連制裁の目的である。ここでは二つの主要なケースに焦点をあてる。リベリア(一九九二~二〇一六年)とコートジボワール(アイボリーコースト、二〇〇四~二〇一六年)である。

なぜ国連はリベリア／コートジボワールに制裁を科したのか？

国連はリベリアに対して五回の制裁を科した。第一ラウンド（一九九二年一一月から二〇〇一年三月）は、一九八九年に始まった内戦を終結させるための努力の一環だった。一九九三年に成立した和平合意の安定性が不確かであったため、制裁は維持され、UNOMIL（国連リベリア監視団）が派遣された。一九九七年に選挙がおこなわれたが、二〇世紀後半でもっとも残忍非道な指導者のひとりであるチャールズ・テイラーが大統領に選出された。テイラーの凶悪な支配は、リベリアをふたたび大量殺戮に陥れただけでなく、隣国シエラレオネの内戦を悪化させた。国連はUNOMILをUNMIL（国連リベリア・ミッション）に格上げし、第二ラウンド（二〇〇一年三月から二〇〇三年五月）、第三ラウンド（二〇〇三年五～一二月）、第四ラウンド（二〇〇三年一二月から二〇〇六年六月）の制裁を科した。テイラーは逃亡を余儀なくされた。彼は最終的に捕らえられ、戦争犯罪の罪で裁かれ、有罪判決を受けた。二〇〇六年に、エレン・ジョンソン・サーリーフが大統領に選出され、アフリカ初の女性元首となった。国連はリベリア政府に対する制裁を解除したが、平和構築の支援とグッド・ガバナンスの促進を求めて、反政府勢力を対象とした第五次制裁（二〇〇六年六月）を科した。これらは二〇一六年まで実施された。

一九六一年のコートジボワール独立から一九九三年のその死去まで、フェリックス・ウフエ＝ボワニー大統領は一党支配を維持した。彼の死後数年間は、広範囲にわたる政情不安が続いた。二〇〇〇年にローラン・バグボが大統領に選出され、軍事政権に終止符が打たれたが、バグボは残忍な統治をおこない、民族紛争と内戦に拍車をかけた。二〇〇三年の和平合意はあっけなく決裂し、国連は平和維持軍U

ＮＯＣＩ（国連コートジボワール活動）を派遣し、五回にわたる制裁措置の第一弾を発動した。国際的な圧力によって、二〇一〇年にバグボは選挙を許可した。アラサン・ワタラ元首相が勝利した。バグボは結果を認めず、さらなる暴力を強化した。国連安保理は、ワタラを勝者と認め、バグボの逮捕を求める決議を可決した。二〇一一年四月に、ＵＮＯＣＩはフランスのリコルヌ作戦とともにバグボを捕らえた。同年末に、彼は人道に対する罪で国際刑事裁判所（ＩＣＣ）に送られた。二〇一六年に国連は制裁を解除した。二〇一七年にＵＮＯＣＩは終了した。

どのような制裁が科されたのか？

最初のリベリア制裁は、すべての紛争当事者に対する武器禁輸だった。第二ラウンドでは、ダイヤモンド輸出（「血のダイヤモンド」）、渡航禁止、外交措置に拡大された。第三ラウンドでは木材輸出禁止、第四ラウンドではテイラー政権とその支持者に対する金融資産凍結が追加された。ジョンソン・サーリーフが政権を掌握したことで、第五ラウンドでは武器禁輸とダイヤモンド、木材の輸出禁止が解除されたが、反政府勢力の個人やグループに対する制裁は維持された。

コートジボワールの制裁は、武器輸出禁止、渡航禁止、資産凍結から始まった。第三ラウンドではダイヤモンドの輸出禁止が追加された。第五ラウンドは、ワタラが大統領に就任した後、政府に対する制裁を解除する一方、バグボ支持者やその他の反政府勢力に対する制裁を強化した。

主要アクターは誰だったのか？

発動者：国連、そしてアメリカ、ＥＵ、アフリカ連合（ＡＵ）、西アフリカ諸国経済共同体（ＥＣＯＷＡＳ）によるその他の制裁措置

標　的：リベリア／コートジボワール

第三者：公式には該当国なしだが、さまざまな制裁破り

制裁はどうなったのか？

武器禁輸にもかかわらず、リベリア紛争の当事者は武器の入手にほとんど苦労しなかった。死者は一五万人を超えた。一〇〇万人近い難民が近隣諸国に逃れた。制裁が強化され、標的が絞られ、ＵＮＭＩＬが派遣されるようになった二〇〇〇年代初頭になって、ようやく進展がみられた。

コートジボワールの場合、バグボは反外国人感情を利用して権威主義的支配を強化した。二〇一一年の選挙に同意させ、ワタラが勝てるほど自由な選挙をおこなうには、圧力は十分だった。バグボの選挙無効の企みは、国連が制裁を強化し、ＵＮＯＣＩにフランス軍の支援を受けたより強力な平和執行任務を与えるために必要な後押しとなった。同国は、二〇一六年には制裁が解除されるほど十分に安定しているとみなされた。

ケース評価

制裁が広範な経済的コストと市民的苦痛をもたらしたことは認めつつも、リベリア制裁は、効果がな

かったというよりはあったと評価されている。第一ラウンドは、すべての当事者に対する武器輸出禁止が主な内容だったが、強制、制約、シグナリングの三点すべてにおいて効果がなかった。その後、血のダイヤモンドと木材を追加し、ジョンソン・サーリーフ政権への制裁を解除する一方で、すべての制裁の対象を反政府勢力に絞ったことで、より効果が高まった。国連平和維持軍、国際的な戦争犯罪法廷、世界銀行、その他の資金援助も重要な役割を果たしたが、リベリア制裁委員会の専門家パネルが「制裁は情勢の安定に役立った」としたのは正しいと思われる。[24]

コートジボワールの制裁はほとんど効果がない。最初の二回は全面的に効果がなかった。その後は多少の効果はあったが、成功したと言えるほどではなかった。そして二〇二〇年に、ウワタラは憲法上の二期制にもかかわらず、三期目の大統領選を選択した。野党の多くは選挙をボイコットした。彼は九五％の得票率で勝利した。

欧州連合による制裁

なぜEUは制裁を科すのか？　どのような種類の制裁か？　どの程度の効果があるのか？

一九八〇年代まで、欧州共同体（EC）は独自の制裁措置を採用せず、各国政府に委ねていた。[25]最初の大規模な集団制裁措置は、アフガニスタン侵攻をおこなったソ連に対してだった。一九九一年にユーゴスラビア紛争が勃発すると、ECは国連やアメリカに先駆けて武器禁輸措置をとった。一九九四年に、マーストリヒト条約によってECがEUに移行し、共通の外交政策行動の権限が強化されて以降、EU

は六〇カ国近くに対して制裁を科してきており、そのなかには国連制裁のように何度も制裁が強化された国もある。EU制裁の四セット——化学兵器、サイバー犯罪、人権、テロリズム——は複数の国に及ぶ[26]。ウクライナをめぐる二〇二二年の対ロシア制裁は、これまでもっとも広範囲なものだった。オンラインで入手できるEU制裁マップは、解除、改訂、追加される制裁を把握するのに便利である[27]。

EUの制裁は国連制裁と三分の二以上重複している。スーダン、コンゴ民主共和国、エチオピア／エリトリア、旧ユーゴスラビアなど、EUが国連より先に行動した例もある。EU制裁のなかには、アメリカの制裁ほどではないものの、たとえばイランや北朝鮮など、国連よりも踏み込んだものもある。リビアや旧ユーゴスラビアなど、国連が制裁を解除した後も維持されている例もある。国連の制裁と重複しないEUの制裁の多くは、アフリカ、カリブ海、太平洋諸国グループ（ACP）-EU開発パートナーシップ協定の枠組みにおける旧植民地に対するものである。そのうちのいくつかは、アフリカ連合やその他の関連する地域組織による制裁と対になっている。

民主化の推進は、EUの制裁目的のなかでもっとも頻度の高いものである。紛争管理、紛争後の安定化、国際法および国際規範に対する支持の表明、核不拡散、テロリズムなども繰り返し取り上げられてきた[28]。渡航禁止と資産凍結がもっとも一般的な制裁の種類である。武器禁輸も、貿易、金融、外交上の制裁と同様に用いられる[29]。多くの制裁がつぎつぎと積み重ねられ、EUの公式なドクトリンは対象を絞った制裁を強調しているが、事実上、包括的な制裁になる場合もある[30]。

EUの制裁の成功／失敗に関するケース別の評価はあるが、全体的なパターンに関する体系的な研究はまだない[31]。ケース別の評価については、第2章で述べた測定の課題を反映したほかの制裁発動国にもみられるように、評価に同様のジレンマがあり、多くの議論がなされている。

EUの制裁政策はどのようにおこなわれているのか?

制裁を発動するためには、加盟国の首脳が代表する二七カ国の全会一致が必要である（棄権は全会一致にカウントされない）[32]。包括的な共通外交・安全保障政策とともに、二〇〇四年の「制限的措置（制裁）の使用に関する基本原則」と二〇一八年の「制限的措置（制裁）の実施と評価に関するガイドライン」が、すべてのEU制裁が準拠すべき基本的な変数を定めている。加盟国の大使で構成される政治・安全保障委員会が、ほかの作業部会と同様に制裁案を検討する。理事会が新たな制裁措置を承認すると、欧州対外行動庁と欧州委員会は理事会と協力して法文を作成し、EUの「ベストプラクティス」文書にもとづき、加盟国とともに制裁措置の実施に取り組む。欧州委員会の経済金融総局と理事会の制裁委員会は、加盟国の大使館や関連国の情報機関と協力しながら、EUが対象とする個人および団体を特定し、統合リストに追加する。対象となった個人および団体は、制裁を不服としてEU司法裁判所を利用することができ、うまくいっているケースがある。

いずれも、EUが制裁をおこなわないときに個々の政府が制裁をおこなったり、EUがおこなう制裁にさらに制裁を加えたりすることを妨げるものではない。たとえば、EUが行動を起こす一カ月前の二〇二〇年八月に、リトアニア、ラトビア、エストニアはベラルーシのアレクサンドル・ルカシェンコ大統領に対して独自の制裁を発動した。また、集団的プロセスを全加盟国が平等に発言していると解釈すべきではない。ベルリンとパリはしばしば支配的である（ブレグジットまではロンドンもそうだった）。

アメリカとEUの制裁協力と対立とは？　そのケースは？

緊密な同盟国として、また同じ民主主義国家として、アメリカとヨーロッパは制裁で協力することが多い。しかし、イラン（第5章）や一九六〇年代と一九八〇年代のソビエトのエネルギー・パイプライン（第7章）のケースでみてきたように、制裁は同盟内でも大きな争点となりうる。これらのケースやその他のケースから、EUとアメリカの協力と対立の混在について、六つの主要なポイントをあげることができる。

第一に、EUが制裁の主導権を握る場合、それは欧州内のケースに限られている。一九九一年七月のユーゴスラビアに対する武器禁輸は、国連とアメリカの制裁に先行していた。EUは二〇〇四年にベラルーシを制裁したが、アメリカは二〇〇六年まで制裁しなかった。二〇二一年五月のハイジャック事件のベラルーシ反体制派ジャーナリストの逮捕を主導した動機は、ヨーロッパの航空会社（ライアンエアー）に対するものであり、EU領空でのベラルーシ便の飛行とEUの空港へのアクセスを禁止するという地理的な利点を利用するものであることを考えれば、さらに強い動機づけとなった。

第二に、制裁が共有する安全保障上の脅威に対応する場合には、ヨーロッパはアメリカ主導の制裁にもっとも協力的である。このパターンは、第7章のソ連／ロシアのエネルギー・パイプラインのケースすべてに現れている。軍事的に関連する輸出規制については冷戦期から強い協力関係にあったが、フレンドシップ石油パイプラインについては食い違いがあり、アフガニスタン侵攻への制裁では協力したが、西シベリア天然ガス・パイプラインでは協力しなかった。ノルドストリーム2パイプラインの制裁には当初抵抗したが、ロシアがウクライナに侵攻した後は協力した。イラン制裁も似たようなパターンで、二〇〇五年にイランの核開発計画が暴露され、安全保障上の脅威感が高まるまでは、ヨーロッパはアメリカが推し進める制裁にほとんど抵抗していた。

第三に、制裁が科された場合でも、ヨーロッパは積極的な外交との組み合わせを好む傾向がある。一九七二年のニクソンとキッシンジャーによる東西デタントに先立ち、一九六〇年代の西ドイツのオストポリティーク〔東方外交〕や、東西デタントに向けたほかのヨーロッパのイニシアティブがあった。イランについて、学者のブレンダン・テイラーは、「アメリカとEUのあいだでは、イランが不正な核活動を停止しなかった場合、EUは制裁の行使を支持することを厭わないが、そのような結果を避けるための国際的な努力の一環として、インセンティブを提供することにワシントンがより従順になるという、ある種の駆け引きがおこなわれた」[33]と強調する。ヨーロッパがオバマの制裁・外交戦略を支持したのに、トランプの最大限の圧力に抵抗したのはこのためだ。また、EUは制裁解除に関しても、多くのケースでアメリカより柔軟だった[34]。

第四に、ヨーロッパも民主化の推進と人権保護のために制裁を行使しているが、アメリカが主導する政権交代には追随しなかった。キューバに関しては、ヨーロッパの制裁は常にアメリカよりも限定的だった。また、二〇一〇年にスペインとカトリック教会が政治犯の釈放を交渉したように、ヨーロッパはより積極的に人権問題に関する外交と積極的に結びつけた[35]。同様に、ベネズエラについても、EUは制裁を科しているが、マドゥロ政権の転覆を目指すアメリカの努力とは距離を置いている。

第五に、国際貿易がGDPに占める割合は、アメリカ（二六％）よりもヨーロッパ（ドイツ四七％、フランス三二％）のほうがはるかに高いことから、欧州経済の構造上、経済的利害は分かれる。

第六に、治外法権の問題が繰り返し緊張の原因となっている。アメリカは、ヨーロッパ独自の政策プロセスに取って代わろうとする二次制裁を通じて、自国内で決定した制裁を拡大することは、国際法上の問題として議論を呼び、原則の問題としてみなされ、権力の乱用として怒らせてきた。これは、ソ連／ロシア制裁やイラン制裁などでも繰り返し議論されてきたことである。

要約——多国間制裁の政策上の主なポイントは何か？

この章では、制裁成功のための多国間主義の利点と限界の両方を示す。国連制裁の主な利点は、その規範的正統性、国際的な法的地位、代替貿易相手の減少にある。欠点はあるにせよ、国連はほかのどの主体よりも国際的な規範的正統性を有している。犯罪者を名指しで非難することは、単独国家や国家群でおこなうよりも、国際社会全体でおこなうほうが効果的である。国連の制裁が強制的なものである場合、すべての加盟国がこれに従うことが法的に求められる。これにより、制裁標的国が代替貿易相手を見つけたり、地政学的な保護を得たりすることが難しくなる。

しかし、さまざまな研究が示すように、国連制裁の成功率は多国間主義者が予想するほど高くない。それは、限定的な手段を用いて広範な目的を追求するという不釣り合いにあり、単独国家による制裁と同様のジレンマに起因するものである。また、安保理の政治、限定された権限、リソースの限界、官僚主義といった、国連内の組織能力の問題を顕在化させたものもある。ジュネーブ国際制裁ネットワークのような組織は、こうした問題や関連する制度的能力の問題について国連と協力している[36]。

EUは、制裁戦略においてますます重要な存在になっている。世界第三位の経済圏であり、世界的な外交政策の役割を担うEUは、制裁の重要な担い手である。制裁の頻度も高まっている。制裁措置の年間平均件数は、一九九〇年代が約五ケース、二〇〇〇年代が一二ケース、二〇一〇年代が二二ケースで、二〇二〇年代はこれまでに数多くの有名なケース（ベラルーシ、中国、ロシア、ミャンマーなど）がある。これまでのところ、アメリカ、国連、その他の制裁発動者と、成功と失敗のパターンが類似している[37]。

制裁に関するEUとアメリカの関係は、協力と対立が混在している。とくに二〇二二年のロシア－ウクライナとオバマのイラン制裁では協力関係が強かった。ロシア－ウクライナのケースは、安全保障上の脅威を共有していた。オバマ大統領のイラン制裁では、制裁と真剣な外交が統合された。しかし、その他のケースでは、経済的利害の相違や全体的な外交戦略の違いから、同盟内が緊張状態に陥った。治外法権を主張する二次制裁はとくに議論の的となっており、現在も続いている。

終章　制裁理論と制裁政策

なぜ制裁はおこなわれるのか？
成功をどう測るか？
成功を左右する主な要素とは？

ウクライナ侵攻をめぐるロシアに対する二〇二二年の制裁は、こうした疑問をさらに深刻なものにした。制裁は広範囲に及んだ。これらは世界的な支持を得た。制裁は、核のエスカレーションの危険性を孕む残忍な戦争と関係していた。なぜ、どのように、そして何を制裁するのかを理解することは、これまで以上に重要になった。

本書は、学術的視点と政策戦略の融合を図った。単一の簡明な理論や既成の行動計画を主張するものではない。率直に言って、ほとんどの国際関係や外交政策がそうであるように、制裁はそれにしても複雑すぎる。最後に、本書が「みなが知る必要のあること」に対して、この二つの点で貢献していることを整理する。

選択しうる武器

制裁は今後も続く。バイデン政権とトランプ政権とでは、制裁の目的は多少異なるが、アメリカの政権はつぎつぎと制裁を発動している。ＥＵにも独自の長い制裁リストがある。欧米の制裁を弾劾主義的だと批判するわりには、中国は独自の制裁をますます強めている。ロシアは旧ソビエト共和国に対して繰り返し制裁を科し、アメリカとＥＵに対しても報復制裁を科している。国連は現在、一四カ国と三つのテロ組織、さらに紛争鉱物を規制するキンバリー・プロセスの違反者を制裁リストに載せている。そして、これらは本書で焦点をあてた発動者にすぎない。ほかにもたくさんいるので、さらなる調査と分析が望まれる。誰が誰に対して、どのような目的で制裁を発動するかは政治や出来事に左右されるが、選択しうる武器としての制裁は二一世紀の国際情勢の中心的な機能であり続けるだろう。

制裁理論と成功の問題

制裁の文献には、制裁は効かない／効くという議論が蔓延している。何がケースを構成するのか、どのような指標で成功を測るのか、倫理的配慮をどのように考慮すべきなのか、学者のあいだでも意見が分かれている。必要なのは、概念的定義や方法論的アプローチを明確にし、実証的妥当性、理論的汎用性、政策的含意について選択効果の可能性を常に意識しておくことよりも、コンセンサスにいたることである。

第2章で定義した六つの指標は、成功と失敗の二分法から抜け出すのに役立つ。制裁が経済効果をもたらすことは、ある種の成功に内在するものだが、経済への影響が大きいほど政策遵守の可能性が高まるという一対一の関係はない。成功の程度は認識されるべきだが、目的の相対的な優先順位づけと、戦略的な相互作用が重要であり、シグナリングに対する宣言的なアプローチではない。これらの措置の成功は、発生するコスト（バックファイア〔裏目〕、ミスファイア〔誤射〕、クロスファイア〔相互発砲〕、そしてシューティング・イン・ザ・フット〔足元を撃つ〕）のさまざまな組み合わせに対して評価される必要がある。制裁の予測される有効性よりも、ほかの選択肢の否定的な要素にもとづいて制裁を標準にすることなく、ほかの選択肢との相対性を考慮する必要がある。成功のための時間枠を、一方では短く、他方では未決定のままにしておくことはできない。全体的な戦略のほかの要素が正当化される場合に、誤って肯定的評価を下したり、制裁はうまくいったがほかの政策がうまくいかなかった場合に、誤って否定的責任を負わせたりすることは、避けなければならない。これらがすべてチェックされたとしても、制裁が民間人に大きな痛みをもたらした場合には、倫理的な問題が残る。

私はとくに、人権と残虐行為に関して、これらすべての考慮事項をまとめることに苦慮している。二〇二一年二月に起きた残忍なクーデタのなかで、アメリカがミャンマー軍に対して制裁を科さないわけがない。あるいは、一九九〇年代にボスニアのイスラーム教徒に対する民族浄化をおこなったセルビアに対しては？　あるいは、ウイグル人への残虐行為に対して中国には？　残虐な行為者には代償を支払わせるべきではないのか？　国内の敵対者は、国際社会が彼らの味方であることを知る資格があるのではないか？　原則を肯定することにソフトパワーの価値はないのか？

しかし、そのような制裁が実質的な政策転換をもたらしたことはまれである。場合によっては、制裁が裏目に出て問題をさらに悪化させたり、政権よりも民衆に打撃を与えたりして、正味でマイナスになることもある。このような場合、制裁に踏み切ることで得られる利益と、そうすることで生じる影響とを天秤にかけなければならない。

また、人道的な理由から、すでに実施されている制裁を解除するかどうかについてはどうか？　二〇二一年のタリバーン勝利後のアフガニスタンのように。タリバーンは、敵対勢力とみなされる人物を殺害・逮捕した。彼らはまた女性を抑圧していた。彼らはアメリカ人捕虜を拘束していた。彼らはまだ国際的なテロリスト集団とつながりがあった。彼らが権力を失っているあいだ、彼らに対する制裁――アメリカ、国連、ＥＵ、世界銀行、国際通貨基金――は、いまやアフガニスタン政府全体に適用されている。しかし、二〇二一年から二〇二二年にかけての冬が到来すると、九〇〇万人が飢餓に直面した。二〇二二年一月に、国際救済委員会のデヴィッド・ミリバンド会長は、「現在の人道危機は、過去二〇年間の戦争よりもはるかに多くのアフガニスタン人を殺す可能性がある」(1)と書いた。アフガニスタンの人びとを救済するために、制裁を解除すべきか、せめて軽減すべきか？　それとも、それはタリバーンに、自分たちが望むだけ残忍に支配しても国際的な支援が得られるという間違った教訓を与えることになるのだろうか？
成功を決定する主な要因（第3章）については、発動者と標的の経済力の差を最初に把握することがいかに欺瞞に満ちたものであるかを、ケースによってみてきた。標的はしばしば、発動者の従来の経済的優位性を相殺する対抗策を持っていた。また、代替貿易相手として第三者も参入してくる。制裁が依然として大きな経済的影響力を持っていたとしても、制裁が定期的に政策遵守をもたらすことはなかった。

経済的影響と政策遵守の不一致を埋めるには、制裁に互恵性と比例性があるかどうかに大きく依存する。制裁が、ほかの強制外交と同様に、標的の選択を否定するのではなく、影響を与えるための戦略であることを考えれば、「もしあなたがxをするなら、私はyをする」という共通の信念にもとづいた交換条件が必要である。外交工作は、標的が互恵的な措置をとらずに利益を得られると思わないような強固なものでなければならないし、標的が互恵的な措置がこのあと続くと確信できるようなものでなければならない。限定的な目的のほうが広範な目的よりも達成可能性が高いという比例性は、一次的な目的と二次的な目的の両方、そしてそれぞれの多様なサブタイプに当てはまる。これは目的と手段の論理であり、包括的な制裁でさえも、強制的に制限された手段に比例して目的の範囲が広がる。また、発動者が得るものより、標的が失うもののほうが多いという利害の非対称性を回避する可能性が高い。

それぞれの章における制裁の発動者別の政策分析と提言は、この指標と主要要因の枠組みから導き出されたものである。

制裁の戦略

ダン・ドレズナーが二〇二一年の論文で述べたように、アメリカは長いあいだ、そして現在も、制裁の主要な行使者であり、「ほぼすべての外交問題に対する解決策」として制裁を発動してきた[2]。アメリカの制裁は、その影響を政策変更に転換させるよりも、経済的な負荷をかけることによって効果をもつ。政策変更が強制された範囲では、そのほとんどが、限定的な目的のほうが広範な目的よりも達成しやすいというパターンに従っている。

オバマによる制裁が成功し、トランプの制裁が失敗したという二つのイランのケースは、互恵性と比例性の重要性を浮き彫りにしている。オバマの戦略にはその両方があり、イランが核不拡散に同意することと引き換えに制裁を解除し、その目的を核不拡散にとどめ、より広範な議題には触れなかった。トランプの最大限の圧力にはそのどちらもなく、イランへの譲歩の要求を高めるだけで、その見返りはほとんどなかった。北朝鮮に関しては、互恵性の方式はさらにとらえどころがない。その理由のひとつは、北朝鮮が核兵器を自国の存続に不可欠なものと考えているため、核兵器を放棄することはいっそう割に合わない行為となっているからである。

このような改革が生存を脅かしかねない権威主義体制に対して国内の政治的変化〔を狙った〕制裁は、

典型的な利害の非対称性である。原則のために立ち上がったという象徴的な功績は主張できても、制裁の対象となった人びとに実際に与える影響は、正味でマイナスになることが多い。ソ連のユダヤ人移民は一九七〇年代初頭のデタントの一環として増えたが、一九七四年のジャクソン＝バニク制裁によってアメリカの要求が満たされると、その数は減少した。リークされた天安門文書によれば、こうした制裁が、中国政権の権威主義をさらに強固なものにしようとする努力を助長するものだったことを示している。ベネズエラ制裁の人道危機への影響は認められるが、マドゥロを閑職に追いやることはない。六〇年以上にわたるキューバへの制裁も同様だ。ジャーナリストのジャマル・カショギを殺害したサウジアラビアに対する制裁は、関与したサウジアラビア政府高官の一部は対象となったものの、限定的で、ムハンマド・ビン・サルマン皇太子は殺害を命じたにもかかわらず対象外だったことは、アメリカが主張する原則を疑問視する十分な根拠となった。

一九八〇年のソ連のアフガニスタン侵攻のケースでも、二〇一四年のロシアのウクライナ侵攻のケースでも、制裁やその他の措置によって軍の撤退を強要することはなかった。二〇二二年のロシアのウクライナ侵攻は、とりわけ手ごわい挑戦だった。バイデン政権は、侵攻前の制裁の脅しを明確かつ露骨におこなった。しかし、制裁による抑止は失敗した。つまり、ロシアはそれでも侵攻した。この経験は、制裁がシグナリングに使われるときはいつでも、宣言的で見かけ上の価値を超えて、戦略的相互作用の問題として成功の見込みを評価することの重要性について、ほかのケースを補強するものである。政策立案者は、その政策の瞬間に他国がアメリカのシグナリングをどのように受け止めているのか、確かなことはわからないかもしれないが、発信されたメッセージが受信されたメッセージであると仮定することはできない。

ロシアがウクライナに侵攻した時点で科された制裁措置は、前例のない規模と広がりだった。ロシアの対抗策やインド、中国、その他の国との代替貿易によっていくらか相殺されたとはいえ、その経済的コストは相当なものだった。しかし、これまでのところ（二〇二二年五月）、経済への影響と政策遵守のギャップは埋まっていない。もしロシアがウクライナと国際社会が納得する条件で戦争を終結させることができれば、制裁は一定の評価を受けるだろうが、最大の評価は軍事戦略にあるだろう。ウクライナ軍があれほど熟練した勇敢な部隊でなかったら、また、アメリカとヨーロッパがあれほど大規模な軍事援助をおこなっていなかったら、いかなる制裁もプーチンの征服を止めることはできなかっただろう。

このケースが比較的成功裏に終わったとしても、それは前例というよりは例外になるだろう。もしプーチンが二〇一四年におこなったような少人数で、残虐性を抑えた介入をおこなっていたら、このような規模の世界的な制裁連合は成立しえなかった。また、企業や団体による自主的な制裁もそれほど多くはなかっただろう。実際、多くの企業がロシアとの取引を打ち切ったり削減したりしたのと同時に、彼らはウイグルの対中制裁を回避しようとしていた。

中国に関して言えば、中国自身が頻繁に制裁を行使しているため、米欧の制裁が本質的に帝国主義的で主権を侵害しているとして反対する根拠があまりなくなっている。中国が国内の政治的変化を狙った制裁に抵抗しているのと同様に、国内の政治的変化をめざす標的も（より残忍ではないにせよ）抵抗を感じている。制裁は台湾に経済的コストを課したが、二〇一六年に独立派の候補が総統選で勝利し、四年後に再選された。政治問題への干渉に憤慨したオーストラリア国民が中国に好意的でない見方をする割合はほぼ倍増したが、一方、代替貿易相手は制裁の経済的影響の多くを相殺した。

中国は、限定的な外交政策の変更を求める制裁で一定の成功を収めている。韓国はＴＨＡＡＤ（終末高高度地域防衛）配備を中止しなかったが、将来の配備を制限した。ノルウェーは劉暁波のノーベル平和賞受賞を撤回しなかったが、和解のために十分な外交的謝罪をした。フランスのサルコジ大統領はダライ・ラマとの会談に踏み切ったが、ほかの国家元首はそれを思いとどまった。他方、インド太平洋地域における権力を振りかざしたほかの行動とともに、韓国とオーストラリアに対する制裁は、抑止というよりむしろ敵対だった。

欧米企業を標的にした制裁措置は、中国の強力な消費市場と一五億人にのぼる労働力の相互依存を武器化するものであり、中国の看板戦略の象徴となっている。スウェーデンの小売企業Ｈ＆Ｍやアメリカの半導体企業インテルは、中国のウイグル人に対する扱いへの批判を弱め、ＮＢＡは香港における中国の弾圧を非難した。多くの航空会社やホテルが、台湾を国ではなく目的地としてウェブサイトに掲載した。二〇二二年の北京オリンピックをボイコットしようという呼びかけは、国際的な企業の支持をほとんど得られなかった。中国を切り離す〔デカップリング〕という話もあるが、中国でビジネスをするインセンティブが大きく変わるには、ウクライナのような大規模な危機が必要だろう。

中国の産業と技術がバリューチェーンを上昇させ、「一帯一路」構想が投資と援助をより多くの国々に拡大するにつれて、中国も輸出禁止や外国からの援助条件付きの影響力を獲得するのではないかという疑問が投げかけられている。そのような利益を得ているケースもあるが、中国が、アメリカやほかの禁輸国や援助供与国が直面したのと同じような、標的国の対抗戦略や代替相手からの制約に直面する兆しもある。

モスクワがほかの大国に比べて制裁をあまり行使してこなかったことは、ロシア経済の魅力の限界について多くのことを物語っている。そのほとんどは、ソビエト時代の衛星国やロシアが支配する独立国家共同体（コモンウェルス）に対するもので、それも成功するかどうかは微妙である。石油と天然ガスはロシアにとってもっとも魅力的な輸出品であり、とくに三つのエネルギー・パイプラインのケースにみられるように西ヨーロッパ向けである。この三つのケースで問題となったのは、エネルギーへの依存がモスクワに脅威や制裁を加えるための影響力を与えるのか、それともロシアのハードカレンシー収入と政府予算収入の大きな割合を占めるこの貿易の相互性が均衡するのか、ということだった。一九六〇年代のケースでは、アメリカの圧力によってヨーロッパはソ連の石油輸入を減らし、鋼管輸出を削減したが、パイプラインは完成した。一九八〇年代のケースでは、ヨーロッパはアメリカの圧力に大いに抵抗した。いずれの場合も、ソ連はパイプラインによって外交政策に大きな影響力を被ることはなかった。ロシアがウクライナに侵攻した時点で、ヨーロッパはロシアの天然ガス輸入量を大幅に増やし、過度に依存するようになっていた。ノルドストリーム2パイプラインが制裁を受け、ロシアのガス輸入をすべて排除するという話もあったが、より可能性があるのは、ロシア産ガスの量を減らしつついくらか使用し、おそらくノルドストリームを稼働するなど、エネルギー・ポートフォリオのバランスを再調整することである。

国連制裁の成功が限定的であることを示すデータやケースは、多国間主義を重視するあまり、少々不安にさせる。しかし、国連を通じた制裁が持つ利点、とりわけ規範的正統性や、大国間の協調の可能性を否定するものではない。このような分析は、ジュネーブ国際制裁ネットワークなどがおこなっているように、多国間制裁を効果的なものにするために何が必要かについて、冷静な戦略を練るための有効な後押しとなるだろう。

ＥＵが求める制裁の目的と、しばしば直面する課題は、アメリカや国連のそれと似ている。もしいま、外交政策全体の「戦略的自律性」を高めるための真剣な取り組みがなされるなら、ＥＵが制裁対象についてより主導権を握るのか、アメリカの二次制裁のような問題に対する協力と緊張の交錯でより後者の方向に傾くのか、興味深いところである。

＊＊＊

結局のところ、制裁は今後も研究者にとっては謎であり、政策立案者にとっては挑戦であり続けるだろう。すべての人に必要な知識を提供したとは言えないが、本書が有用なものとなることを願ってやまない。

訳者あとがき

本書は、Bruce W. Jentleson, *Sanctions* (What Everyone Needs to Know), New York: Oxford University Press, 2022 の全訳である。

著者のブルース・W・ジェントルスンは、一九七五年、ロンドン・スクール・オブ・エコノミクス（LSE）にて修士号、一九八三年、米コーネル大学にて博士号を取得し、現在はデューク大学公共政策教授、政治学教授である。その他、ウッドロー・ウィルソン国際学術センター・グローバルフェロー（二〇二二年特別研究員）、シカゴ・グローバル問題評議会シニアフェローも務め、さらに、学術界における政策関与の拡大を推進するプロジェクト「ブリッジング・ザ・ギャップ（Bridging the Gap）」に長らく携わり、現在はそのシニアアドバイザーでもある。受賞歴には、「一九八五年 米国政治学会ハロルド・D・ラスウェル賞」（博士論文）、「二〇一八年APSA国際安全保障部門ジョセフ・J・クルーゼル賞」などがある。

また、ジェントルスンにはアメリカ外交政策や国際関係論に関する著書・編著が多数あるが、本書以外の単著は次のとおりである。

・*Pipeline Politics: The Complex Political Economy of East-West Energy Trade* (Ithaca, N. Y.: Cornell University Press, 1986)
・*With Friends Like These: Reagan, Bush, and Saddam, 1982–1990* (New York: W. W. Norton, 1994)
・*American Foreign Policy: The Dynamics of Choice in the 21st Century* (New York: W. W. Norton, 2000)
・*The Peacemakers: Leadership Lessons from Twentieth-Century Statesmanship* (New York: W. W. Norton, 2018)

さて、本書は、さまざまな主体《アクター》によって発動されてきた「制裁」を理論と実践から、国家間のパワーポリティクスを背景に分析している。読者にとっては、まさに「みなが知る必要のあること」がふんだんに盛り込まれた本である。制裁は古くから頻繁に用いられてきた外交政策のわりには、政治学では取り上げられることが少ない。むろん、武力行使という直接的で圧倒的な残虐行為への人びとの関心は高いとしても、武力行使の代替措置として、また、外交圧力以上で武力行使未満の中間的な措置として多用されてきた制裁にも、訳者としては関心を向けてほしいところである[1]。

日本では制裁をめぐって盛んに議論されるのが、「効果があるか」（実効性の問題）である[2]。本書でジエントルスンが分類しているように、何をもって「効果」とするのか、それは目的による。誰が誰に対して、どのような目的で、どのような措置を科すのかは、そのときどきの国際環境や関与国の政治にも大きく左右される。[3] そして、どのような指標で効果を測るのか、倫理的配慮をいかに考慮するのかについても重要である。成功と失敗の二分法からではなく、制裁の効果を左右する要因についても知る必要がある。

本書では、これまであまり知られていない、中国、ロシア、欧州連合（EU）などが発動する制裁についても、それぞれの国家の特徴を盛り込みつつコンパクトに議論されている。その意味では、読者による新たな発見も多くあることだろう。

ロシアのウクライナ侵攻に対する制裁

二〇二二年二月のロシアによるウクライナ侵攻から二年以上が経過した。国連安保理の常任理事国が他国を侵略するという倒錯した現実を前に、本来は国際の平和と安全を保障する主な担い手であるはずの安保理から「決議が出ない」事態となった。国際社会からのプーチン政権に対する対応は、単独国家および国家群による自主的な制裁が主になった。本書の附録にあるように、ロシアへの金融制裁の実施主体はEUや主要国首脳会議（G7）を中心とする西側諸国であり、金融上の措置、武器禁輸、渡航関連の措置はかつてないほど厳しく、それぞれの措置が戦略的に組み合わされて迅速に実施されている。

ここで、あらためて、今回のロシアへの制裁の特徴をいくつかあげておきたい。

第一に、ロシアが世界のエネルギーの主要な供給国で大きな経済規模をもつことから、制裁を実施する側に深刻なダメージが生じている点がある。長引く戦争は燃料、肥料、食糧の値上がりによって世界の金融市場、工業生産、物流に複合的な影響をもたらしている。

第二に、主要国の中央銀行がロシアの大手・中堅の銀行の国際銀行間通信協会（ＳＷＩＦＴ）からの排除を決定したことである。

第三に、大規模な民間企業による経済活動のボイコットがあげられる。贅沢品からファストフードにいたるまで、一〇〇〇以上の外国企業がロシア市場から撤退した（二〇二二年八月時点）。

第四に、広範囲で多様な主体による制裁がロシアの報復制裁（たとえば、ＥＵや北大西洋条約機構〔ＮＡＴＯ〕に接近する旧ソ連諸国への燃料輸出や農業品の停止）を激化させている点がある。

第五に、今回の対ロシア制裁がＥＵにとっての制裁政策の大きな転換点になった点があげられる。ＥＵはアメリカによる威圧的な制裁を長いあいだ批判してきたが、このたびのＥＵ制裁はアメリカの科し方にかなり近い。

さらに最後の特徴として、共同制裁の調整の早さがあげられる。たとえば、ＥＵとＧ７はタスクフォースをただちに組織し、ロシアの新興財閥（オリガルヒ）の財産を凍結した。ＥＵは、制裁で凍結したロシアの中央銀行やオリガルヒの資産を、ウクライナの復興資金にあてる方針を示している。他方、日本は二〇二四年四月に、ロシアを原産地とする非工業用ダイヤモンドの輸入禁止を発表した。主に宝飾品向けを想定し、これまで規制していなかった第三国経由のロシア産ダイヤを対象に加えることによって、ロシアに対する制裁を強化する。同時に、自動車用エンジンオイルやリチウムイオン蓄電池など、一六〇以上の品目を輸出禁止の対象に加える制裁強化策も公表した。米欧の制裁措置と足並みをそろえたかたちだ。

バイデン政権は、ロシアによるウクライナ侵攻から二年を機に、五〇〇あまりの個人・組織を標的にした大規模な対ロシア制裁措置を発表した。ロシア経済にさらなる圧力を加えるとともに、ロシアの反体制派指導者ナヴァリヌイの獄中死に対するメッセージを送る狙いがある。侵攻開始後一日あたりに発表された制裁としては最大規模となった。さらに、軍事用ドローンメーカーとその幹部と従業員、ロシア独自の決済システム「ミール」、プラスチック3D印刷の専門企業のほか、多数の企業や団体が制裁対象となった。商務省はアメリカの技術の入手を制限する対象リストに九〇社を追加した。制裁対象にはナヴァリヌイの死に関連する者も数名含まれている。

このように厳しい制裁にもかかわらず、ロシア経済は持ちこたえている。権威主義国は政権幹部、国民、メディアへの統制が効きやすく、一丸となって外部からの圧力に対抗する傾向をもつ。また、豊富なエネルギー資源、大量破壊兵器やサイバー攻撃をちらつかせる外交戦略、安保理常任理事国という立場もロシアの経済を下支えしている。経済のグローバル化によってモノやサービスを供給するさまざまな経路ができたことから「抜け穴」の実態を把握することはさらに困難になり、制裁が効きにくい状況をつくり出している。また、制裁は、多くの国が実施してこそ効果が出るが、制裁を実施できるのは経済力のあるアメリカやヨーロッパなどに限られ、途上国の多くは欧米が発動する一方的な措置に協力どころか警戒心を抱く傾向もある。これは現在の国際社会ではどうしても克服できず、現状を打開する効果的な処方箋もいまのところ存在しない。

人権侵害をめぐる制裁

もうひとつ、近年では、制裁を科す際の目的は達成の可能性を意識して選択的になっていて、とりわけ人権侵害を理由として発動される制裁が増加している。人権は、基本的には主権国家の国内的な管轄事項であり、国家は他国の人権状況についてあれこれ批判することをためらう傾向にあったが、海外で活動（旅行、ビジネス、留学など）する自国民の活動の保護、地域秩序や国際秩序の安定、人道的・道義的関心などから、人権の保護と改善は国際的な課題として扱われはじめた。国際人権保障という考えも定着した。中国の新疆ウイグル自治区での少数民族弾圧、香港での民主化勢力の弾圧、ミャンマーの軍部によるロヒンギャへの弾圧などの人権侵害は、もはや一国の内政問題ではなく国際社会の問題となり、内政不干渉原則を乗り越えて非難できる状況になった。むろん、自国民を保護する第一義的な責任は国家にあるが、国家がその責任を果たせない、あるいは放棄するなどの場合は、国際社会の「責任」だとする考え方にもとづくものである。

他国の人権問題に対して自国の法で改善を迫るという傾向は、人権問題におけるもっとも重要で新しい展開といえよう。独自の制裁法を積極的に活用して制裁を発動しているのはアメリカである。「グローバル・マグニツキー法」は、アメリカが世界のあらゆる場所で人権侵害に関与した特定の人物や組織に対して制裁を科すことを可能にした。イギリスやカナダなど三〇カ国以上の国家やEUも同様の法律を制定し、日本でも二〇二一年に「日本版マグニツキー法」の制定化を求める超党派議員連盟が発足した。しかし、留意すべきは、西側諸国による人権改善を求める制裁は、当然のことながら、政治色が濃い点である。

制裁を科す際のロジックとしてアメリカが持ち出す理念が、本書でもたびたび登場する「原則」である。アメリカの原則とは、戦後の国際社会秩序の基礎となってきた西側諸国の普遍的価値、つまり、民主主義、人権などを指す。だが、西側による普遍的価値を押しつけとみなす国は多い。ロシアによるウクライナ侵攻に関する国連での投票行動をみても、政治的な配慮から侵攻に反対を表明したり、非難したりすることをためらう国は一定数いる。人権問題についても、「人権」は西欧型のものだけでなく多様であるとして、欧米から押しつけられることに不快感を露わにする国は多い。その多くはかつて西欧による植民地を経験し、経済の面でも欧米諸国によって搾取され、発展を妨げられてきた立場にあった（ある）国が多い。いわゆるグローバル・サウスと呼ばれる新興国や途上国は、西側の画一的な価値への反発をもつがゆえに、内政不干渉原則を自らの盾として欧米諸国に挑戦する中国側に寄り添う。

この傾向はますます強くなり、国連での投票行動をみても、中国を中心とするクラスター（類似の投票行動をとる集合体）には中南米、アフリカ諸国、アジア諸国が含まれ、大きな勢力を形成している。他方、ヨーロッパ諸国を中心とするクラスターには日本、韓国、オーストラリアが含まれる程度で、中国による主権拡大の傾向がみられる。国際社会は、欧米的な歴史に由来する自由主義的な規範やソフトパワーが優勢な価値体系が維持されているため、別の価値体系を掲げて全体を覆すことは不可能に近いとされる。しかし、近年では、欧米とは異なる多様な価値を有する国家、個別利益を優先させる国家が増えており、大国の投票行動を見ながら実利重視で動くグローバル・サウスの動向が無視できない状況にある。価値規範を軸にした国際社会の分断が危惧される所以である。

制裁は平和のための万能薬ではない

これまでの多くの制裁事例を目にするたびに、制裁は国際平和の回復・維持のために有効なのか考えてしまう。おそらく多くの読者も同じ疑問をもつだろう。制裁の多用は、国家間の相互依存関係が深化した現在において一定の効果が期待できるとして活用されているが、平和のための万能薬ではない。ほとんどのケースにみられるように、それ単独では紛争の解決あるいは違反国の行動・政策変容を成し遂げることは概して困難であり、違反国（者）の行動や政策を是正あるいは抑止する外交手段にとどまる。制裁の実効性を上げるためには他の外交手段と組み合わせて戦略的に科すとともに、措置の実効性を上げるための諸要因を操作するなどして好環境をつくり出す必要がある。そして何よりも、副次的な影響が出ないうちに短期で解除されることが望ましい。

制裁は武器の使用はともなわないものの、効果を追求するあまり、被制裁国の態度を硬直化させたり、対抗制裁を招いたり、対抗措置が制裁の応酬に発展したりという可能性は多分にある。かつて、古代アテネによる経済制裁がスパルタとのペロポネソス戦争につながったように、また、アメリカによる対日制裁が日本の真珠湾攻撃と対米開戦を引き起こしたように、戦争に発展する可能性は否めない(4)。厳しい経済制裁は対象国を罰するのと同時にその国の人びとを貧困に陥れ、飢餓の苦しみから暴動さえ誘発して多分に暴力的である。制裁がときに走りすぎることについての議論は多い。制裁擁護派は、自国民や国際社会にとって危険な指導者や政権の傍観者であってはならないという責任を強調するが、そうすることで生じる一般市民への人道的結果を放置することになる。制裁慎重派は、民間人を傷つけないことを強調するが、抑圧的で残忍な支配が続くという結果に直面する。どのような科し方が適切なのか、答えはなかなか見つからない。

現在、制裁の実施に関与する国連の諸機関、加盟国、地域機構、企業などが参加して、多国間制裁が有効に機能するために制裁全体の制度設計を練り直す「ガバナンス」について議論している。ガバナンスの形成は先行き不透明だが、制裁が国際の安全と平和のためどころか危険な武器とならないように、それを制限するための新しい国際ルールを策定するときがきている。

＊

本書を翻訳するきっかけとなったのは、フリー編集者の勝康裕さんからお声をかけていただいたことだった。私は国連経済制裁を研究の中心においているが、ロシアのウクライナ侵略をきっかけに、EU制裁についても研究領域を広げていた時期に頂戴したお話だったことから、ありがたく挑戦することにした。しかし、一冊を翻訳することは予想以上に難しい仕事になった。なるべく平易に訳出したつもりだが、思わぬ間違いや分かりにくい箇所があるかもしれない。その一切の責任が私にあることは言うまでもない。勝さんのきめ細かく丁寧なご指摘には、あらためて深く感謝したい。また、私が学生時代にフランス文学をはじめとする海外文学に触れるきっかけとなった憧れの白水社から、この翻訳書を出版していただけたこともたいへん嬉しい。同社編集部の竹園公一朗さんにも心より感謝申し上げる。

この翻訳書を機に、読者に「制裁」というテーマへの理解を深めていただければ望外の喜びである。

二〇二四年七月

本多　美樹

注記

（1）本書でもしばしば引用されている「経済制裁」（エコノミック・ステイトクラフト）の古典、デヴィッド・A・ボールドウィン『エコノミック・ステイトクラフト――国家戦略と経済的手段』（佐藤丙午監修／国際経済連携推進センター訳、産経新聞出版、二〇二三年）が最近邦訳された。

（2）国家が軍事的手段ではなく経済的手段によって他国に影響力を行使しようとする経済制裁については、日本国際政治学会編『国際政治（検証 エコノミック・ステイトクラフト）』二〇五号（二〇二二年二月）が特集を組んでいる。ここでは、その効果や正統性について、理論的・実証的にさまざまな角度から検討されている。

（3）著者ジェントルスンがしばしば引き合いに出している「相互依存の武器化（weaponizing interdependence）」という概念については、同テーマでの研究会議を主導したヘンリー・ファレルとアブラハム・ニューマンの共著、『武器化する経済――アメリカはいかにして世界経済を脅しの道具にしたのか』（野中香方子訳、日経ＢＰ、二〇二四年）が邦訳されている。

（4）歴史的な分析としては、本書でも触れられているニコラス・ミュルデルの素晴らしい著書、『経済兵器――現代戦の手段としての経済制裁』（三浦元博訳、日経ＢＰ、二〇二三年）の邦訳がある。

索　引

附録　2022年のロシア－ウクライナ戦争への制裁

年表（2022年5月までの主要な政策と出来事）

2021年11月～2022年1月　アメリカがロシアの侵略の可能性を警告。アメリカとその同盟国は外交努力をおこない，制裁を予告。

2022年1月25日　アメリカはロシアに「2014年には考えられなかったような甚大な影響」を与える準備はできていると警告。

2月21日　プーチンがウクライナの2つの分離独立した地域の主権を承認し，ロシア軍を同地域に派遣。アメリカは同地域を制裁し，欧州連合（EU）は制裁を採択。

2月22日　アメリカがロシア系金融機関に制裁措置。イギリスが最初の制裁措置を発動。ドイツ，ノルドストリーム2パイプラインの認証を停止。

2月23日　オーストラリアが最初の制裁措置を発動。EUが初の輸出入制裁を採択。

2月24日　ロシアがウクライナへの大規模侵攻を開始。

2月24日　日本，カナダ，アイスランドが制裁第一弾を採択，イギリスとオーストラリアが制裁を強化，アメリカはベラルーシの24の個人・団体とロシアの金融機関を制裁。

2月25日　台湾，初の制裁措置を採択。EU，アメリカ，日本は引き続き制裁を強化。アメリカがプーチン大統領とセルゲイ・ラブロフ外相を含むロシアの指導者を制裁。

2月26日　ロシアのウクライナ撤退を求める国連安保理決議：11カ国が支持，3カ国が棄権（中国，インド，アラブ首長国連邦）。

2月27～28日　アメリカが半導体やその他のハイテク製品，防衛分野および商業用途の技術を制裁。EU，イギリス，カナダ，日本，オーストラリア，ニュージーランドが同様の制裁を科す計画を発表。半導体の主要生産国である韓国と台湾もこれに応じる。

2月28日　アメリカ，EU，オーストラリアがロシア中央銀行を制裁。ノルウェー政府系ファンドがロシアからの資産売却を計画。スイスと韓国が最初の制裁措置を採択。

3月1日　日本が制裁強化。ブラジルとメキシコは制裁を発動しないと発表。

3月2日　国連総会，ロシアにウクライナ侵攻の停止を求める決議を141対5，棄権35で採択。リヒテンシュタインが初の制裁措置を採択。

3月4日　スイスがロシア中央銀行との取引を禁止し，ロシアのSWIFTアクセスに

関するEUの措置を採用。アルゼンチンは制裁をしないと発表。

3月5日　シンガポールが初の制裁措置を採択。

3月8日　日本とオーストラリアが制裁強化。アメリカはロシアの石油，液化天然ガス，石炭の輸入を禁止。

3月9日　インドネシアがロシアへの制裁をしないと発表。イギリスはロシアの石油輸入を停止すると発表。EUがベラルーシを制裁。ニュージーランドがロシアに対して初の独自制裁を発動。

3月10日　オーストラリアがロシアの石油と石炭の輸入を禁止。EU，イギリス，カナダは制裁を強化。

3月11日　アメリカ，EU，イギリス，カナダ，フランス，ドイツ，イタリア，日本が，ロシアの世界貿易機関（WTO）加盟資格および世界銀行と国際通貨基金（IMF）での借入特権の廃止を発表。

3月12日　バハマ，欧米諸国から制裁を受けたロシア企業との取引を金融機関に禁止。

3月13日　トルコがロシアへの制裁をしないと発表。オーストラリアが制裁を強化。

3月15日　EUとイギリスは3月11日の声明に従って制裁を実施，ニュージーランド，韓国，アイスランド，オーストラリアはロシアに対する主要7カ国首脳会議（G7）でのWTO姿勢に参加。〔ロシアに対する最恵国待遇の取り消しを含む，あらゆる措置をとるという姿勢。〕

3月16日　アメリカ，オーストラリア，カナダ，ドイツ，フランス，イタリア，日本，イギリス，EUが多国間タスクフォース「ロシアのエリート，代理人，オリガルヒ」（REPO）を設立。

3月17日　オーストラリアとイギリスが制裁強化。南アフリカはロシアへの制裁をしないことを発表。

3月24日　G7とEU首脳，制裁逃れを取り締まる措置で合意。ノルウェーがEU制裁を採択。アメリカ，イギリス，オーストラリア，カナダが制裁を強化。

3月25日　日本が3月11日の声明で発表した制裁措置を実施。スイスがEUの制裁措置をほぼすべて採用。

4月4日　オーストラリアは輸出制裁を強化，ニュージーランドはロシアのオリガルヒへの制裁を強化。

4月6日　アメリカがプーチンの娘たちを制裁，G7とEUがブチャにおける戦争犯罪を文書化し，それに対して追加制裁を科す計画を発表，イギリスは2022年までに石炭と石油の輸入を停止する計画。

4月7日　米国議会がロシアとの通商関係停止を決議。

4月8日　日本は制裁を強化し，ロシアの銀行資産を凍結し，輸入をボイコット。

4月8日　EUがロシア産石炭の輸入を禁止し，プーチン大統領の2人の娘を含む追加制裁を実施。

4月13日　スイスが4月8日からEU制裁パッケージを採択，イギリスは金融制裁を強化し，鉄鋼の輸入を禁止。

4月14日　オーストラリアがロシア国営企業14社を制裁リストに追加，イギリスは

制裁を拡大。
4月19日　ニュージーランドがロシアの銀行を制裁，イギリスはモスクワ証券取引所を標的に。
4月21日　アメリカ，オーストラリア，イギリス，日本，カナダが制裁を拡大。
4月29日　バイデンがウクライナの人道復興支援のためロシア人オリガルヒの資産差し押さえと売却を提案。
5月3日　EUは段階的なロシア産石油の輸入禁止措置を開始し，その他の制裁措置も追加。
5月2〜3日，16〜17日　オーストラリアとニュージーランドが追加制裁を発動。
5月3日，4日，8日，18日　イギリスが追加制裁を発動。
5月18日　フィンランドとスウェーデンがNATO加盟を申請。
5月24日　米国財務省はロシアをデフォルトに追い込むために，アメリカの債券保有者への支払いの妨害を開始。

個別的制裁（例）

アメリカ，イギリス，EU，スイス，カナダ，日本，オーストラリア，ニュージーランドのさまざまな組み合わせにより，金融資産凍結，渡航禁止，大型クルーザーの差し押さえ，その他の措置が科された。主に2種類の対象者がいる。

オリガルヒ〔新興財閥〕

イーゴリ・セチン：ロスネフチ（世界最大級の上場石油会社）CEOと息子のイワン・イゴレビッチ・セチン
アンドレイ・コスティン：VTB銀行（ロシア国営銀行）会長
アレクセイ・ミラー：ガスプロムCEO（世界最大の天然ガス上場企業であり，ロシア最大の売上高を誇る企業）
ニコライ・トカレフ：ロシア国営パイプライン会社トランスネフチ社長

ロシア政府関係者

ウラジーミル・プーチン：ロシア大統領
カテリーナ・ティホノワとマリア・ヴォロンツォア：娘たち
ミハイル・ミシュスチン：ロシア首相
セルゲイ・ラブロフ：外務大臣，ロシア安全保障理事会メンバー
セルゲイ・ショイグ：国防相

民間企業による制裁

国際的な世論の大きな圧力と風評への懸念から，アメリカ，ヨーロッパ，その他多くの企業1,000社近くが，自国政府の政策で要求される以上のロシアとの取引を制限

し，場合によっては完全に終了させるという自己制裁に踏み切った。いくつかの例を挙げよう。

航　空
エアバス（ヨーロッパ），ブリティッシュ・エアウェイズ（イギリス），エアクラフト・リーシング（アイルランド），大韓航空（韓国），エールフランス航空（フランス），ルフトハンザ（ドイツ），アメリカン航空（アメリカ），ユナイテッド航空（アメリカ），ボーイング（アメリカ）

自動車
フォード（アメリカ），ポルシェ（ドイツ），ゼネラル・モーターズ（アメリカ），ルノー（フランス），現代自動車（韓国），スバル（日本），ジャガー（イギリス），トヨタ（日本）

消費財
アマゾン（アメリカ），イケア（スウェーデン），ASOS（イギリス），マークス・アンド・スペンサー（イギリス），カールスバーグ（デンマーク），パウリグ（フィンランド），コカ・コーラ（アメリカ），プーマ（ドイツ）

金融・コンサルティング
アメリカン・エキスプレス（アメリカ），コメルツ銀行（ドイツ），エーオン（イギリス），クレディ・アグリコル（フランス），ポーランド銀行（ポーランド），マッキンゼー（アメリカ），シティ（アメリカ）

食品，ホスピタリティ，エンターテイメント
アコー（フランス），ネットフリックス（アメリカ），ディズニー（アメリカ），任天堂（日本），ヒルトン（アメリカ），スターバックス（アメリカ），マクドナルド（アメリカ）

情報技術
アップル（アメリカ），インテル（アメリカ），アトラシアン（オーストラリア），ライカ（ドイツ），キヤノン（日本），ノキア（フィンランド），エリクソン（スウェーデン），サムスン（韓国），IBM（アメリカ）

石油・ガス
ブリティッシュ・ペトロリアム（イギリス），エクイノール（ノルウェー），ENEOS（日本），エクソンモービル（アメリカ），ENI（イタリア），シェル（オランダ）

船　舶
CMA CGM（フランス），マースク（デンマーク），ハパックロイド（ドイツ），ヤンミン（台湾）

エネルギー部門
ウクライナ戦争前
・ロシアは世界第3位の石油産出国であり，世界第2位の天然ガス産出国。
・石油と天然ガスの輸出収入は，ロシア連邦予算の約半分とGDPの約3分の1を占めていた。
・ロシア－欧州連合
▹ロシアの石油輸出の約50%はEU向けで，EUの石油輸入の約25%を占めた。

▹ロシアの天然ガス輸出の約35%はEU向けで，EUの天然ガス消費量の約40%，ドイツは55%を占めた。

▹EUの石炭輸入の約45%はロシアからのものだが，気候変動上の理由から，石炭はEUの発電量の約13%しか占めていなかった。
・中国は世界最大の石油と天然ガスの輸入国である。ロシアはその第2位の石油供給国であり，第3位の天然ガス供給国である。

主なエネルギー部門への制裁
・ドイツは，ロシアからドイツへのパイプラインであるノルドストリーム2の認可プロセスを停止した。
・EUはロシアの石炭輸入を禁止した。
・アメリカ，イギリス，オーストラリアはロシアの石油輸入を禁止した。EUもその手続きを始めた。
・ロシア産天然ガスに対するEUの制裁措置はないが，若干の削減（燃料転換，節約，液化天然ガスの他の供給業者）はある。
・ロシアの石油と天然ガスの主要な輸入国のうち，制裁を科していないのはインドと中国である。
・主な産油国のサウジアラビアとアラブ首長国連邦は，原油価格の上昇を抑えるための増産を拒否した。
・ロシアの制裁破りには「仕向け地不明」の石油輸送ルートの変更があった。

非経済的制裁

スポーツ
FIFA（ワールドサッカー／サッカー），国際スケート連盟，フォーミュラ・ワン，国際テニス連盟，国際猫連盟，パラリンピック，国際ボクシング連盟，UEFAチャンピオンズリーグ，国際チェス連盟，ウィンブルドン・テニス，国際アイスホッケー連盟

文　化

カンヌ国際映画祭，メトロポリタン・オペラ（ニューヨーク），ユーロビジョン，モントリオール交響楽団，個人のアーティストおよびパフォーマー，ミュンヘン・フィルハーモニー管弦楽団

ロシアへの経済的影響

・GDP への影響：2021 年 4.7% 成長，2022 年 10〜15% 縮小予測（4 月）
・ルーブルの価値：侵攻前は 84 ルーブル／米ドル，3 月初旬には 154 ルーブル／米ドルまで下落
・インフレ率：年率 16.7%（4 月），負債ははるかに大きくなる可能性あり。
・国際債務：デフォルトのリスク。1917 年のロシア革命以来の外貨建て債務不履行となる。
・失業率：10 年ぶりに 9% を超えると予測。4 月中旬，モスクワ市長は市内で 20 万人の雇用が危機に瀕すると予測。
・半導体やその他の部品・技術の禁輸措置により，戦争で失った軍装備の補給が制約される。

世界経済への影響（戦争と制裁によるもの）

・世界の GDP 成長率予測は 4.4% から 3.6%（IMF，4 月），3.6% から 2.6%（国連）に低下。
　▹ ウクライナ予測 GDP 45% 減
　▹ ユーロ圏の成長率はわずか 0.2%，2022 年第 1 四半期
　▹ 食糧不足などでもっとも打撃を受けたのは貧しい途上国（たとえば，ロシアとウクライナがアラブとアフリカの多くの国々に輸入の 50% 近くを供給している小麦）。
・戦前は 1 バレル 96 ドル程度であった世界の原油価格は，戦後は最高値に達した。1 バレルあたり 139 ドル（過去 14 年間で最高），4 月下旬までに 103 ドルまで横ばいとなった。
・アメリカ，欧州，その他ほとんどの国のインフレ率は上昇した。
・高インフレと大規模な供給障害に見舞われた他の商品には，石炭，鉄鋼，アルミニウム，ニッケル，パラジウムなどがある。

注　記

序　章　国際関係理論と外交戦略の謎

1. Natasha Bertrand, "US Sanctions on Russia Would Impose 'Severe and Overwhelming Costs,' Officials Say," CNN, January 8, 2022, https://www.cnn.com/2022/01/08/politics/biden-russia-ukraine-potential-economic-sanctions/index.html.
2. U.S. Department of the Treasury, "Active Sanctions Programs," https://home.treasury.gov/policy-issues/financial-sanctions/sanctions-programs-and-country-information（accessed December 21, 2021）.
3. European Union, "EU Sanctions Map," https://www.sanctionsmap.eu/#/main; Government of the United Kingdom, "The UK Sanctions List," https://www.gov.uk/government/publications/the-uk-sanctions-list; Government of Canada, "Current Sanctions Imposed by Canada," https://www.international.gc.ca/world-monde/international_relations-relations_internationales/sanctions/current-actuelles.aspx?lang=eng（all accessed December 21, 2021）.
4. Thomas J. Biersteker, Sue E. Eckert, and Marcos Tourinho, eds., *Targeted Sanctions: The Impact and Effectiveness of UN Action*（Cambridge: Cambridge University Press, 2016）; Thomas J. Biersteker, Sue E. Eckert, Marcos Tourinho, and Zuzana Hudáková, "UN Targeted Sanctions Datasets（1991–2013）," *Journal of Peace Research* 55: 3（2018）; Sue E. Eckert, "Assessing the Effectiveness of UN Targeted Sanctions," Memo prepared for Workshop on the Deterring and Signaling Effects of Sanctions, Bridging the Gap and Center for a New American Security, January 31-February 1, 2019. 国連の制裁については以下も参照。David Cortright and George A. Lopez, *The Sanctions Decade: Assessing UN Strategies in the 1990s*（Boulder, CO: Lynne Rienner Publishers, 2000）; Patrick M. Weber and Gerald Schneider, "Post-Cold War Sanctioning by the EU, the UN and the US: Introducing the EUSANCT Data Set," *Conflict Management and Peace Science*（2020）, https://journals.sagepub.com/doi/10.1177/0738894220948729; "EUSANCT Data Set Case Summaries," University of Konstanz: Unpublished Working Paper; German Institute of Global Affairs（GIGA）Sanctions Data Set（2020）, https://data.gesis.org/sharing/#!Detail/10.7802/1346.
5. Gary Clyde Hufbauer, Jeffrey J. Schott, and Kimberly Ann Elliott（hereafter HSE）, *Economic Sanctions Reconsidered*, 2nd ed.（Washington, DC: Peterson Institute for International Economics, 1990）; T. Clifton Morgan and Navin Bapat with Valentin Krustev and

Yoshiara Kobayashi, "Threats and Imposition of Sanctions Data Base" (TIES), University of North Carolina-Chapel Hill, http://sanctions.web.unc.edu; T. Clifton Morgan, Navin Bapat, and Yoshiharu Kobayashi, "The Threat and Imposition of Economic Sanctions 1945–2005: Updating the TIES Dataset," *Conflict Management and Peace Science* 31: 5 (2014): 541–558.

6. 1950年から2019年までと今後も更新される予定のグローバル・サンクション・データベース（GSDB）は，そのような取り組みのひとつである。しかし，そのデータはほかの研究者にはまだあまり評価されていない。Aleksandra Kirilaka, Gabriel Felbermayr, Constantinos Syropoulos, Erdal Yalcin, and Yoto V. Yotov, "The Global Sanctions Data Base: An Update That Includes the Years of the Trump Presidency," Drexel School of Economic Working Paper 2021–10, https://drive.google.com/file/d/1ERc5uNcTumu8gyjOhzDtRNIWgkpk03T8/view.
7. HSE, *Economic Sanctions Reconsidered*; Morgan et al., "Threats and Imposition of Sanctions Data Base" (TIES), and "Threat and Imposition of Economic Sanctions 1945–2005"; Robert A. Pape, "Why Economic Sanctions Do Not Work," *International Security* 22: 2 (Fall 1997): 90–136.
8. Thomas Weiss, David Cortright, George A. Lopez, and Larry Minear, *Political Gain and Civilian Pain: Humanitarian Impacts of Economic Sanctions* (Lanham, MD: Rowman & Littlefield, 1997); John Mueller and Karl Mueller, "Sanctions of Mass Destruction," *Foreign Affairs* 78: 3 (May-June 1999): 43–53〔ジョン・ミューラー／カール・ミューラー「経済制裁という名の大量破壊兵器」『フォーリン・アフェアーズ・リポート』〕〈https://www.foreignaffairsj.co.jp/articles/199906_mueller/〉〕; Erica Moret, "Humanitarian Impacts of Economic Sanctions on Iran and Syria," *European Security* 24: 1 (2015): 120–140.
9. David A. Baldwin, *Economic Statecraft* (Princeton, NJ: Princeton University Press, 1985), 4, 144〔2020年の原著新版からの邦訳は，デヴィッド・A・ボールドウィン／佐藤丙午監修／国際経済連携推進センター訳『エコノミック・ステイトクラフト——国家戦略と経済的手段』産経新聞出版，2023年〕. Daniel W. Drezner, "The Hidden Hand of Economic Coercion," *International Organization* 57: 3 (2003): 643–659もみよ。

第1章　経済制裁

1. Albert O. Hirschman, *National Power and the Structure of Foreign Trade* (Berkeley: University of California Press, 1980), xv〔アルバート・ハーシュマン／飯田敬輔・四方田雅史訳『国力と外国貿易の構造』勁草書房，2011年〕. なかでもハーシュマンは，マキャヴェッリを「経済と政治の関連性をまったく認識していない」と非難している。Baldwin, *Economic Statecraft*; Henry Farrell and Abraham L. Newman, "Weaponized Interdependence: How Global Economic Networks Shape State Coercion," *International Security* 44: 1 (Summer 2019): 42–79.

2. 経済制裁の定義における共通点と相違点を知るためには，以下を参照。HSE, *Economic Sanctions Reconsidered*, 3; Jean-Marc F. Blanchard and Norrin M. Ripsman, *Economic Statecraft and Foreign Policy: Sanctions, Incentives and Target State Calculations*（London: Routledge, 2013）, 5; Drezner, “Hidden Hand of Economic Coercion,” 643; David Lektzian and Mark Souva, “The Economic Peace between Democracies: Economic Sanctions and Domestic Institutions,” *Journal of Peace Research* 40: 6（2003）: 642; Bryan Early and Menevis Cilizoglu, “Economic Sanctions in Flux: Enduring Challenges, New Policies, and Defining the Future Research Agenda,” *International Studies Perspectives* 21: 4（2020）: 2.
3. TIES データセットは，関税やその他の貿易紛争などの経済的目的を含むものである。
4. David L. Gordon and Royden Dangerfield, *The Hidden Weapon: The Story of Economic Warfare*（New York: Harper and Brothers, 1947）, 16 に引用されている。本書は，国務省対外経済局封鎖課の元課長たちによって書かれた，ナチス・ドイツに対するアメリカの経済戦争の興味深い記録である。経済戦争の歴史と経済学については，以下を参照されたい。Yuan-li Wu, *Economic Warfare*（New York: Prentice-Hall, 1952）.
5. “Arms Embargoes,” Stockholm International Peace Research Institute（SIPRI）, https://www.sipri.org/databases/embargoes. アメリカの一方的な武器禁輸は，SIPRI のデータには含まれていない。
6. U.S. Department of the Treasury, “Specially Designated Nationals and Blocked Persons List（SDN）Human Readable Lists,” accessed June 16, 2021, https://home.treasury.gov/policy-issues/financial-sanctions/specially-designated-nationals-and-blocked-persons-list-sdn-human-readable-lists. また，European Union, “Overview of Sanctions and Related Tools,” accessed April 9, 2022, https://ec.europa.eu/info/business-economy-euro/banking-and-finance/international-relations/restrictive-measures-sanctions/what-are-restrictive-measures-sanctions もみよ。
7. HSE, *Economic Sanctions Reconsidered*; Morgan et al., “Threats and Imposition of Sanctions Data Base”（TIES）, and “Threat and Imposition of Economic Sanctions 1945–2005: Updating the TIES Dataset.”
8. Michael Mastanduno, *Economic Containment: CoCom and the Politics of East-West Trade*（Ithaca, NY: Cornell University Press, 1992）.
9. Hirschman, *National Power and the Structure of Foreign Trade*, 29.
10. Morgan, Bapat, and Krustev, “Threat and Imposition of Economic Sanctions,” Appendix, 106; HSE, *Economic Sanctions Reconsidered*, 52–53; Biersketer et al., *Targeted Sanctions: Impact and Effectiveness of UN Action*; Francesco Giumelli, *Coercing, Constraining, Signalling: Explaining UN and EU Sanctions after the Cold War*（University of Essex: European Consortium for Political Research Press, 2011）. ほかの著者による目標については，以下の私の著作も参照されたい。Bruce W. Jentleson, “Economic Sanctions and Post-Cold War Conflicts: Challenges for Theory and Policy,” in *Interna-*

tional Conflict Resolution after the Cold War, ed. Paul C. Stern and Daniel Druckman, National Research Council (Washington, DC: National Academy Press, 2000), 172, note 12.

11. Brendan Taylor, *Sanctions as Grand Strategy* (London: International Institute for Strategic Studies, 2010). 解決策を示すには以下もみよ。Joshua D. Kertzer, *Resolve in International Politics* (Princeton, NJ: Princeton University Press, 2016); Jonathan Mercer, *Reputation and International Politics* (Ithaca, NY: Cornell University Press, 1996); Danielle L. Lupton, *Reputation for Resolve: How Leaders Signal Determination in International Politics* (Ithaca, NY: Cornell University Press, 2020); Robert Jervis, *Perception and Misperception in International Politics* (Princeton, NJ; Oxford: Princeton University Press, 1979).
12. Peter Rowland, *David Lloyd George: A Biography* (New York: Macmillan, 1975), 723.
13. Taehee Whang, "Playing to the Home Crowd? Symbolic Use of Economic Sanctions in the United States," *International Studies Quarterly* 55 (2011): 787–801.
14. Jessica L. Weeks, "Autocratic Audience Costs: Regime Type and Signaling Resolve," *International Organization* 62 (Winter 2008): 35–64.
15. Harry Strack, *Sanctions: The Case of Rhodesia* (Syracuse, NY: Syracuse University Press, 1978), 86, 90; Donald L. Losman, *International Economic Sanctions: The Cases of Cuba, Israel, and Rhodesia* (Albuquerque: University of New Mexico Press, 1979), 102; R. B. Sutcliffe, "The Political Economy of Rhodesian Sanctions," *Journal of Commonwealth Political Studies* 7: 2 (July 1969): 113–125. 輸入品を国内生産で代替する能力を持たない国家の脆弱性については，以下をみよ。William Akoto, Timothy M. Peterson, and Cameron G. Thies, "Trade Composition and Acquiescence to Sanction Threats," *Political Research Quarterly* 73: 3 (September 2020): 526–539.
16. "Iran's Flourishing Stock Market Reflects Its Resilient Economy," *The Economist*, March 12, 2022, https://www.economist.com/finance-and-economics/2022/03/12/irans-flourishing-stockmarket-reflects-its-resilient-economy.
17. Bruce W. Jentleson and Christopher A. Whytock, "Who 'Won' Libya? The Force-Diplomacy Debate and Its Implications for Theory and Policy," *International Security* 30: 3 (Winter 2005/06): 47–86.
18. Miroslav Nincic, *The Logic of Positive Engagement* (Ithaca, NY: Cornell University Press, 2011), 24 に引用されている。
19. Jentleson and Whytock, "Who 'Won' Libya?"
20. Larry Diamond, *Promoting Democracy in the 1990s: Actors and Instruments, Issues and Imperatives* (Washington, DC: Carnegie Commission on Preventing Deadly Conflict, 1995), 55.
21. 古典哲学者のジャン・ボダンは以下で言及されている。Edward L. Morse, *Modernization and the Transformation of International Relations* (New York: Free Press, 1976), 32; 経済的コストをかけても抵抗するナショナリストの反抗を無視することは，「ナイーブな経済戦争論」に等しい。Johan Galtung, "On the Effects of International

Economic Sanctions, with Examples from the Case of Rhodesia," *World Politics* 19: 3 (April 1967): 389.

22. Bryan R. Early, *Busted Sanctions: Explaining Why Economic Sanctions Fail* (Stanford, CA: Stanford University Press, 2015), and "Hunting Whales to Promote Sanctions Compliance: Understanding OFAC's Sanctions Implementation Strategy and Future Challenges," Memo prepared for the Bridging the Gap-Center for a New American Security Workshop on Economic Sanctions, February 2019.
23. International Consortium of Investigative Journalists, "The Pandora Papers," https://www.icij.org/investigations/pandora-papers/; Environmental Investigation Agency, "Sanctions-Busting Italian Timber Traders Defy EU Law to Import Myanmar Teak, Aiding the Military Junta," November 25, 2021, https://eia-international.org/news/sanction-busting-italian-timber-traders-defy-eu-law-to-import-myanmar-teak-aiding-the-military-junta/; K. Oanh Ha, Lin Kyaw, and Jin Wu, "Myanmar's Generals Run a Nearly Sanctions-Proof Empire," *Bloomberg News*, May 10, 2021, https://www.bloomberg.com/graphics/2021-myanmar-military-business/; Katie McQue, "Smuggled Iranian Fuel and Secret Nighttime Transfers: Seafarers Recount How It's Done," *Washington Post*, January 3, 2022, https://www.washingtonpost.com/world/middle_east/iran-oil-smugglng-sanctions/2022/01/02/97a6bf90-5457-11ec-83d2-d9dab0e23b7e_story.html.
24. Anthony Faiola, "How Russian Oligarchs Are Finding Safe Havens Outside the West," Washington Post, April 1, 2022, https://www.washingtonpost.com/world/2022/04/01/turkey-aue-dubai-russian-oligarchs-safe-haven/.

第2章　制裁は効くのか

1. 引用は，Peter Wallensteen, "Characteristics of Economic Sanctions," *Journal of Peace Research* 5: 3 (1968): 262 より。ネガティブな評価をしているものとして以下がある。ヘンリー・ビーネン／ロバート・ギルピン「制裁がその目的を達成することはめったになく，むしろ深刻な逆効果をもたらす可能性が高いというのが，学者のほぼ一致した結論である」；マーガレット・ドクシー「この研究で分析されたケースで，経済制裁が望ましい政治的結果をもたらすことに成功したものはない」；リタ＆ハワード・タウベンフェルド「少なくとも近代においては，非交戦国に対する経済制裁は，制裁主義者の掲げた目的を達成したとは思えない」。これらは，Baldwin, *Economic Statecraft*, 55–57 に引用されている。
2. Pape, "Why Economic Sanctions Do Not Work," 92.
3. Baldwin, *Economic Statecraft*, 4, 144. ボールドウィンは「制裁は常に効果がある」と振り子を大きく振る準備はできておらず，その代わりに，制裁の有用性について一般化して，「より適格に，より忍耐強く，より厳格に，より慎重に」と呼びかけている（ibid., p. 370）。
4. Robert D. Blackwill and Jennifer M. Harris, *War by Other Means: Geoeconomics and Statecraft* (Cambridge, Mass.: The Belknap Press of Harvard University Press, 2016),

200.

5. HSE と TIES はすべての制裁の発動者を対象としているため，ケースの数は大きく異なり（それぞれ 174，1,412），時間的な変動に起因するのは一部のみである（1914–2000 年，1945–2005 年）。HSE, *Economic Sanctions Reconsidered*, and Morgan et al., “Threats and Imposition of Sanctions Data Base.” アメリカ，EU，国連だけに焦点を当てたデータセットでも，ケースの数にばらつきがみられる。EUSANCT（1989–2015 年，326 ケース），GIGA（1990–2010 年，290 ケース）; Patrick M. Weber and Gerald Schneider, “Post-Cold War Sanctioning by the EU, the UN and the US: Introducing the EUSANCT Data Set,” *Conflict Management and Peace Science*（2020）, https://journals.sagepub.com/doi/10.1177/0738894220948729, and “EUSANCT Data Set Case Summaries”（2020）, University of Konstanz: Unpublished Working Paper; German Institute of Global Affairs（GIGA）Sanctions Data Set, https://data.gesis.org/sharing/#!Det ail/10.7802/1346.

ターゲット制裁コンソーシアム（TSC）（国連制裁 1991–2014 年）は，23 の制裁セット内の 63 の異なる「エピソード」を集計している。Biersteker, Eckert, Tourinho, and Hudáková, “UN Targeted Sanctions Datasets（1991–2013）.” EUSD は 1993 年から 2019 年の EU に限定され，48 のケースがある。Francesco Giumelli, Fabian Hoffmann, and Anna Ksiazczakova, “The When, Where, What and Why of European Union Sanctions,” *European Security* 30: 1（August 2020）: 1–23. グローバル・サンクション・データベース（GSDB）では，1950 年から 2019 年にかけて 1,101 ケースを集計している。Kirilata, Felbermayr, et al., “Global Sanctions Data Base,” https://www.tandfonline.com/doi/full/10.1080/09662839.2020.1797685.

6. TIES の 1,412 のうち 672 が経済目的のケース。Morgan, Bapat, and Krustev, “Threat and Imposition of Economic Sanctions, 1971–2000,” 94.

7. Drezner, “Hidden Hand of Economic Coercion,” 643–645. ドレズナーは，キンバリー・アン・エリオットとの電子メールのやりとりを引用し，彼女が「私たちが見逃している［脅威のケースは］たくさんある」と認めていることを紹介している。

8. 脅威が「具体的であってもなくてもよい」，完全な約束である必要はない，「制裁の可能性がある」だけでよい，「政府高官の口頭での発言を通じて」なされうる，という TIES の基準は，測定の信頼性と妥当性において同様の問題を抱えている。Morgan, Bapat, and Kobayashi, “Threat and Imposition of Sanctions,” 543.

9. TSC は，国連が指定した 23 のケースのなかで，63 のエピソードを区別している。EUSD もエピソードを扱っており，EU の 48 のケースのうち 85 がエピソードである。TIES は HSE よりもエピソードベースであり，HSE が単独でカウントした 17 のケースは 2 つ目の TIES ケースを持ち，2 つのケースは 3 つ目の TIES ケースを持ち，2 つのケースは 4 つの TIES ケースを持つ。たとえば，HSE は 1973 年の OPEC による石油禁輸を 1 つのケースとして扱っているが，TIES はこれを 8 つのケースに分けている。とくに目を引くのは，国際刑事裁判所（ICC）加盟各国にアメリカの経済的圧力をかけ，ICC の訴追を免除する協定に署名させたケースを HSE では 1 つのケースとして扱っているのに対し，TIES では 71 のケース

に分類していることである。

10. Jentleson and Whytock, "Who 'Won' Libya?"
11. Nicholas L. Miller, "The Secret Success of Nonproliferation Sanctions," *International Organization* 68: 4（2014）: 913–944.
12. Bruce W. Jentleson, *The Peacemakers: Leadership Lessons from 20th Century Statesmanship*（New York: W. W. Norton, 2018）, 213 に引用されている。
13. US Government Accountability Office, *Economic Sanctions: Agencies Assess Impacts on Targets, and Studies Suggest Several Factors Contribute to Sanctions' Effectiveness*, GAO-20–145, October 2019, https://www.gao.gov/assets/710/701891.pdf.
14. イザベル・イヴァネスクとアンドリュー・グレコは，シリアに関して次のように主張する。Isabel Ivanescu and Andrew Greco, "How Biden Can Manage the JCPOA's Consequences in Syria," *The National Interest*, March 1, 2021, https://nationalinterest.org/blog/middle-east-watch/how-biden-can-manage-jcpoa%E2%80%99s-consequences-sy ria-179025.
15. TIES は 1962 年のアメリカのハイチに対する制裁，1963 年のアメリカのドミニカ共和国に対する制裁，1970 年のジンバブエのザンビアに対する制裁を挙げている（1970013001）。
16. 制裁の成功をより適切に評価・定義するための注目すべき取り組みには，以下のようなものがある。Dursun Peksen, "When Do Imposed Economic Sanctions Work? A Critical Review of the Sanctions Effectiveness Literature," *Defence and Peace Economics* 30: 6（2019）: 635–647; Amira Jadoon, Dursun Peksen, and Taehee Whang, "How Can We Improve Our Understanding of Sanctions Success?" *International Studies Perspectives* 21（2020）: 464–471.
17. HSE は，「発動国が求めた政策目的がどの程度達成されたか」と「(軍事行動など他の要因とは対照的に）制裁がどの程度貢献したか」という 2 つの尺度にもとづき，「成功スコア」を序列化している。それぞれを 1〜4 でコード化した。1：失敗した結果，2：不明確だが肯定的な結果，3：部分的な成功，4：目標はほぼ達成された。制裁の貢献：1 は制裁が実際に逆効果であったことを意味し，2 はほとんど貢献しなかった，3 はかなり貢献した，4 は決定的な要因であったことを意味する。この 2 つのスコアを掛け合わせて 9 点以上になれば成功，9 点以下なら失敗と判断される。TSC では，HSE の尺度を 5 段階評価とし，成功の場合は最低でも 4 点以上としている。グローバル・サンクション・データベースは，発信国や発信機関の公式声明にもとづいて成功を判定しているが，これには信頼性と妥当性の面で深刻な問題がある。Kirilata, Felbermayr, et al., "Global Sanctions Data Base."
18. Dursun Peksen, "Better or Worse? The Effect of Economic Sanctions on Human Rights," *Journal of Peace Research* 46: 1（2009）: 59–77; Dursun Peksen and A. Cooper Drury, "Coercive or Corrosive: The Negative Impact of Economic Sanctions on Democracy," *International Interactions* 36: 3（2010）: 240–264. 以下も参照されたい。Reed M. Wood, "'A Hand upon the Throat of the Nation': Economic Sanctions and State Repres-

sion, 1976–2001," *International Studies Quarterly* 52: 3 (2008): 489–513; Susan H. Allen, "The Domestic Political Costs of Economic Sanctions," *Journal of Conflict Resolution* 52: 6 (2008): 924–925.

19. Andrew Nathan, "The Consequences of Tiananmen," in *The Tiananmen Papers: The Chinese Leadership's Decision to Use Force against Their Own People-In Their Own Words*, comp. Zhang Lian and ed. Andrew Nathan and Perry Link, vii-xxiii (New York: Public Affairs, 2002)〔張良編／山田耕介・高岡正展訳『天安門文書』文藝春秋，2001年〕.
20. Jerg Gutmann, Matthias Neuenkirch, and Florian Neumeier, "Sanctioned to Death? The Impact of Economic Sanctions on Life Expectancy and the Gender Gap," *Journal of Development Studies* 57 (2021): 1; Dominic Parker, Jeremy Foltz, and David Elsea, "Unintended Consequences of Sanctions for Human Rights: Conflict Minerals and Infant Mortality," *Journal of Law and Economics* 59: 4 (2016): 731–774; Allen and Lektzian, "Economic Sanctions: A Blunt Instrument?"; Thomas Weiss, David Cortright, George A. Lopez, and Larry Minear, *Political Gain and Civilian Pain: Humanitarian Impacts of Economic Sanctions* (Lanham, MD: Rowman & Littlefield, 1997).
21. Pranshu Verma and Vivian Yee, "Trump's Syria Sanctions 'Cannot Solve the Problem,' Critics Say," *New York Times*, August 4, 2020, https://www.nytimes.com/2020/08/04/world/middleeast/trump-assad-syria-sanctions.html. ジャーナリストのピーター・ベイナートが言うように，「抑圧的な政権を包囲する」ことは，「抑圧する側ではなく，抑圧される側に害を及ぼす」ことがあまりにも多い。Peter Beinart, "America's Other Forever War," *New York Times*, February 15, 2021, https://www.nytimes.com/2021/02/15/opinion/us-sanctions.html.
22. マイケル・マスタンドゥーノは，より広範な冷戦期の制裁に関する著作のなかで，全体的な封じ込め目標を支持しながらも，「同盟国政府は，アメリカの経済力が治外法権的で強制的なものであるとみなしていたことに不満を抱いていた」ことを明らかにしている。Michael Mastanduno, "Hegemony and Fear: The National Security Determinants of Weaponized Interdependence," in *The Uses and Abuses of Weaponized Interdependence*, ed. Daniel W. Drezner, Henry Farrell, and Abraham L. Newman (Washington, DC: Brookings Institution, 2021), 74.
23. Baldwin, *Economic Statecraft*, 107 に引用されている。
24. 「イギリスの海洋力を破壊するために……，ナポレオンは自国の製造業者からすべての原材料を奪った」。William M. Sloane, "The Continental System of Napoleon," *Political Science Quarterly* 13: 2 (1898): 230.
25. William Mauldin, "U.S. Weighs Limited Options to Punish China over Hong Kong; Major Steps against the Territory's Financial System Risk Hurting U.S., Western and Hong Kong Companies and Consumers," *Wall Street Journal*, July 12, 2020 https://www.wsj.com/articles/u-s-weighs-limited-options-to-punish-china-over-hong-kong-11594576800.
26. ボールドウィンが正しく強調しているように，「政策決定とは意思決定をすることであり，意思決定とは代替的な行動方針のなかから選択することである。さま

ざまな政策オプションの利点と欠点は，主にオプションとの比較によって重要性を獲得する」。Baldwin, *Economic Statecraft*, 15.

27. この点は，アレクサンダー・ジョージが強制外交に関する著作のなかで強調している。Alexander L. George and William E. Simons, eds., *Limits of Coercive Diplomacy*, 2nd. ed.（Boulder, Colo.: Westview Press, 1994）.

28. アパルトヘイト後も続く悪影響を考慮しても，オーディ・クロッツは制裁をバランスよく成功させたとみている。Audie Klotz, "Making Sanctions Work: Comparative Lessons," in *How Sanctions Work: Lessons from South Africa*, ed. Neta C. Crawford and Audie Klotz（New York: St. Martin's Press, 1999）, 273. 制裁のケースそのものではないが，冷戦緩和の一環として1970年代半ばに設立された欧州安全保障協力会議（CSCE）とヘルシンキ・プロセスは，同様の時間枠による評価のばらつきを示している。長年にわたって話し合いの場と揶揄されてきたCSCEとヘルシンキは，1989年から1990年にかけて，チェコスロバキアの反体制派から大統領に転身したヴァーツラフ・ハヴェルのような指導者たちから，投獄されても自分たちを生かしてくれたと称賛されるようになった。Nicolas Badalassi and Sarah B. Snyder, eds., *CSCE and the End of the Cold War: Diplomacy, Societies and Human Rights, 1972–1990*（New York: Berghahn Books, 2019）.

29. George Lopez and David Cortright, "Containing Iraq: Sanctions Worked," *Foreign Affairs* 83: 4（July-August 2004）: 90–103.

30. TIESは，これらのような外交行動や経済的その他のインセンティブをコード化している。HSEには，秘密行動，準軍事行動，正規の軍事行動などの付随政策が含まれる。TSCの国連多国間事例にはすべて，12種類の他の政策手段（武力による威嚇や武力の行使，国際刑事裁判所などの法的手続き，外交交渉など）が1つ以上含まれていた。

31. Mueller and Mueller, "Sanctions of Mass Destruction," 43–53. Moret, "Humanitarian Impacts of Economic Sanctions on Iran and Syria" もみよ。

32. Jentleson, "Economic Sanctions and Post-Cold War Conflicts," in Stern and Druckman, *International Conflict Resolution after the Cold War*, 147.

33. Human Rights Watch, *Maximum Pressure: US Economic Sanctions Harm Iranians' Right to Health*, by Tara Sepehri Far（2019）, https://www.hrw.org/report/2019/10/29/maximum-pressure/us-economic-sanctions-harm-iranians-right-health; Korea Peace Now, *The Human Costs and Gendered Impact of Sanctions on North Korea*（2019）, https://koreapeacenow.org/wp-content/uploads/2019/10/human-costs-and-gendered-impact-of-sanctions-on-north-korea.pdf.

34. Jentleson, "Economic Sanctions and Post-Cold War Conflicts," 148.

35. Danny Makki, Twitter Post, June 7, 2020, 4: 45 AM, https://twitter.com/dannymakkisyria/status/1269551089755586561.

36. BBC Global News Podcast, "The UN Says Afghanistan Faces a Profound Humanitarian Crisis," December 14, 2021, https://www.bbc.co.uk/programmes/p0bb0tml.

37. ブライアン・アーリーとマーカス・シュルツケは，「標的制裁は従来の制裁に匹

敵する悪影響をもたらす」と評価している。Bryan R. Early and Marcus Schulzke, "Still Unjust, Just in Different Ways: How Targeted Sanctions Fall Short of Just War Theory's Principles," *International Studies Review* 21（2019）: 57–80.

38. Idriss Jazairy, "Unilateral Economic Sanctions, International Law and Human Rights," *Ethics and International Affairs* 33: 3（Fall 2019）: 294 に引用されている。

39. ジョイ・ゴードンが言うように，銀行，石油会社，荷主などは，「たとえブラックリストに載っている企業と直接関係がなくても，制裁対象国との取引から完全に手を引くほうが安全だ」と考える。その結果，その国の銀行，海運，燃料，商品へのアクセスは，制裁のパラメーターをはるかに超えて低下する。Joy Gordon, "The Not So Targeted Instrument of Assets Freezes," *Ethics and International Affairs* 33: 3（Fall 2019）: 310. ゴードンの次の論文も参照されたい。Joy Gordon, "A Peaceful, Silent, Deadly Remedy: The Ethics of Economic Sanctions," *Ethics and International Affairs* 13: 1（1999）: 123–142; Joseph Daher and Erica Moret, *Invisible Sanctions: How Overcompliance Limits Humanitarian Work on Syria*（Berlin: IMPACT Civil Society Research and Development, 2020）, https://impact-csrd.org/reports/Invisible_Sanctions_IMPACT_EN.pdf.

40. たとえば，Emanuela Chiara-Girard, *Recommendations for Reducing Tensions in the Interplay between Sanctions, Counterterrorism Measures and Humanitarian Impact*, Chatham House International Security Department and International Law Programme, August 2017, https://www.chathamhouse.org/ sites/default/files/publications/research/CHHJ5596_NSAG_ iv_research_paper_1708_WEB.pdf をみよ。

41. Peksen, "Political Effectiveness, Negative Externalities and Ethics of Economic Sanctions," 280; Gordon, "Not So Targeted Instrument of Assets Freezes"; Jazairy, "Unilateral Economic Sanctions, International Law and Human Rights."

訳 注

1. 特定の標的を正確に攻撃して，巻き添え被害を最小限に抑えることを目的とすること。

第 3 章　制裁の成否を説明する

1. 「制裁が譲歩につながるためには，制裁する側が対象にコストを課す能力を示す必要がある。……しかし，コストが唯一の要因ではない」。Drezner, "Economic Sanctions Are about More Than Imposing Costs," *Washington Post*, April 18, 2018, https://www.washingtonpost.com/news/posteverything/wp/2018/04/18/economic-sanctions-are-about-more-than-imposing-costs/. HSE は，経済的なコストは「統計的に有意で頑健な変数のひとつ」であるとしているが，経済的なインパクトが大きいにもかかわらず成功スコアが低いケースもあり，また体制の種類や政策目的などの他の要因によって大きなばらつきがあるとしている。HSE, *Economic Sanctions Reconsidered*, 161, 163–166; TIES は，「対象国に対する厳しいコストは，制裁エピ

ソードのどの段階においても，制裁の成功と正の強固な関係がある」ことを発見したが，国際機関の役割や，コストが対象政権とその支持者によって大きく負担されるかどうかなど，ほかのさまざまな要因がある。Navin Bapat, Tobias Heinrich, Yoshiharu Kobayashi, and T. Clifton Morgan, "Determinants of Sanctions Effectiveness: Sensitivity Analysis Using New Data," *International Interactions* 39:1（2013）: 79–98; Morgan and Schwebach, "Fools Suffer Gladly."

2. Dursun Peksen, "When Do Imposed Economic Sanctions Work? A Critical Review of the Sanctions Effectiveness Literature," *Defense and Peace Economics* 30:6（2019）: 637.
3. "Diplomacy Sayings and Quotes," https://www.wiseoldsayings.com/diplomacy-quotes/.
4. T. Clifton Morgan and Valerie L. Schwebach, "Fools Suffer Gladly: The Use of Economic Sanctions in International Crises," *International Studies Quarterly* 41（March 1997）: 27–50. Paul Bentall, "United Nations Targeted Sanctions and Other Policy Tools: Diplomacy, Legal, Use of Force," in Biersteker, Eckert, and Tourinho, *Targeted Sanctions*, 89–91. ウクライナ戦争をめぐる2022年のロシア制裁は，これの変形であり，直接的な軍事力は行使されなかったが，ウクライナ軍と反乱軍への武器やその他の軍事援助を通じて間接的な軍事力が行使された。ロシアがウクライナ，アメリカ，国際社会にとって受け入れ可能な条件で戦争を終結させるまで，制裁は一定の評価を受けるだろうが，軍事戦略（ウクライナの抵抗，アメリカとNATOの軍事援助）が主な要因だっただろう。
5. Todd S. Sechser, "A Bargaining Theory of Coercion," in *Coercion: The Power to Hurt in International Relations*, ed. Kelly M. Greenhill（New York: Oxford University Press, 2018）, 55–76.
6. Rupal N. Mehta, "Manipulating State Behavior: How to Use Sanctions and Rewards to Get What You Want," *International Affairs Blog*, https://medium.com/international-affairs-blog/manipulating-state-behaviour-how-to-use-sanctions-and-rewards-to-get-what-you-want-7cadaef3b0fd. 制裁だけではない戦略的ロジックについては，以下を参照されたい。Thomas C. Schelling, *Arms and Influence: with a new preface and afterword*（New Haven: Yale University Press, 2008）〔トーマス・シェリング／斎藤剛訳『軍備と影響力――核兵器と駆け引きの論理』勁草書房，2018年〕; Robert J. Art and Patrick M. Cronin, eds., *The United States and Coercive Diplomacy*（Washington, DC: US Institute of Peace Press, 2003）; Bruce W. Jentleson, "Coercive Diplomacy: Scope and Limits, Theory and Policy," in *The Routledge Handbook of Security Studies*, ed. Victor Mauer and Myriam Dunn Cavelty（London: Routledge, 2009）, 404–414; Alexander L. George and Richard Smoke, *Deterrence in American Foreign Policy: Theory and Practice*（New York: Columbia University Press, 1974）; Robert M. Axelrod, *The Evolution of Cooperation*（New York: Basic Books, 2006）〔原著1984年版からの邦訳は，ロバート・アクセルロッド／松田裕之訳『つきあい方の科学――バクテリアから国際関係まで』ミネルヴァ書房，1998年〕; Nincic, *Logic of Positive Engagement*; David A. Baldwin, "The Power of Positive Sanctions," *World Politics* 24: 1（October 1971）: 19–38.

7. Cortright and Lopez, *Sanctions Decade*, 31.
8. Julia Grauvogel and Hana Attia, "Easier In Than Out: The Protracted Process of Ending Sanctions," German Institute of Global Affairs (GIGA), October 5, 2019, https://www.giga-hamburg.de/en/publications/11854089-easier-in-than-out-protracted-process-ending-sanctions/.
9. Stephan Haggard and Marcus Noland, *Hard Target: Sanctions, Inducement and the Case of North Korea* (Stanford, CA: Stanford University Press, 2017).
10. Alistair Smith, "International Crises and Domestic Politics," *American Political Science Review* 92: 3 (1998): 623–638; Michael Tomz, "Domestic Audience Costs in International Relations: An Experimental Approach," *International Organization* 61: 4 (2007): 821–840; Lektzian and Souva, "Economic Peace between Democracies"; Whang, "Playing to the Home Crowd?"; James D. Fearon, "Domestic Political Audiences and the Escalation of International Disputes," *American Political Science Review* 88: 3 (1994): 577–592; Susan H. Allen, "Political Institutions and Constrained Response to Economic Sanctions," *Foreign Policy Analysis* 4: 3 (2008): 255–274; Kim Richard Nossal, "Liberal Democratic Regimes, International Sanctions, and Global Governance," in *Globalization and Global Governance*, ed. Raimo Väyrynen (Lanham, MD: Rowman and Littlefield, 1999), 302.
11. Weeks, "Autocratic Audience Costs"; Lektzian and Souva, "Institutional Theory of Sanctions Onset and Success"; Julia Grauvogel and Christian von Soest, "Claims to Legitimacy Count: Why Sanctions Fail to Instigate Democratization in Authoritarian Regimes," *European Journal of Political Research* 53: 4 (2014): 635–653; Bryan R. Early and Dursun Peksen, "Shadow Economies and the Success of Economic Sanctions: Explaining Why Democratic Targets Are Disadvantaged," *Foreign Policy Analysis* 16: 3 (July 2020): 353–372; HSE, *Economic Sanctions Reconsidered*, 166–167.
12. Miller, "Secret Success of Nonproliferation Sanctions," and Nicholas L. Miller, *Stopping the Bomb: The Sources and Effectiveness of US Nonproliferation Policy* (Ithaca, NY: Cornell University Press, 2018).
13. HSE, *Supplemental Case Histories*, 341
14. Richard N. Haass, "Sanctioning Madness," *Foreign Affairs* 76: 6 (November/December 1997): 80; Risa Brooks, "Sanctions and Regime Type: What Works, and When?" *Security Studies* 11: 4 (2002): 1–50; Kirshner, "Microfoundations of Economic Sanctions."
15. Jentleson and Whytock, "Who 'Won' Libya?"; Lektzian and Souva, "Institutional Theory of Sanctions Onset and Success."
16. モーガンらは，多国間制裁の成功率は，単独制裁に比べて 51% から 31% 有利であると報告している。Morgan, Bapat, and Kobayashi, "Threat and Imposition of Economic Sanctions," 550; HSE が多国間主義をとくに重要視するのは，外交政策目標が小幅なものでなく大がかりなものである場合である。HSE, *Economic Sanctions Reconsidered*, 161.
17. Lisa L. Martin, *Coercive Cooperation: Explaining Multilateral Economic Sanctions*

(Princeton, NJ: Princeton University Press, 1992).

18. Anne Miers and T. Clifton Morgan, “Multilateral Sanctions and Foreign Policy Success: Can Too Many Cooks Spoil the Broth?” *International Interactions*, 28: 2 (April-June 2002): 117–136; HSEO, *Economic Sanctions Reconsidered*, 172–175; Kaempfer and Lowenberg, “International Economic Sanctions: A Public Choice Approach”; Bryan R. Early and Robert Spice, “Economic Sanctions, International Institutions, and Sanctions Busters: When Does Institutionalized Cooperation Help Sanctioning Efforts?” *Foreign Policy Analysis* 11: 3 (2015): 340.
19. Cortright and Lopez, *Sanctions Decade*; Biersteker, Eckert, and Tourinho, *Targeted Sanctions*, 205–207.
20. コンゴ民主共和国について研究を共有してくれたヒューマン・ライツ・ウォッチ，そしてウィルソン・センター・フェローのイーダ・ソーヤに感謝する。
21. Early and Ciligozlu, “Consequences of Economic Sanctions,” 459.
22. Dursun Peksen, “Better or Worse? The Effects of Economic Sanctions on Human Rights,” *Journal of Peace Research* 46: 1 (2009): 59.
23. Juan Zarate, *Treasury's War: The Unleashing of a New Era of Financial Warfare* (New York: Public Affairs, 2013); Blackwill and Harris, *War by Other Means*, 197; Elizabeth Rosenberg, Zachary K. Goldman, Daniel Drezner, and Julia Solomon-Strauss, *The New Tools of Economic Warfare: Effects and Effectiveness of Contemporary U.S. Financial Sanctions* (Washington, DC: Center for a New American Security, 2016); Farrell and Newman, “Weaponized Interdependence”; Thomas Oatley, “Weaponizing International Financial Interdependence,” in Drezner, Farrell, and Newman, *Uses and Abuses of Weaponized Interdependence*.
24. Oatley, “Weaponizing International Financial Interdependence,” 117; Julia Morse, “Blacklists, Market Enforcement and the Global Regime to Combat Terrorist Financing,” *International Organization* 73: 3 (Summer 2019): 511–545.
25. International Consortium of Investigative Journalists, *The Panama Papers*, https://www.icij.org/investigations/panama-papers/.
26. Gordon, “Not So Targeted Instrument of Assets Freezes,” 310.
27. Matt Apuzzo and Jane Bradley, “Oligarchs Got Richer despite Sanctions. Will This Time Be Different?” *New York Times*, March 16, 2022, https://www.nytimes.com/2022/03/16/world/europe/russia-oligarchs-sanctions-putin.html.
28. ピューリッツァー賞受賞コラムニストのユージン・ロビンソンは，この点を非常に力強く指摘している。Eugene Robinson, “What the Shocking Images of Ukraine's Dead Say about the Media-And Our Biases,” *Washington Post*, March 14, 2022, https://www.washingtonpost.com/opinions/2022/03/14/victims-of-yemen-deserve-as-much-concern-as-family-killed-in-irpin-and-maternity-hospital-victims/.
29. Graham Bowley and Zachary Small, “US Study Finds Further Regulation of the Art Market Not Needed Now,” *New York Times*, February 4, 2022, https://www.nytimes.com/2022/02/04/arts/design/art-market-regulation.html.

30. HSEの「緩やかな政策変更」の成功率は51%であるのに対し，全体では34%である。Economic Sanctions Reconsidered, 159; TIESは，全面的または部分的な容認では27.2%だが，交渉による和解という限定的な成功では37.5%である。Morgan, Bapat, and Kobayashi, “Threat and Imposition of Sanctions 1945–2005,” 546; TSCは，制約とシグナリングには27%の効果があるが，より広い目的としての強制には10%の効果しかないとした。Biersteker, Eckert, and Tourinho, *Targeted Sanctions*, Appendix 2.
31. 「相手が応じないという動機の強さは，何を要求されるかに大きく左右される」。George and Simons, *Limits of Coercive Diplomacy*, 281.
32. Lise Morje Howard, *Power in Peacekeeping*（Cambridge: Cambridge University Press, 2019), 87–89.
33. Arms Control Association, “The Wassenaar Arrangement at a Glance,” February 2022, https://www.armscontrol.org/factsheets/wassenaar; Nuclear Suppliers Group, https://www.nuclearsuppliersgroup.org/en/.
34. Christian von Soehst and Michael Wahman, “The Underestimated Effect of Democratic Sanctions,” *E-International Relations*, 2014, https://wcfia.harvard.edu/publications/underestimated-effect-democratic-sanctions-0.
35. Peksen, “Better or Worse?”
36. エリザベス・ローゼンバーグとジョーダン・タマが論じているように，「制裁はしばしば，政策の撤回を迫るよりも，望まない行動を抑止する可能性のほうが高い」のである。Elizabeth Rosenberg and Jordan Tama, *Strengthening the Economic Arsenal: Bolstering the Deterrent and Signaling Effects of Sanctions*, Center for a New American Security, December 2019, https://www.cnas.org/publications/reports/strengthening-the-economic-arsenal, 2. Schelling, *Arms and Influence*, 70–71も参照。

第4章　歴史的視点

1. 私のアプローチは，アレクサンダー・ジョージらによって開発された体系的重点比較法を活用している。以下を参照されたい。Alexander L. George, “Case Studies and Theory Development,” in *Diplomacy: New Approaches in Theory, History and Policy*, ed. Paul Gordon Lauren（New York, Free Press, 1979); Alexander George and Andrew Bennett, *Case Studies and Theory Development in the Social Sciences*（Cambridge, MA: MIT Press, 2005)〔アレキサンダー・ジョージ，アンドリュー・ベネット／泉川泰博訳『社会科学のケース・スタディ――理論形成のための定性的手法』勁草書房，2013年〕.
2. Donald Kagan, *The Outbreak of the Peloponnesian War*（Ithaca, NY: Cornell University Press, 1969), 265–266; Sir Alfred Zimmern, *Greek Commonwealth*, 5th ed.（Oxford: Clarendon Press, 1931), 426–427. Baldwin, *Economic Statecraft*, 152, 154に引用されている。
3. Aristophanes, *The Acharnians*, lines 523–533〔アリストパネース／野津寛訳『アカ

ルナイの人々』，『ギリシア喜劇全集 1』岩波書店，2008 年所収〕; http://classics.mit.edu/Aristophanes/acharnians.html.

4. Henry Bienen and Robert Gilpin, "An Evaluation of the Use of Economic Sanctions to Promote Foreign Policy Objectives, with Special Reference to the Problem of Terrorism and the Promotion of Human Rights," a report prepared for the Boeing Corporation (April 2, 1979). Baldwin, *Economic Statecraft*, 150 に引用されている。
5. Thucydides, *History of the Peloponnesian War*, 14, Jonathan Kirshner, "Handle Him with Care: The Importance of Getting Thucydides Right," *Security Studies* 28: 1 (2019) からの引用。
6. Baldwin, *Economic Statecraft*, 154.
7. Eli F. Heckscher, *The Continental System: An Economic Interpretation* (Oxford: Clarendon Press, 1922), 88. William M. Sloane, "The Continental System of Napoleon," *Political Science Quarterly* 13: 2 (1898): 213–231; Tor Egil Førland, "The History of Economic Warfare: International Law, Effectiveness, Strategies," *Journal of Peace Research* 30: 2 (1993): 151–162; Daniel P. Ahn, "Economic Sanctions: Past, Present, and Future," *Georgetown Journal of International Affairs* 20 (2019): 126–132 も参照。
8. Heckscher, *The Continental System*, 367.
9. Carl von Clausewitz, *The Campaign of 1812 in Russia*, https://www.clausewitzstudies.org/readings/1812/Clausewitz-CampaignOf1812inRussia-EllesmereTranslation.pdf; 212〔カール・フォン・クラウゼヴィッツ／外山卯三郎訳『千八百十二年ロシア戦役史』みたみ出版，1944 年〕. 当時，クラウセヴィッツはプロイセン軍の将校で，フランス軍から亡命してロシア帝国軍司令部に加わっていた。
10. Jesse Greenspan, "Why Napoleon's Invasion of Russia Was the Beginning of the End," September 14, 2020, https://www.history.com/news/napoleons-disastrous-invasion-of-russia.
11. Andrew Holt, "No More Hoares to Paris," *Review of International Studies* 37:3 (2011): 1383–1401; George Baer, "Sanctions and Security: The League of Nations and the Italian-Ethiopian War, 1935–1936," *International Organization* 27: 2 (1973): 165–179.
12. G. Bruce Strang, "'The Worst of All Worlds': Oil Sanctions and Italy's Invasion of Abyssinia, 1935–1936," *Diplomacy and Statecraft* 19: 2 (2008): 210–235; Perry Willson, "Empire, Gender, and the 'Home Front' in Fascist Italy," *Women's History Review* 16: 4 (2007): 487–500; Cristiano Andrea Ristuccia, "The 1935 Sanctions against Italy: Would Coal and Oil Have Made a Difference?" *European Review of Economic History* 4: 1 (2000): 85–110; Nicholas Mulder, *The Economic Weapon: The Rise of Sanctions as a Tool of Modern War* (New Haven: Yale University Press, 2022)〔ニコラス・ミュルデル／三浦元博訳『経済兵器――現代戦の手段としての経済制裁』日経 BP，2023 年〕.
13. Robin Renwick, *Economic Sanctions* (Cambridge, MA: Harvard University Center for International Affairs, 1981), 48; Doxey, *Economic Sanctions and International Enforcement*, 5.

14. HSE, *Economic Sanctions Reconsidered*, 102.
15. Howard Taubenfeld and Rita Falk Taubenfeld, "The Economic Weapon: The League and the United Nations," *Proceedings of the American Society of International Law at Its Annual Meeting*（*1921–1969*）58（1964）: 184–185
16. Baer, "Sanctions and Security," 178–179.
17. Ristuccia, "1935 Sanctions against Italy"; Willson, "Empire, Gender and the 'Home Front' in Fascist Italy," 489, 495.
18. HSE, *Economic Sanctions Reconsidered: Supplemental Case Histories*, 2nd ed.（Washington, DC: Institute for International Economics, 1990）, 36.
19. Taubenfeld and Taubenfeld, "The 'Economic Weapon'"; Strang, "The Worst of All Worlds."
20. Baer, "Sanctions and Security," 177.
21. Frederick Hartman, *The Relations of Nations*（New York: Macmillan, 1973）, 369; Mulder, *The Economic Weapon*, 222.
22. Jentleson, *The Peacemaker*, Chapter 4.
23. フランスとイスラエルにも制裁が科されたが，イギリスのケースがこの研究にとってもっとも重要である。
24. William Hitchcock, *The Age of Eisenhower: America and the World in the 1950s*（New York: Simon & Schuster, 2018）, 319.
25. Hitchcock, *The Age of Eisenhower*, 306; Robert R. Bowie, *International Crises and the Role of Law: Suez 1956*（London: Oxford University Press, 1956）, 22, HSE, *Economic Sanctions Reconsidered*, 156 に引用されている。
26. Jentleson, *Peacemakers*, 115.
27. Kunz, *Economic Diplomacy of the Suez Crisis*, 138.
28. Kunz, *Economic Diplomacy*, 130.
29. Bowie, *Suez 1956*, 64.
30. ローデシアのケースについての詳しい分析は，以下を参照されたい。Harry Strack, *Sanctions: The Case of Rhodesia*（Syracuse, NY: Syracuse University Press, 1978）; Donald L. Losman, *International Economic Sanctions: The Cases of Cuba, Israel, and Rhodesia*（Albuquerque: University of New Mexico Press, 1979）; Doxey, *Economic Sanctions and International Enforcement*.
31. "Mr. Wilson's Visit to Rhodesia," *Keesing's Record of World Events* 11（December 1965）: 21087, http://web.stanford.edu/group/tomzgroup/pmwiki/uploads/1804-1965-12-KS-a-RRW.pdf.
32. HSE, *Economic Sanctions Reconsidered*, 290.
33. 経済的なデータは以下から引用した。Losman, *International Economic Sanctions*, 89–91, 102, 107, 110, 115; Strack, *Sanctions: Rhodesia*, 86, 90, 117.
34. Memorandum from Secretary of State Henry Kissinger to CIA Director George Bush, "Present South African Attitudes on the Rhodesian Situation," August 31, 1976, https://www.cia.gov/library/readingroom/docs/LOC-HAK-91-6-31-0.pdf.

35. Strack, *Sanctions: Rhodesia*, 164.
36. Baldwin, *Economic Statecraft*, 190.
37. Roy Licklider, *Political Power and the Arab Oil Weapon: The Experience of Five Industrial Nations*（Berkeley: University of California Press, 1988）; Hanns Maull, "Oil and Influence: The Oil Weapon Examined," *The Adelphi Papers* 15: 117（1975）: 1–2; Doxey, *Economic Sanctions and International Enforcement*.
38. アラブ連盟の決議については，HSE, *Economic Sanctions Reconsidered*, 341 をみよ。
39. Walter Laqueur, *The Struggle for the Middle East: The Soviet Union and the Middle East, 1958–68*（London: Routledge & K. Paul, 1970）, 127.
40. Bruce W. Jentleson, *Pipeline Politics: The Complex Political Economy of East-West Energy Trade*（Ithaca, NY: Cornell University Press, 1986）, 138–139.
41. Maull, *Oil and Influence*, 33–34.
42. William B. Quandt, *Decade of Decisions: American Policy toward the Arab-Israeli Conflict, 1967–1976*（Berkeley: University of California Press, 1977）, 267–268.
43. Audie Klotz, *Norms in International Relations: The Struggle against Apartheid*（Ithaca, NY: Cornell University Press, 1995）; Crawford and Klotz, *How Sanctions Work*; Robert M. Price, *The Apartheid State in Crisis: Political Transformation in South Africa, 1975–1990*（New York: Oxford University Press, 1991）.
44. Philip I. Levy, "Sanctions on South Africa: What Did They Do?," Yale Economic Growth Center Discussion Paper, February 1999, http://www.econ.yale.edu/growth_pdf/cdp796.pdf.
45. Bruce W. Jentleson, "American Diplomacy: Around the World and Along Pennsylvania Avenue," in *A Question of Balance: The President, Congress and Foreign Policy*, ed. Thomas E. Mann（Washington, DC: Brookings Institution Press, 1990）, 157.
46. Crawford and Klotz, *How Sanctions Work*, 3.

第 5 章　アメリカ

1. HSE, *Economic Sanctions Reconsidered*, Table 5.1, 127; TIES は以下の文献にもとづいて算出した。Morgan, Bapat, and Kobayashi, "Threats and Imposition of Sanctions"; Daniel W. Drezner, "The United States of Sanctions: The Use and Abuse of Economic Coercion," *Foreign Affairs* 100: 5（September/October 2021）: 142–154, https://www.foreignaffairs.com/articles/united-states/2021-08-24/united-states-sanctions〔ダニエル・W・ドレズナー「経済制裁依存症は何を物語る――アメリカの衰退，外交的影響力の低下」『フォーリン・アフェアーズ・リポート』〈https://www.foreignaffairsj.co.jp/articles/202110_drezner/〉〕; Robert Kahn, "Have Sanctions Become the Swiss Army Knife of U.S. Foreign Policy?," Council on Foreign Relations, July 24, 2017, https://www.cfr.org/blog/have-sanctions-become-swiss-army-knife-us-foreign-policy.
2. Reema Shocair Ali, "OFAC 2019 Year in Review," *JD Supra*, February 5, 2020, https://www.jdsupra.com/legalnews/ ofac-2019-year-in-review-part-1-of-3–47987/; Sam Dor-

shimer and Francis Shin, *Sanctions by the Numbers: 2020 Year in Review*, Center for a New American Security, January 14, 2021, https://www.cnas.org/publications/reports/sanctions-by-the-numbers-2020.

3. Hirschman, *National Power and Structure of Foreign Trade*, 13; Farrell and Newman, "Weaponized Interdependence," 45.
4. Bryan R. Early and Amira Jadoon, "Using the Carrot as the Stick: US Foreign Aid and the Effectiveness of Sanctions Threats," *Foreign Policy Analysis* 15: 3 (July 2015): 350–369.
5. Jentleson, "Weaponized Interdependence, Dynamics of 21st Century Power and U.S. Grand Strategy," in *Uses and Abuses of Weaponized Interdependence*, ed. Drezner, Farrell, and Newman, 247; Blackwill and Harris, *War by Other Means*.
6. US Treasury Department, OFAC, *SDN List*. ワシントン DC の法律事務所は，企業がこれらの規制を回避するのを支援することを専門としている。OFAC Law Group と名乗る法律事務所さえある。"Contact Us," OFAC Law Group, https://ofaclawyer.net/contact-us/.
7. Blackwill and Harris, *War by Other Means*, 200.
8. HSE, *Economic Sanctions Reconsidered*, Table 5.1, 127. TIES のデータはやや高いが，同じような期間区分であった——1945–1969 年は 58% の成功率，1970–1989 年の成功率は 49% である。Morgan, Bapat, and Kobayashi, "Threats and Imposition of Sanctions."
9. Drezner, "United States of Sanctions." グローバル・サンクション・データベース（GSDB）は 2010 年まで対応しているが，すでに述べたように，発動国や発動機関による公式声明にもとづいていることから信頼性と妥当性に重大な問題がある。Kirilata, Felbermayr, et al., "Global Sanctions Data Base."
10. 本書を書いている時点では，2022 年のロシア・ウクライナのケースはまだ進行中である。ロシアがウクライナ，アメリカ，国際社会が納得する条件で戦争を終結させることができれば，制裁は一定の評価を受けるだろうが，軍事戦略（ウクライナの抵抗，アメリカと NATO の軍事支援）が主な要因となっただろう。詳しくは本章後半のケーススタディと附録を参照されたい。
11. より広範なケースを用い，HSE は限定的な国内政治変革の成功率を約 35% と計算している。
12. Miller, "Secret Success of Nonproliferation Sanctions," and *Stopping the Bomb*.
13. Whang, "Playing to the Home Crowd?" 2022 年のロシア・ウクライナのケースでは，世論調査対象者の 64% がインフレをさらに高めても制裁を強化することを支持したが，バイデン大統領のウクライナ危機への対応全般については，賛成 42%，反対 47% にとどまった。Ashley Parker, Emily Gustin, and Scott Clement, "Big Majority of Americans Back Sanctions on Russia, Aid to Ukraine, Poll Finds," *Washington Post*, May 2, 2022, https://www.washingtonpost.com/politics/2022/05/02/poll-ukraine-support-biden/
14. HSE, *Economic Sanctions Reconsidered*, 134–135. 1983–2014 年までのケースをみる

と，75 のうち 36 は大統領が反対したが，議会は承認した。Jordan Tama, "Forcing the President's Hand: How the US Congress Shapes Foreign Policy through Sanctions Legislation," *Foreign Policy Analysis* 16: 3（July 2020）: 397–416.

15. Guillermo J. Grenier and Qing Lai, *2020 FIU Cuba Poll: How Cuban Americans in Miami View U.S. Policies toward Cuba*（Miami: Florida International University, 2020）.
16. Bruce W. Jentleson, "Economic Sanctions and Post-Cold War Conflicts," in *International Conflict Resolution after the Cold War*, ed. Stern and Druckman, 138, *With Friends Like These: Reagan, Bush and Saddam, 1982–1990*（New York: W. W. Norton, 1994）, 80–86. 1980 年の対ソ穀物禁輸もその一例だ。農民たちは，ロナルド・レーガンに圧倒的多数で投票することで，ジミー・カーターに対する怒りをぶつけた。就任後，レーガンは反ソのタカ派にもかかわらず，すぐに穀物禁輸を解除した。詳しくは，以下のケーススタディで。
17. *Checklists of Foreign Countries Subject to Sanctions*（Thompson Coburn LLP, March 2020）; US Department of State, Bureau of International Security and Nonproliferation, *Nonproliferation Sanctions*, updated April 20, 2021, https://www.state.gov/key-topics-bureau-of-international-security-and-nonproliferation/nonproliferation-sanctions/; "Primer on Agencies That Enforce US Sanctions: Department of the Treasury," *SanctionsAlert.com*, July 21, 2016, https://sanctionsalert.com/primer-on-agencies-that-enforce-us-sanctions-department-of-the-treasury/.
18. Ana Swanson, "The Agency at the Center of America's Tech Fight with China," *New York Times*, March 26, 2021, https://www.nytimes.com/2021/03/26/business/economy/commerce-department-technology-china.html?smid=em-share.
19. Crawford and Klotz, *How Sanctions Work*; Michael John Garcia and Todd Garvey, *State and Local Sanctions: Constitutional Issues*, Congressional Research Service, February 20, 2013, RL 33948; John M. Kline, "Continuing Controversies over State and Local Foreign Policy Sanctions in the United States," *Publius* 29: 2（1999）: 111–134, http://www.jstor.org/stable/3330894.
20. Meg Voorhes, "The U.S. Divestment Movement," in *How Sanctions Work*, ed. Crawford and Klotz, 130.
21. "United States v. Curtiss-Wright Export Corp（1936）," in *Foreign Relations and National Security Law: Cases, Materials and Simulations*, ed. Thomas M. Franck and Michael J. Glennon（St. Paul, MN: West Publishing, 1987）, 33, 35.
22. Office of Governor Gavin Newsom, "Governor Newsom Calls for State Sanctions on Russia," March 1, 2022, https://www.gov.ca.gov/2022/03/01/governor-newsom-calls-for-state-sanctions-on-russia/.
23. William J. Burns, *The Back Channel: A Memoir of American Diplomacy and the Case for Renewal*（New York: Random House, 2019）; Richard Nephew, *The Art of Sanctions: A View from the Field*（New York: Columbia University Press, 2017）.
24. Congressional Research Service, *Iran Sanctions*, updated January 20, 2020, RS20871, 52–53, 66.

25. Nahal Toosi, "Trump Team Scours Intel Sent by Iranians as It Weighs New Sanctions," *Politico*, December 3, 2019, https://www.politico.com/news/2019/12/03/donald-trump-sanctions-iran-074961; Richard Goldberg, "Trump Has an Iran Strategy. This Is It," *New York Times*, January 24, 2020, https://www.nytimes.com/2020/01/24/opinion/trump-iran.html.
26. Gjoza, *Counting the Costs of Financial Warfare*, 14.
27. The United States Department of Justice, Office of Public Affairs, *BNP Paribas Sentenced for Conspiring to Violate the International Emergency Economic Powers Act and the Trading with the Enemy Act*, May 1, 2015, https://www.justice.gov/opa/pr/bnp-paribas-sentenced-conspiring-violate-international-emergency-economic-powers-act-and. これにはキューバやスーダンとの違反も含まれる。
28. あるイランの外交官は，INSTEX の最初の取引に対して「弱すぎて，遅すぎたが，依然としてうまくいっている」と述べた。Giorgio Cafiero and Maysam Behravesh, "U.S.-EU Tensions Set to Escalate over Iran's Coronavirus Crisis," Atlantic Council, April 29, 2020, https://www.atlanticcouncil.org/blogs/iransource/us-eu-tensions-set-to-escalate-over-irans-coronavirus-crisis/.
29. Gerard Araud, Twitter Post, August 20, 2020, 4:06 PM, https://twitter.com/GerardAraud/status/1296539217334603780.
30. Strobe Talbott and Maggie Tennis, "The Only Winner of the US-Iran Showdown Is Russia," Brookings Institution, January 9, 2020, https://www.brookings.edu/blog/order-from-chaos/2020/01/09/the-only-winner-of-the-us-iran-showdown-is-russia/.
31. "Maximum Pressure: U.S. Economic Sanctions Harm Iranians' Right to Health," Human Rights Watch, October 29, 2019, https://www.hrw.org/report/2019/10/29/maximum-pressure/us-economic-sanctions-harm-iranians-right-health; Congressional Research Service, "Iran Sanctions," RS20871, January 24, 2020, 68; Erin Cunningham, "As Coronavirus Cases Explode in Iran, U.S. Sanctions Hinder Its Access to Drugs and Medical Equipment," *Washington Post*, March 29, 2020, https://www.washingtonpost.com/world/middle_east/as-coronavirus-cases-explode-in-iran-us-sanctions-hinder-its-access-to-drugs-and-medical-equipment/2020/03/28/0656a196-6aba-11ea-b199-3a9799c54512_story.html.
32. Jentleson, "Weaponized Interdependence, Dynamics of 21st Century Power and U.S. Grand Strategy," 239–256.
33. Buttonwood, "Persian Lessons: Iran's Flourishing Stock Market Reflects Its Resilient Economy," *The Economist*, March 12, 2022, 68.
34. ソ連とロシアに対する制裁の完全なリストは長いものになるだろう。たとえば，2016 年のアメリカ大統領選挙へのロシアの干渉，シリアへの軍事介入，イギリスに住む元二重スパイ，セルゲイ・スクリパリに対する神経ガス攻撃など，最近のものも含まれる。第 7 章には，最近のノルドストリーム 2 天然ガス・パイプラインプロジェクトを含むさまざまなソ連／ロシアのエネルギー・パイプライン制裁が含まれている。

35. ジャクソン＝バニクと 1980 年のアフガニスタン制裁は，Bruce W. Jentleson, *Pipeline Politics: The Complex Political Economy of East-West Energy Trade*（Ithaca, NY: Cornell University Press, 1986）, 142–159 による。
36. 2022 年のロシア・ウクライナ制裁については，附録も参照されたい。
37. Secretary of State Antony J. Blinken, *Imposing Sanctions on Russia for the Poisoning and Imprisonment of Aleksey Navalny*, March 2, 2021, https://www.state.gov/imposing-sanctions-on-russia-for-the-poisoning-and-imprisonment-of-aleksey-navalny/.
38. US Department of the Treasury, "Treasury Sanctions Russia with New Sweeping Sanctions Authority," April 15, 2021, https://home.treasury.gov/news/press-releases/jy0127.
39. European Union, "EU Restrictive Measures in Response to the Crisis in Ukraine," https://www.consilium.europa.eu/en/policies/sanctions/ukraine-crisis/.
40. Simon Carswell, "Irish Aircraft-Leasing Firms to Sever Agreements with Russian Airlines," *Irish Times*, March 4, 2022, https://www.irishtimes.com/business/transport-and-tourism/irish-aircraft-leasing-firms-to-sever-agreements-with-russian-airlines-1.4817878.
41. Andrew Roth, "Navalny Aides to Push for Sanctions against Putin-Linked Oligarchs," *Guardian*, March 5, 2021, https://www.theguardian.com/world/2021/mar/05/navalny-aides-to-push-for-sanctions-against-putin-linked-oligarchs.
42. Elliott Smith, "US Sanctions against Russia 'Mostly Symbolic' and Will Not Trouble Moscow, Economists Say," CNBC, April 16, 2021, https://www.cnbc.com/2021/04/16/economists-us-sanctions-mostly-symbolic-and-wont-trouble-russia.html.
43. この制裁が経済的な影響を与えたことを強調する見方については，以下をみよ。Nigel Gould-Davies, "Sanctions on Russia Are Working: Why It's Important to Keep Up the Pressure," *Foreign Affairs*, August 22, 2018, https://www.foreignaffairs.com/articles/russian-federation/2018–08–22/sanctions-russia-are-working, and "Russia, the West and Sanctions," *Survival* 62: 1（2020）: 7–28.
44. Thomas Graham, "Let Russia Be Russia: The Case for a More Pragmatic Approach to Moscow," *Foreign Affairs* 98: 6（November/December 2019）, https://www.foreignaffairs.com/articles/russia-fsu/2019-10-15/let-russia-be-russia; 実際，プーチンはよりリベラルなエリートから財産を接収し，側近に与えることで，制裁による損失を相殺した。Gjoza, "Counting the Costs of Financial Warfare," 8.
45. Rachel Maddow, *Blowout: Corrupted Democracy, Rogue State Russia and the Richest Most Destructive Industry on Earth*（New York: Crown, 2019）, 241–243, 338.
46. Anton Troianoksvki and Patricia Cohen, "Bleak Assessments of the Russian Economy Clash with Putin's Rosy Claims," April 18, 2022, *New York Times*, https://www.nytimes.com/2022/04/18/world/europe/russian-economy-bleak-assessments.html.
47. Shruti Menon, "Ukraine Crisis: Why India Is Buying More Russian Oil," *BBC*, April 26, 2022, https://www.bbc.com/news/world-asia-india-60783874.
48. Editorial Board, "Can Sanctions Really Stop Putin?," *New York Times*, April 22, 2022, https://www.nytimes.com/2022/04/22/opinion/sanctions-russia-ukraine-war.html; 政府高官とバイデン大統領のコメントは，以下の文献で引用している。Bruce W.

Jentleson, "Biden Is Ready to Deploy Sanctions, But Will the Bite Live Up to the Bark?," *Washington Post*, January 25, 2022, https://www.washingtonpost.com/opinions/2022/01/25/biden-is-ready-deploy-sanctions-against-russia-will-bite-live-up-bark/.

49. Greg Miller and Spencer Woodman, "U.S. Hunt for Oligarchs' Huge Fortunes Faces Barriers Offhsore," *Washington Post*, April 11, 2022, https://www.washingtonpost.com/world/interactive/2022/russia-oligarchs-sanctions-pandora-papers/?itid=hp_special-topic-chain-2_4.
50. Jentleson, *Peacemakers*, 45.
51. バイデン大統領はその後，これを撤回しようとした。「私は制裁が彼を抑止するとは言っていない。制裁は決して抑止力にはならない」と，バイデンは3月24日の記者会見で主張した。しかし，公式声明はきわめて明確だった。「制裁の目的はロシアの侵略を抑止することだ」と，アントニー・ブリンケン国務長官は1月に述べた。ジェイク・サリヴァン国家安全保障顧問は「大統領は，制裁は抑止するためのものだと考えている」と2月に述べた。The White House, "Remarks by President Biden in Press Conference," March 24, 2022, https://www.whitehouse.gov/briefing-room/speeches-remarks/2022/03/24/remarks-by-president-biden-in-press-conference-7/; State Department, "Secretary Antony J. Blinken with Dana Bash of CNN State of the Union," January 23, 2022, https://www.state.gov/secretary-antony-j-blinken-with-dana-bash-of-cnn-state-of-the-union-2/; the White House, "Press Briefing by Press Secretary Jen Psaki and National Security Advisor Jake Sullivan, February 11, 2022," https://www.whitehouse.gov/briefing-room/press-briefings/2022/02/11/press-briefing-by-press-secretary-jen-psaki-and-national-security-advisor-jake-sullivan-february-11-2022/.
52. Anton Troianovski and Ivan Nechepurenko, "Russian Tycoon Criticized Putin's War: Retribution Was Swift," *New York Times*, May 1, 2022, https://www.nytimes.com/2022/05/01/world/europe/oligarch-putin-oleg-tinkov.html.
53. "Putin Says Western Sanctions Are Akin to Declaration of War," *Reuters*, March 5, 2022, https://www.reuters.com/world/europe/putin-says-western-sanctions-are-akin-declaration-war-2022-03-05/.
54. "The Consequences of Tiananmen," Andrew Nathan Talks to Maria Elena Viggiano, June 3, 2009, *Reset Dialogues on Civilizations*, https://www.resetdoc.org/story/the-consequences-of-tiananmen/.
55. "Tiananmen Square Protest Death Toll 'Was 10,000,'" BBC, December 23, 2017, https://www.bbc.com/news/world-asia-china-42465516.
56. C. J. Werleman, "'Death Is Everywhere': Millions More Uyghurs Missing," *Byline Times*, August 24, 2020, https://bylinetimes.com/2020/08/24/death-is-everywhere-millions-more-uyghurs-missing/.
57. David Skidmore and William Gates, "After Tiananmen: The Struggle over U.S. Policy toward China in the Bush Administration," *Presidential Studies Quarterly* 27: 3 (1997): 514–539.
58. Nathan, "The Consequences of Tiananmen," vii-xxiii.

59. Lindsay Gorman and Matt Schrader, "U.S. Firms Are Helping Build China's Orwellian State," *Foreign Policy*, March 19, 2019, https://foreignpolicy.com/2019/03/19/962492-orwell-china-socialcredit-surveillance/.
60. Liza Lin, "Intel Erases Reference to China's Xinjiang after Social-Media Backlash," *Wall Street Journal*, January 10, 2022, https://www.wsj.com/articles/intel-erases-reference-to-chinas-xinjiang-after-social-media-backlash-11641808676.
61. Jane Perlez, "With Pressure and Persuasion, China Deflects Criticism of Its Camps for Muslims," *New York Times*, April 8, 2019, https://www.nytimes.com/2019/04/08/world/asia/china-muslims-camps.html.
62. Kuzzat Altay, "Why Erdogan Has Abandoned the Uyghurs," *Foreign Policy*, March 2, 2021, https://foreignpolicy.com/2021/03/02/why-erdogan-has-abandoned-the-uyghurs/.
63. BBC, "Tiananmen Square Protest Death Toll 'Was 10,000.'"
64. Adam Segal, "Huawei, 5G and Weaponized Interdependence," in *Uses and Abuses of Weaponized Interdependence*, ed. Drezner, Farrell, and Newman, 160.
65. Tim Higgins, "Apple Takes Smartphone Lead in China, Helping Drive Record Profit," *Wall Street Journal*, January 28, 2022, https://www.wsj.com/articles/apple-takes-smartphone-lead-in-china-helping-drive-record-profit-11643371201; Dan Strumpt, "Freed Huawei Finance Chief Meng Wanzhou Returns to Company Spotlight," *Wall Street Journal*, March 28, 2022, https://www.wsj.com/articles/freed-huawei-finance-chief-meng-wanzhou-returns-to-c ompany-spotlight-11648470472; Susan Decker, "Huawei Ranks No. 5 in U.S. Patents in Sign of Chinese Growth," *Bloomberg News*, January 11, 2022, https://www.bloomberg.com/news/articles/2022-01-11/huawei-ranks-no-5-in-u-s-patents-in-sign-of-chinese-growth.
66. "China Sanctions US, Canadian Officials over Xinjiang," *Associated Press News*, March 27, 2021, https://apnews.com/article/hong-kong-china-8030f658c955d7572f3fa562b54bc302.
67. George Leopold, "U.S. Clings to Semiconductor Dominance as China Mounts Challenge," *EE Times*, July 10, 2020, https://www.eetimes.com/u-s-clings-to-semiconductor-dominance-as-china-mounts-challenge/.
68. ヘンリー・ファレルが言うように，「商業的論理」よりも「安全保障の論理」が優勢である。Henry Farrell, "Weaponized Interdependence and Networked Coercion: A Research Agenda," in *Uses and Abuses of Weaponized Interdependence*, ed. Drezner, Farrell, and Newman, 316.
69. Stephan Haggard and Marcus Noland, *Famine in North Korea*（New York: Columbia University Press, 2007）, 86〔ステファン・ハガード，マーカス・ノーランド著／杉原ひろみ・丸本美加訳『北朝鮮飢餓の政治経済学』中央公論新社，2009年〕.
70. Hugh Griffiths et al., *Report of the Panel of Experts Established Pursuant to Resolution 1874（2009）*, United Nations Security Council, March 5, 2018; "Q&A: North Korea, Sanctions, and Human Rights," Human Rights Watch, March 30, 2018, www.hrw.org/news/2018/05/30/qa-north-korea-sanctions-and-human-rights#.

71. Ed Caesar, "Rocket Men," *New Yorker*, April 26 and May 3, 2021, 46; Michelle Nichols, "Exclusive: U.N. Sanctions Experts Warn- Stay Away from North Korea Cryptocurrency Conference," Reuters, January 15, 2020, https://www.reuters.com/article/us-northkorea-sanctions-un-exclusive/exclusive-u-n-sanctions-experts-warn-stay-away-from-north-korea-cryptocurrency-conference-idUSKBN1ZE0I5; Katie Benner, "North Koreans Accused of Laundering $2.5 Billion for Nuclear Program," *New York Times*, May 28, 2020, https://www.nytimes.com/2020/05/28/us/politics/north-korea-money-laundering-nuclear-weapons.html; BBC News, "North Korean Hackers Stole $400 Million of Cryptocurrency in 2021, Report Says," January 14, 2022, https://www.bbc.com/news/business-59990477.
72. Kyoochul Kim, "Finding Loopholes in Sanctions: Effects of Sanctions on North Korea's Refined Oil Prices," *KDI Journal of Economic Policy* 42: 4 (November 2020): 1–25; Kevin Gray, "Sanctions on North Korea Are Counterproductive," *Just Security*, November 26, 2019, https://www.justsecurity.org/67473/sanctions-on-north-korea-are-counterproductive/.
73. Choe Sang-Hun, "North Korea Party Congress Opens with Kim Jong-un Admitting Failures," *New York Times*, January 5, 2021, https://www.nytimes.com/2021/01/05/world/asia/north-korea-kim-jong-un-party-congress.html.
74. Kolja Brockmann, "European Union Sanctions on North Korea: Balancing Non-Proliferation with the Humanitarian Impact," Stockholm International Peace Research Institute, December 11, 2020, https://www.sipri.org/commentary/topical-backgrounder/2020/european-union-sanctions-north-korea-balancing-non-proliferation-humanitarian-impact.
75. Haggard and Noland, *Hard Target*, 228.
76. Matthew Smith, "Venezuela's Crude Oil Industry May Never Recover," *OilPrice.com*, October 3, 2020, https://oilprice.com/Energy/Crude-Oil/Venezuelas-Oil-industry-May-Never-Recover.html; Oriana Van Praag, "Understanding the Venezuelan Refugee Crisis," Wilson Center, September 13, 2020, https://www.wilsoncenter.org/article/understanding-the-venezuelan-refugee-crisis; Mark Weisbrot and Jeffrey Sachs, "Economic Sanctions as Collective Punishment: The Case of Venezuela," Center for Economic and Policy Research, April 2019, 2, https://cepr.net/images/stories/reports/venezuela-sanctions-2019-04.pdf.
77. Weisbrot and Sachs, "Economic Sanctions as Collective Punishment: Venezuela."
78. Congressional Research Service, "Venezuela: Background and U.S. Relations," R44841, March 31, 2021, https://fas.org/sgp/crs/row/R44841.pdf.
79. Ernesto Londoño and Nicholas Casey, "Trump Administration Discussed Coup Plans with Rebel Venezuelan Officers," *New York Times*, September 8, 2018, https://www.nytimes.com/2018/09/08/world/americas/donald-trump-venezuela-military-coup.html; Julie Turkewitz and Frances Robles, "An Incursion into Venezuela, Straight out of Hollywood," *New York Times*, May 7, 2020, https://www.nytimes.com/2020/05/07/world/americas/venezuela-failed-overthrow.html.
80. Francisco R. Rodriguez, "Biden Must Change Not Deepen Trump's Failed Venezuela

Strategy," *Just Security*, January 5, 2022, https://www.justsecurity.org/79733/biden-must-change-not-deepen-trumps-failed-venezuela-strategy/.

81. Financial Action Task Force, "Consolidated FATF Strategy on Combatting Terrorist Financing," February 19, 2016, http://www.fatf-gafi.org/media/fatf/documents/reports/FATF-Terrorist-Financing-Strategy.pdf.
82. Julia Kagan, "Hawala," Investopedia, March 17, 2021, https://www.investopedia.com/terms/h/hawala.asp.
83. Farrell and Newman, "Weaponized Interdependence," 68–69. Zarate, *Treasury's War*; Julia C. Morse, "Blacklists, Market Enforcement and the Global Regime to Combat Terrorist Financing," *International Organization* 73: 3（Summer 2019）: 511–545 をみよ。
84. Morse, "Blacklists, Market Enforcement and the Global Regime to Combat Terrorist Financing," 511.
85. US Department of the Treasury, Office of Foreign Assets Control（OFAC）, *Terrorist Assets Report: Twenty-seventh Annual Report to the Congress on Assets in the United States Relating to Terrorist Countries and Organizations Engaged in International Terrorism*, 2018, https://home.treasury.gov/system/files/126/tar2018.pdf.
86. Charlie Savage, "U.S. Seizes Bitcoin Said to Be Used to Finance Terrorist Groups," *New York Times*, August 13, 2020, https://www.nytimes.com/2020/08/13/us/politics/bitcoin-terrorism.html; Pranshu Verma, "U.S. Imposes Sanctions on Qaeda Financier Who Trades in Gems," *New York Times*, October 19, 2020, https://www.nytimes.com/2020/10/19/us/politics/treasury-sanctions-qaeda-gems.html.
87. US Department of the Treasury, "Assistant Secretary for Terrorist Financing David S. Cohen Remarks on Terrorist Financing," January 28, 2010, https://www.treasury.gov/press-center/press-releases/Pages/tg515.aspx.
88. General Accountability Office, *Economic Sanctions*.
89. Mark Carney, "The Growing Challenges for Monetary Policy in the Current International Monetary and Financial Systems," Bank of England, August 23, 2019, https://www.bankofengland.co.uk/-/media/boe/files/speech/2019/the-growing-challenges-for-monetary-policy-speech-by-mark-carney.pdf.
90. US Department of the Treasury, *The Treasury 2021 Sanctions Review*, October 2021, https://home.treasury.gov/system/files/136/Treasury-2021-sanctions-review.pdf.
91. そのほかにも多くの要因がドル支配の縮小に寄与している。Enda Curran, "The U.S. Dollar's Dominance Is Stealthily Eroding," *Bloomberg News*, March 25, 2022, https://www.bloomberg.com/news/articles/2022-03-25/the-dollar-s-dominance-is-being-stealthily-eroded-imf-paper.
92. Elizabeth Rosenberg, Peter Harrell, and Ashley Feng, *A New Arsenal for Competition: Coercive Economic Measures in the U.S.-China Relationship*, Center for a New American Security, April 2020, 3. 以下も参照。https://www.atlanticcouncil.org/blogs/new-atlanticist/the-rebirth-of-the-state-departments-office-of-sanctions-coordination-guidelines-for-success/.

93. US Treasury Department, *Treasury 2021 Sanctions Review*.

訳 注

1. 家父長制的支配構造の特殊ケースで，支配者が自己の家産として領有する土地を家従属民に貸与することによって家共同体を分散させ，また，家産官僚制の整備を通じて多様な支配関係を政治的に統合する国家形態のこと。
2. イギリスの作家ジョージ・オーウェルは『1984 年』（1949 年刊）で全体主義的社会を描き，この本は 70 以上の言語に翻訳された。この本に因んで，全体主義・管理主義的な思想や社会のことを「オーウェリアン」（オーウェル的世界）と呼ぶ。
3. 主に，ビットコインなどの暗号通貨の追跡に使用されるブロックチェーン公開台帳を分析するための，コンプライアンスや調査ソフトウエアを提供する会社のこと。
4. 2017 年 8 月に，ベネズエラの平和的解決のためにつくられた政治枠組み。メンバーは脱退や追加参加などで流動的だが，ブラジル，カナダ，コロンビア，コスタリカ，グアテマラ，ホンジュラスなどが参加している。
5. アラビア語で「信用」を意味する非公式な金銭価値移送手段のこと。
6. 「あまねく（pan）」「見る（optic）」というギリシャ語の語源から「一望監視施設」と呼ばれる監獄施設。18 世紀に功利主義のジェレミー・ベンサムが提唱した建築プランで，現在ではフーコーが権力一般を説明するモデルとして用いた。
7. 「絞めることで相手を苦しめられるポイント」を語源とし，軍事的な意味合いにおいても，海峡や運河などの海上に限らず，陸上における峡谷や橋なども含めた要衝，隘路を表す。
8. 医療現場で使われるガウン，手袋，マスク，キャップ，エプロン，シューカバー，フェイスシールド，ゴーグルなどのこと。

第 6 章　中国による制裁の行使

1. James Reilly, “China’s Unilateral Sanctions,” *Washington Quarterly* 35: 4 (Fall 2012): 121.
2. Elizabeth Rosenberg, Peter E. Harrell, and Ashley Feng, *A New Arsenal for Competition: Coercive Economic Measures in the U.S.-China Relationship* (Washington, DC: Center for a New American Security, April 2020), 24.
3. Kurt M. Campbell and Rush Doshi, “How America Can Shore Up Asian Order: A Strategy for Restoring Balance and Legitimacy,” *Foreign Affairs*, January 12, 2021, https://www.foreignaffairs.com/articles/united-states/2021-01-12/how-ameri ca-can-shore-asian-order〔カート・M・キャンベル，ラッシュ・ドーシ「アジア秩序をいかに支えるか——勢力均衡と秩序の正統性」『フォーリン・アフェアーズ・リポート』〈https://www.foreignaffairsj.co.jp/articles/202102_campbell/〉〕.
4. Fergus Hanson, Emilia Currey, and Tracy Beattie, *The Chinese Communist Party’s Coer-*

cive Economic Diplomacy, Australia Strategic Policy Institute, Policy Brief Report No. 36/2020, 15.

5. すでに引用した情報源に加え，中国の制裁行使に関する他の情報源には以下を含む。William J. Norris, *Chinese Economic Statecraft: Commercial Actors, Grand Strategy, and State Control*（Ithaca, NY: Cornell University Press, 2016）; Angela Poh, *Sanctions with Chinese Characteristics: Rhetoric and Restraint in China's Diplomacy*（Amsterdam: Amsterdam University Press, 2021）; Ketian Zhang, "Cautious Bully: Reputation, Resolve and Beijing's Use of Coercion in the South China Sea," *International Security* 44: 1（Summer 2019）: 117–159; Peter E. Harrell, Elizabeth Rosenberg, and Edoardo Saravelle, *China's Use of Coercive Economic Measures*（Washington, DC: Center for a New American Security, June 2018）.
6. Bruce W. Jentleson, "Refocusing U.S. Grand Strategy on Pandemic and Environmental Mass Destruction," *Washington Quarterly* 43: 3（Fall 2020）: 8 に引用されている。
7. 2005 年に小泉純一郎首相が，第二次世界大戦中の中国占領下で残虐行為をおこなった日本人を含む戦没者を祀ることで物議を醸している靖国神社に参拝したことに対して，日本製品に対する制裁が実施された。これも国内の政治改革のケースである。
8. その他の限定的な外交政策変更事例としては，2010–2012 年の日本との海洋紛争，2012–2016 年のフィリピンとの海洋紛争がある。
9. US Department of State, US Embassy in Georgia, *China's Houston Consulate a Center of Malign Activity*, August 12, 2020, https://ge.usembassy.gov/chinas-houston-consulate-a-center-of-malign-activity.
10. Judith Alison Lee et al., *China's New Draft Export Control Law and Its Implications for International Trade*, Gibson, Dunn & Crutcher LLP, August 31, 2020, https://www.gibsondunn.com/china-new-draft-export-control-law-and-its-implications-for-international-trade/.
11. Cate Cadell and Tony Munroe, "China Imposes Sanctions on 28 Trump-Era Officials Including Pompeo," *Reuters*, January 20, 2021, https://www.reuters.com/article/us-usa-china-pompeo-blinken/china-imposes-sanctions-on-28-trump-era-officials-including-pompeo-idUSKBN29P14K.
12. Li Yuan, "China's Political Correctness: One Country, No Arguments," *New York Times*, October 11, 2019, https://www.nytimes.com/2019/10/11/business/china-hong-kong-education.html.
13. トミー・ヒルフィガー，アディダス，ナイキ，コンバース，カルバン・クラインなどの欧米企業も攻撃を受けた。Raymond Zhong and Paul Mozur, "How China's Outrage Machine Kicked Up a Storm over H&M," *New York Times*, March 29, 2021, https://www.nytimes.com/2021/03/29/business/china-xinjiang-cotton-hm.html; Li Yuan, "As China Targets H&M and Nike, Local Brands See Their Chance," *New York Times*, April 6, 2021, https://www.nytimes.com/2021/04/06/business/china-xinjiang-boycott-heytea-nio.html; "Statement on H&M in China," H&M Group, March 31, 2021, https://

hmgroup.com/news/statement_hm_china/.

14. Thomas P. Cavanna, "China's Belt and Road Initiative: Coercion Unbound?" in *Uses and Abuses of Weaponized Interdependence*, ed. Drezner, Farrell, and Newman, 221–235.
15. Draws on Reilly, "China's Unilateral Sanctions"; Harrell, Rosenberg, and Saravelle, *China's Use of Coercive Economic Measures*.
16. "China Vows 'proper' Response to US Arms Sale to Taiwan," *Associated Press*, November 4, 2020, https://apnews.com/article/virus-outbreak-beijing-taiwan-china-ebf86031e75bdd0b4f4d341691a758ed; Bonnie Girard, "With New Offensive Weapons Package, Trump Administration Goes All-in for Taiwan," *The Diplomat*, October 30, 2020, https://thediplomat.com/2020/10/with-new-offensive-weapons-package-trump-administration-goes-all-in-for-taiwan/.
17. The Republic of China（Taiwan), Ministry of Foreign Affairs, *Cross-Strait Relations*, 2020, https://www.taiwan.gov.tw/content_6.php. 航空各社はさまざまな妥協策を講じた。ユナイテッド航空やデルタ航空のように，目的地を台北市とするものもいれば，エールフランス航空やルフトハンザ航空のように「台湾，中国」としながらもビジネスを続けるものもいた。マリオットも「台湾，中国」を採用した。マリオットについては，Amy Webb, *The Big Nine: How the Tech Titans and Their Thinking Machines Could Warp Humanity*（New York: Public Affairs, 2020), 73–74 をみよ〔エイミー・ウェブ／稲垣みどり訳『ビッグ・ナイン――巨大ハイテク企業と AI が支配する人類の未来』光文社，2020 年〕。2018 年，ギャップは，台湾を含まない中国地図が描かれた T シャツについて謝罪した。
18. Ken Moritsugu and Elaine Kurtenbach, "Taiwan Sends Message of 'Peace, Parity, Democracy' to Beijing," *Christian Science Monitor*, January 12, 2020, https://www.csmonitor.com/World/Asia-Pacific/2020/0112/Taiwan-sends-message-of-peace-parity-democracy-to-Beijing.
19. Liu Zhen, "China 'Will Continue to Oppose Taiwan Independence' after Tsai Ing-wen's Election Victory," *South China Morning Post*, January 20, 2020, https://www.scmp.com/news/china/politics/article/3046757/china-will-continue-oppose-taiwan-independence-after-tsai-ing.
20. Kat Devlin and Christine Huang, "In Taiwan, Views of Mainland China Mostly Negative," *Pew Research Center*, May 12, 2020, https://www.pewresearch.org/global/2020/05/12/ in-taiwan-views-of-mainland-china-mostly-negative/.
21. "Wrong Stance on Tibet Hinders Ties with China," *China Daily*, March 5, 2009, http://www.chinadaily.com.cn/china/2009–03/05/content_7538147.htm.
22. "China Lodges Strong Protest to France over Dalai Lama Meeting," *China Daily*, December 7, 2008, http://www.chinadaily.com.cn/china/2008-12/07/content_7279242.htm.
23. Nobel Media AB, *The Nobel Peace Prize for 2010*, May 10, 2021, https://www.nobelprize.org/prizes/peace/2010/press-release/.
24. Reilly, "China's Unilateral Sanctions," 126.
25. Harvard Bergo, "Norway Woos China by Refusing to Meet with Dalai Lama," *Global*

Risk Insights, May 11, 2014, https://globalriskinsights.com/2014/05/norway-woos-china-by-refusing-to-meet-with-dalai-lama/.

26. Reilly, "China's Unilateral Sanctions," 127 に引用されている。
27. Ding Qingfen, "France Goes Back on China's Shopping List," *China Daily*, October 29, 2009, http://www.chinadaily.com.cn/china/2009-10/29/content_8865307.htm.
28. Trading Economics, "France Exports to China," updated May 2021, https://tradingeconomics.com/france/exports/china.
29. Luke Patey, "China Is an Economic Bully-and Weaker Than It Looks," *Foreign Policy*, January 4, 2021, https://foreignpolicy.com/2021/01/04/china-is-an-economic-bully-and-weaker-than-it-looks/; Hanson, Currey, and Beattie, *Chinese Communist Party's Coercive Economic Diplomacy*, 18.
30. Bergo, "Norway Woos China by Refusing to Meet with Dalai Lama."
31. Sewell Chan, "Norway and China Restore Ties, 6 Years after Nobel Prize Dispute," *New York Times*, December 19, 2016, https://www.nytimes.com/2016/12/19/world/europe/china-norway-nobel-liu-xiaobo.html.
32. "Norway PM Solberg Accused of Being 'Relieved' at Death of Liu Xiaobo," *The Local*, July 15, 2017, https://www.thelocal.no/20170714/norway-pm-solberg-accused-of-being-relieved-at-death-of-liu-xiaobo.
33. Harrell, Rosenberg, and Saravelle, *China's Use of Coercive Economic Measures*, 43.
34. Wikipedia, "List of Overseas Visits by the 14th Dalai Lama outside India," updated April 16, 2021, https://en.wikipedia.org/wiki/List_of_overseas_visits_by_the_14th_Dalai_Lama_outside_India.
35. Ethan Meick and Nargiza Salidjanova, *China's Response to U.S.- South Korean Missile Defense System Deployment and Its Implications*（Washington, DC: U.S.-China Economic and Security Review Commission, 2017）, https://www.uscc.gov/sites/default/files/Research/Report_China%27s%20Response%20to%20THAAD%20Deployment%20and%20its%20Implications.pdf; Harrell, Rosenberg, and Saravelle, *China's Use of Coercive Economic Measures*.
36. Trefor Moss, "Beijing's Campaign against South Korean Goods Leaves Chinese Looking for Work," *Wall Street Journal*, August 23, 2017, https://www.wsj.com/articles/beijings-campaign-against-south-korean-goods-leaves-chinese-looking-for-work-1503480601/
37. Christine Kim and Ben Blanchard, "China, South Korea Agree to Mend Ties after THAAD standoff," *Reuters*, October 30, 2017, https://www.reuters.com/article/us-northkorea-missiles/china-south-korea-agree-to-mend-ties-after-thaad-standoff-idUSKBN1D003G.
38. Amy Searight, "Countering China's Influence Operations: Lessons from Australia," Center for Strategic and International Studies, May 8, 2020, https://www.csis.org/analysis/countering-chinas-influence-operations-lessons-australia; Harrell, Rosenberg, and Saravelle, *China's Use of Coercive Economic Measures*; Hanson, Currey, and Beattie, *Chinese Communist Party's Coercive Economic Diplomacy*.

39. “ASIO Annual Report 2016–2017” (Australian Security and Intelligence Organisation, August 24, 2017), https://www.asio.gov.au/sites/default/files/Annual%20Report%20.pdf, 5.
40. Jonathan Kearsley, Eryk Bagshaw, and Anthony Galloway, “‘If You Make China the Enemy China Will Be the Enemy’: China’s Fresh Threat to Australia,” *Sydney Morning Herald*, November 18, 2020, https://www.smh.com.au/world/asia/if-you-make-china-the-enemy-china-will-be-the-enemy-beijing-s-fresh-threat-to-australia-20201118-p56fqs.html.
41. Kath Sullivan, “China’s List of Sanctions and Tariffs on Australian Trade Is Growing. Here’s What Has Been Hit So Far,” ABC News, December 16, 2020 https://www.abc.net.au/news/2020-12-17/australian-trade-tension-sanctions-china-growing-commodities/12984218.
42. Shaimaa Khalil, “How Australia-China Relations Have Hit ‘Lowest Ebb in Decades,’” BBC News, October 11, 2020, https://www.bbc.com/news/world-australia-54458638.
43. Liu Caiyu and Fan Anqi, “Australia Faces Blow in Losing Chinese Education Market,” *Global Times*, September 23, 2020, https://www.globaltimes.cn/content/1201874.shtml.
44. Roland Rajah, “The Big Bark but Small Bite of China’s Economic Coercion,” *The Interpreter*, Lowy Institute, April 8, 2021, https://www.lowyinstitute.org/the-interpreter/big-bark-small-bite-chin a-s-trade-coercion; Jeffrey Wilson, “Australia Shows the World What Decoupling from China Looks Like,” *ForeignPolicy.com*, November 9, 2021, https://foreignpolicy.com/2021/11/09/australia-china-decoupling-trade-sanctions-coronavirus-geopolitics/.
45. Peter Ker, “Why China Can’t Grow without Australian Ore,” *Australian Financial Review*, December 5, 2020, https://www.afr.com/companies/mining/why-china-can-t-grow-without-australian-iron-ore-20201204-p56knl.
46. Cissy Zhou and Wang Zixu, “China Suffers Worst Power Blackouts in a Decade, on Post-Coronavirus Export Boom, Coal Supply Shortage,” *South China Morning Post*, December 23, 2020, https://www.scmp.com/economy/china-economy/article/3115119/china-suffers-worst-power-blackouts-decade-post-coronavirus.
47. ローリー・メドカーフについては，以下の記事で引用されている。Alex W. Palmer, “The Man behind China’s New Aggressive Voice,” *New York Times*, July 7, 2021, https://www.nytimes.com/2021/07/07/magazine/china-diplomacy-twitter-zhao-lijian.html.
48. Victor Cha and Andy Lim, “Flagrant Foul: China’s Predatory Liberalism and the NBA,” *Washington Quarterly* 42: 4 (Winter 2020): 25.
49. たとえば，高級衣料デザイナーのコーチ，ジバンシィ，ヴェルサーチは，香港が中国とは別の国であることを示すシャツを市場から撤去するよう圧力をかけられ，彼らはそれを実行した。「ヴェルサーチは中国を深く愛し，中国の領土と国家主権を断固として尊重することをあらためて表明する」。Elizabeth Paton, “Versace, Givenchy and Coach Apologize to China after T-Shirt Row,” *New York Times*, August 12, 2019, https://www.nytimes.com/2019/08/12/fashion/china-donatella-versace-t-shirt.html.

50. Cindy Boren, "The NBA's China-Daryl Morey Backlash Explained," *Washington Post*, October 7, 2019, https://www.washingtonpost.com/sports/2019/10/07/nba-china-tweet-daryl-morey/.
51. Boren, "NBA's China-Daryl Morey Backlash."
52. Sylvan Lane, "NBA Sparks Anger with Apology to China," *The Hill*, October 7, 2019, https://thehill.com/policy/finance/464748-nba-sparks-anger-with-china-apology; Ben Cohen, "LeBron James Says Tweet Supporting Hong Kong Protests Was 'Misinformed,'" *Wall Street Journal*, October 14, 2019, https://www.wsj.com/articles/lebron-james-says-tweet-supporting-hong-kong-protests-was-mis informed-11571107697.
53. Bari Weiss, "The World's Wokest Sports League Bows to China," *New York Times*, October 7, 2019, https://www.nytimes.com/2019/10/07/opinion/nba-china-hong-kong.html.
54. Marco Rubio. Twitter Post. October 7, 2019, 7:46 AM. https://twitter.com/marcorubio/status/1181173981422014464; Scott McDonald, "AOC, Ted Cruz Co-Sign Letter Blasting NBA for Its Support of China Instead of 'American Values,'" *Newsweek*, October 10, 2019, https://www.newsweek.com/aoc-ted-cruz-co-sign-letter-blasting-nba-its-support-china-instead-american-values-1464296; Megan McArdle, "These Spineless Weaklings Have Shamed Themselves and Their Country," *Washington Post*, October 11, 2019, https://www.washingtonpost.com/opinions/2019/10/11/maybe-woke-nbas-hypocrisy-china-has-awakened-us-consumers-about-their-own/.
55. National Basketball Association, *Adam Silver's Statement on NBA and China*, October 8, 2019, https://www.nba.com/news/adam-silver-statement-china-nba; https://thegrayzone.com/2019/11/04/nba-free-speech-cold-war-china/.
56. Sopan Deb, "Adam Silver Commits to Free Speech as Chinese Companies Cut Ties with N.B.A.," *New York Times*, October 8, 2019, https://www.nytimes.com/2019/10/08/sports/adam-silver-nba-china-hong-kong.html.
57. Sopan Deb, "Chinese State TV to Air N.B.A. for First Time since Hong Kong Rift," *New York Times*, October 9, 2020, https://www.nytimes.com/2020/10/09/sports/basketball/nba-china-cctv.html.
58. "2020-21 International Broadcast Information," National Basketball Association, http://global.nba.com/broadcaster-schedule/.
59. "CCTV Set to End NBA Blackout from March," Sportcal, February 21, 2021, https://www.sportcal.com/News/FeaturedNews/135968.
60. "Golden State Warriors Distance from Minority Owner after His Comments about Uyghurs," *ESPN.com*, January 18, 2022, https://www.espn.com/nba/story/_/id/33094233/golden-state-warriors-distance-minority-owner-comments-uyghurs.
61. Austin Ramzy, "China Criticizes Sanctions against Russia as Ineffective and Warns of Wider Damage," *New York Times*, February 23, 2022, https://www.nytimes.com/2022/02/23/world/europe/china-russia-ukraine-sanctions.html.
62. Hanson, Currey, and Beattie, *Chinese Communist Party's Coercive Economic Diplomacy*; Norris, *Chinese Economic Statecraft*; Poh, *Sanctions with Chinese Characteristics*; Har-

rell, Rosenberg, and Saravelle, *China's Use of Coercive Economic Measures*.

63. Andrew Higgins, "In an Uneven Fight with China, a Tiny Country's Brand Becomes Toxic," *New York Times*, February 21, 2022, https://www.nytimes.com/2022/02/21/world/europe/china-lithuania-taiwan-trade.html.
64. Audrye Wong, "How Not to Win Allies and Influence Geopolitics: China's Self-Defeating Economic Statecraft," *Foreign Affairs* 100: 3 (May/June 2021), 52〔オードリー・ウォン「中国の空虚な地政学戦略――友人も影響力も得られない」『フォーリン・アフェアーズ・リポート』〈https://www.foreignaffairsj.co.jp/articles/202106_wong/〉〕.
65. Fareed Zakaria, "Xi's China Can't Seem to Stop Scoring Own Goals," *Washington Post*, May 27, 2021, https://www.washingtonpost.com/opinions/2021/05/27/xis-china-cant-seem-stop-scoring-own-goals/.
66. Andrew Chatzky and James McBride, "China's Massive Belt and Road Initiative," Council on Foreign Relations, January 28, 2020, https://www.cfr.org/backgrounder/chinas-massive-belt-and-road-initiative#chapter-title-0-4.
67. Samantha Custer, Rodney Knight, Amber Hutchinson, and Vera Choo, "Poll: China's Influence Is Not Inevitable," *Foreign Policy*, July 15, 2021, https://foreignpolicy.com/2021/07/15/ poll-china-influence-abroad-foreign-aid/.

訳 注

1. あるいは「百年恥辱」。20 世紀前半までの長年にわたり，欧米や日本の介入・侵略によって服従を強いられた時期を指す。
2. ある出来事に対して明白な証拠が存在しないために，それを否認することを指す概念。

第 7 章　ソ連／ロシア

1. Robert O. Freedman, *Economic Warfare in the Communist Bloc: A Study of Soviet Rconomic Pressure Against Yugoslavia, Albania, and Communist China* (New York: Praeger, 1970), 29.
2. Freedman, *Economic Warfare in the Communist Bloc*, 29.
3. Gary Clyde Hufbauer, Jeffrey J. Schott, and Kimberly Ann Elliott, *Economic Sanctions Reconsidered: Supplemental Case Histories*, 2nd ed. (Washington, DC: Institute for International Economics, 1990), 94–95.
4. Adam Ulam, *Expansion and Coexistence: Soviet Foreign Policy, 1917–73* (New York: Praeger, 1968), 462〔アダム・B・ウラム／鈴木博信訳『膨脹と共存――ソヴエト外交史』全 3 巻，サイマル出版会，1978–1979 年〕; Freedman, *Economic Warfare in the Communist Bloc*, 25
5. Freedman, *Economic Warfare in the Communist Bloc*, 5 に引用されている。
6. HSE, *Economic Sanctions Reconsidered*, 95 に引用されている。

7. HSE はこのケースに最低点をつけた。HSE, *Economic Sanctions Reconsidered*, 93–99.
8. このケースは，主に以下の資料を用いている。Daniel Drezner, “Allies, Adversaries and Economic Coercion: Russian Foreign Economic Policy since 1991,” *Security Studies* 6: 3（Spring 1997）: 65–111.
9. Drezner, “Allies, Adversaries and Economic Coercion,” 75 に引用されている。
10. Drezner, “Allies, Adversaries and Economic Coercion,” 96.
11. Drezner, “Allies, Adversaries and Economic Coercion,” 85.
12. Drezner, “Allies, Adversaries and Economic Coercion,” 88.
13. Drezner, “Allies, Adversaries and Economic Coercion,” 106.
14. Drezner, “Allies, Adversaries and Economic Coercion,” 105.
15. Paulina Pospieszna, Joanna Skrzypczynska, and Beata Stepien, “Hitting Two Birds with One Stone: How Russian Countersanctions Intertwined Political and Economic Goals,” *PS* 53: 2（April 2020）: 243–246.
16. Pospieszna, Skrzypczynska, and Stepien, “Hitting Two Birds with One Stone.”
17. “Putin’s Counter-Sanctions Cost Russians $70 per Person Every Year,” *Moscow Times*, October 29, 2019, https://www.themoscowtimes.com/2019/10/29/putins-counter-sanctions-cost-70-person-a67947.
18. Daniel Gros and Mattia Di Salvo, “Revisiting Sanctions on Russia and Countersanctions on the EU: The Economic Impact Three Years Later,” *Commentary: Thinking Ahead for Europe*, July 13, 2017, http://aei.pitt.edu/88442/1/CEPS_Commentary_Sanctions_on_Russia__Gross_Di_Salvo.pdf.
19. “Moscow Extends Counter-Sanctions against US, EU and Allies through 2020,” *Russia Times*, June 24, 2019, https://www.rt.com/business/462563-putin-extends-food-embargo/.
20. Henry Foy, “Russia Counters US Sanctions with Diplomat Expulsions,” *Financial Times*, April 16, 2021, https://www.ft.com/content/f9aa0948-f535-4481-84c1-cd136a62e86e.
21. 1960 年代初頭と 1980 年代初頭のケースは，私の本を参考にしている。Bruce W. Jentleson, *Pipeline Politics: The Complex Political Economy of East-West Energy Trade*（Ithaca, NY: Cornell University Press, 1986）.
22. Jentleson, *Pipeline Politics*, 97.
23. 国防次官補リチャード・N・パールの言葉は，以下の文献に引用されている。Jentleson, *Pipeline Politics*, 173.
24. 国防長官キャスパー・ワインバーガーの言葉は，以下の文献に引用されている。Jentleson, *Pipeline Politics*, 178.
25. Jentleson, *Pipeline Politics*, 192–194.
26. “Sens. Cruz, Johnson Put Companies Installing Putin’s Pipeline on Formal Legal Notice,” December 18, 2019, https://www.cruz.senate.gov/?p=press_release&id=4826.
27. Secretary of State Antony Blinken, “Nord Steam 2 and European Energy Security,” May 19, 2021, https://www.state.gov/nord-stream-2-and-european-energy-security/.
28. Jentleson, *Pipeline Politics*; State Department cable cited on 115.

29. Jentleson, *Pipeline Politics*, 118.
30. Jentleson, *Pipeline Politics*, 195.
31. Jentleson, *Pipeline Politics*, 128.
32. Jentleson, *Pipeline Politics*, 197.
33. 2018年のドイツで，戦争ゲームのように，天然ガスが大幅に不足した際には，「いくつかの病院，老人ホーム，刑務所は閉鎖を余儀なくされ，企業は閉鎖され，家畜は死に追いやられ，何十万もの雇用が消滅し，家庭には配給制が敷かれた」。Javier Blas, "Putin's Gas Strategy Gives Germany Only Bad and Worse Choices," *Bloomberg News*, April 29,2022, https://www.bloomberg.com/opinion/articles/2022-04-29/on-russian-gas-germany-has-bad-options-or-worse-options.
34. Isabelle Khurshudyan, "How Russia Pushed Moldova's Pro-Western Government to the Brink of a Gas Crisis," *Washington Post*, October 30, 2021, https://www.washingtonpost.com/world/europe/moldova-russia-gas-shortage/2021/10/30/f50a5bfc-3598-11ec-9662-399cfa75efee_story.html.

第8章　国際連合と欧州連合

1. European Parliament, "EU Sanctions: A Key Foreign and Security Policy Instrument," May 2018, https://www.europarl.europa.eu/RegData/etudes/BRIE/2018/621870/EPRS_BRI（2018）621870_EN.pdf.
2. HSE, *Economic Sanctions Reconsidered*, Appendix 1-A, 20–25; Biersteker, Eckert, Tourinho, and Hudáková, "UN Targeted Sanctions Datasets（1991–2013）"; Biersteker, Eckert, and Tourinho, *Targeted Sanctions: Impacts and Effectiveness of UN Action*; Eckert, "Assessing Effectiveness of UN Targeted Sanctions," Bridging the Gap-Center for a New American Security February 2019 Workshop memo; Weber and Schneider, "Introducing the EUSANCT Data Set" and "EUSANCT Data Set Case Summaries"; GIGA Sanctions Data Set, https://data.gesis.org/sharing/#!Detail/10.7802/1346.
3. "EUSANCT Data Set Case Summaries," case 2005022501.
4. ほかの章で用いた国別制裁の枠組みに当てはめると，核不拡散は軍事力の制限，テロ対策は外交政策の抑制，民主化支援とグッドガバナンスは国内政治の変革，武力紛争はこれら3つの混合に分類される。
5. シグナリングは，ターゲット抑止，第三者抑止，原則的象徴行動という私たちの二次的目的のいずれにも対応することができる。
6. TSCの調査では，武力紛争に影響を与えることがエピソードの60%の目的であった。副次的な目的のなかでは，強制がもっとも多く（55.5%），次いで制約（41.3%），シグナリング（3.5%）であった。しかし，混合戦略を考慮すると，強制がもっとも使用頻度が低く（29%），シグナリングが36.6%，制約が34.3%であった。Biersteker, Eckert, and Tourinho, *Targeted Sanctions*; Giumelli, *Coercing, Constraining and Signaling*.
7. Mueller and Mueller, "Sanctions of Mass Destruction"; Jentleson, "Economic Sanctions

and Post-Cold War Conflicts"; Andreas, "Criminalizing Consequences of Sanctions."

8. Stockholm International Peace Research Institute（SIPRI）, "Arms Embargoes," https://www.sipri.org/databases/embargoes.

9. キンバリー・プロセスは2000年5月に，国連総会によって設立された。名称は，組織会議が開催された南アフリカ共和国の都市に由来する。

10. Biersteker, Eckert, and Tourinho, *Targeted Sanctions: Impacts and Effectiveness of UN Action*, 233–245 and Appendices 1 and 2; Cortright and Lopez, *Sanctions Decade*, 204.

11. Kimberly Ann Elliott, "The Impacts of United Nations Targeted Sanctions," in *Targeted Sanctions*, ed. Biersteker, Eckert, and Tourinho, 175, 185. 実際，最近もっとも広く支持された制裁措置は，2022年のウクライナ侵攻に対するロシアへの制裁措置であったが，国連の承認は一度も得ていない。その制裁には，中立の長い伝統を持つスイスや，国連以外の制裁をおこなったことのないシンガポールといった国も含まれていた。また，ほとんどの制裁が大手多国籍企業によって反対されるのに対し，今回の制裁はBPやエクソン／モービルなどの石油会社，ゼネラル・モーターズやルノーなどの自動車会社，ナイキやアディダスなどの小売大手，ディズニーなどのエンターテインメント企業，その他，多数の企業によって少なくとも部分的に支持された。これは，安全保障上の脅威の深刻さと違反された原則の深遠さにおいて異例のケースであると同時に，国連の正式な行動なしでも実質的な多国間主義が達成できることを示している。

12. Thomas Biersteker, Rebecca Brubaker, and David Lanz, *UN Sanctions and Mediation: Establishing Evidence to Inform Practice*（New York: United Nations University Centre for Policy Research, 2019）. また，*Compendium: High-Level Review of United Nations Sanctions*（Providence, RI: Watson Institute, Brown University, November 2015）もみよ。

13. ブライアン・アーリーとロバート・スパイスは，国連は大規模な機関であるため，制裁の監視と執行に必要な集団行動の獲得と維持に，地域機関よりも多くの問題を抱えていると論じている。Bryan Early and Robert Spice, "Economic Sanctions, International Institutions and Sanctions Busters: When Does Institutionalized Cooperation Help Sanctions Busters?," *Foreign Policy Analysis* 11（2015）: 339–360.

14. Colum Lynch, "Sunset for UN Sanctions?," *ForeignPolicy.com*, October 14, 2021, https://foreignpolicy.com/2021/10/14/sanctions-united-nations-expert-panels-russia-china-africa-western-countries/.

15. このケースについては，基本的に以下の文献に拠る。Cortright and Lopez, "Sanctions against Iraq," chap. 3 in *The Sanctions Decade*, quote is at 37; Jentleson, "Economic Sanctions and Post-Cold War Conflicts"; George A. Lopez and David Cortright, "Containing Iraq: Sanctions Worked," *Foreign Affairs*, July/August 2004, https://www.foreignaffairs.com/articles/iraq/2004-07-01/containing-iraq-sanctions-worked.

16. クリントンについては，Cortright and Lopez, *Sanctions Decade: 1990s*, 56に引用されている。Bush October 7, 2002, speech transcript in *The Guardian*, https://www.theguardian.com/world/2002/oct/07/usa.iraq.

17. Cortright and Lopez, *Sanctions Decade: 1990s*, 45.
18. Cortright and Lopez, *Sanctions Decade: 1990s*, 46–47.
19. ブライアン・アーリーは，とくに興味深いドバイの例を挙げている（Bryan Early, "Sanctions Busting for Profits: How the United Arab Emirates Busted the U.S. Sanctions against Iran," chap. 5 in *Busted Sanctions*）。UAE 政府はアメリカと安全保障面で緊密な関係を築こうとしており，イラクをクウェートから撤退させた多国籍軍にはドバイの兵士も加わっていた。しかし，ドバイの貿易商は，実際，イランで築いたネットワークを通じて，制裁を破って現金を得ていた。イランは，もともとアメリカがイラク戦争でイラクへの援助を戦略化した敵であり，表向きはスンニ派首長国連邦のシーア派の敵であることを公言していた。
20. Lopez and Cortright, "Containing Iraq."
21. Lopez and Cortright, "Containing Iraq."
22. Lopez and Cortright, "Containing Iraq."
23. 1998 Report by the Center for Strategic and International Studies, cited in Lopez and Cortright, "Containing Iraq."
24. Thomas J. Biersteker, Marcos Tourinho, and Sue E. Eckert, "The Effectiveness of UN Targeted Sanctions," in *Targeted Sanctions*, ed. Biersteker, Eckert, and Tourinho, 233–234.
25. European Union, "EU Sanctions Map," https://www.sanctionsmap.eu/#/main; Giumelli, Hoffmann, and Ksiazczakova, "When, What, Where and Why of European Union Sanctions"; Weber and Schneider, "Introducing the EUSANCT Data Set" and "EUSANCT Data Set Case Summaries"; GIGA Sanctions Data Set.
26. Clara Portela and Erica Moret, "The EU's Chemical Weapons Sanctions Regime: Upholding a Taboo under Attack," European Union Institute for Security Studies（EUISS），July 31, 2020, https://www.iss.europa.eu/content/eu%E2%80%99s-chemical-weapons-sanctions-regime; Erica Moret and Patryk Pawlet, "The EU Cyber Diplomacy Toolbox: Towards a Cyber Sanctions Regime?," EUISS, July 12, 2017, https://www.iss.europa.eu/content/eu-cyber-diplomacy-toolbox-towards-cyber-sanctions-regime.
27. EU Sanctions Map, https://www.sanctionsmap.eu/#/main.
28. EUSANCT のデータベースに含まれるケースのうち，民主化促進を目的としたものが 44%，紛争管理が 33%，紛争後の安定化が 27%，国際法と規範が 15%，核不拡散が 14%，テロリズムが 7% であった。これらはすべて，EU の共通外交・安全保障政策（CFSP）の包括的目標のなかに位置づけられる。
29. SIPRI, "Arms Embargoes," https://www.sipri.org/databases/embargoes.
30. Moret, "Humanitarian Impacts of Economic Sanctions on Iran and Syria."
31. EUSD の目的のひとつは，体系的な比較研究のために実証的基礎を提供することにある。
32. European Union, "Sanctions: How and When the EU Adopts Restrictive Measures," October 20, 2020, https://www.consilium.europa.eu/en/policies/sanctions/; "How the EU Decides and Imposes Sanctions," *DW*, https://www.dw.com/en/how-the-eu-decides-and-

imposes-sanctions/a-56515391.

33. Taylor, *Sanctions as Grand Strategy*, 74.

34. Zuzana Hudáková, Thomas Biersteker, and Erica Moret, "Sanctions Relaxation and Conflict Resolution: Lessons from Past Sanctions Regimes," The Carter Center (October 2021), https://www.cartercenter.org/resources/pdfs/peace/conflict_resolution/sanctions-relaxation-10-2021.pdf.

35. "Freed Cuban Dissidents Arrive in Spain," *DW*, July 13, 2010, https://www.dw.com/en/freed-cuban-dissidents-arrive-in-spain/a-5789826.

36. Graduate Institute Geneva and Global Governance Centre, Geneva International Sanctions Network, https://www.graduateinstitute.ch/sites/internet/files/2020-05/GISN%20list%20of%20past%20events.pdf.

37. こうした取り組みについては，Alex Vines, "The Effectiveness of UN and EU Sanctions: Lessons for the 21st Century (Review Essay)," *International Affairs* 88: 4 (2012): 867–877 をみよ。

終　章　制裁理論と制裁政策

1. David Miliband, "The Afghan Economy Is a Falling House of Cards. Here Are 5 Steps to Rebuild It," *CNN.com*, January 20, 2022, https://www.cnn.com/2022/01/20/opinions/afghan-economy-falling-house-cards-miliband/index.html; Erica Moret, "The Role of Sanctions in Afghanistan's Humanitarian Crisis," *Global Observatory*, International Peace Institute, October 14, 2021, https://theglobalobservatory.org/2021/10/the-role-of-sanctions-in-afghanistans-humanitarian-crisis/.

2. Drezner, "United States of Sanctions: Use and Abuse of Economic Coercion," 142.

*

訳者略歴
本多 美樹（ほんだ みき）
一九六四年、東京生まれ。成蹊大学卒業後、英字紙『ジャパンタイムズ』記者を経て、早稲田大学大学院アジア太平洋研究科にて修士号（国際関係学）・博士号（学術）を取得。早稲田大学社会科学総合学術院准教授を経て、現在、法政大学法学部国際政治学科教授。専門は、国際関係論、国際機構論、国連研究。単著に『国連による経済制裁と人道上の諸問題』（国際書院、二〇一三年）、その他、論文多数。

制裁
国家による外交戦略の謎

二〇二四年 九 月 五 日 印刷
二〇二四年 九 月三〇日 発行

著 者 ブルース・W・ジェントルスン
訳 者 © 本 多 美 樹
編 集 勝 康 裕
発行者 岩 堀 雅 己
印刷所 株式会社 理 想 社
発行所 株式会社 白 水 社

東京都千代田区神田小川町三の二四
電話 営業部〇三（三二九一）七八一一
編集部〇三（三二九一）七八二一
振替 〇〇一九〇・五・三三二二八
郵便番号 一〇一・〇〇五二
www.hakusuisha.co.jp
乱丁・落丁本は、送料小社負担にてお取り替えいたします。

加瀬製本

ISBN978-4-560-09129-6
Printed in Japan